培养

不一样的

男孩

男孩就该穷着养

陈冠杰 ◎编著

中国华侨出版社

图书在版编目（CIP）数据

培养不一样的男孩：男孩就该穷着养/陈冠杰编著.
一北京：中国华侨出版社，2010.11
ISBN 978-7-5113-0907-5

Ⅰ.①培… Ⅱ.①陈… Ⅲ.①男性—家庭教育
Ⅳ.①G78

中国版本图书馆 CIP 数据核字（2010）第 227980 号

●培养不一样的男孩

编　　著／陈冠杰
责任编辑／文　心
责任校对／李向荣
装帧设计／天下书装
经　　销／新华书店
开　　本／710×1000 毫米　1/16　印张／20　字数／250 千字
印　　刷／北京联兴华印刷厂
版　　次／2011 年 1 月第 1 版　2011 年 1 月第 1 次印刷
书　　号／ISBN 978-7-5113-0907-5
定　　价／35.00 元

中国华侨出版社　北京市朝阳区静安里 26 号通成达大厦 3 层
邮编：100028
法律顾问：陈鹰律师事务所
编辑部：（010）64443056　64443979
发行部：（010）64443051　传真：（010）64439708
网　址：www.oveaschin.com
E-mail：oveaschin@sina.com

"穷养男，富养女"作为古训，听起来似乎有点儿老套，但作为一种性别教育模式的思考，在现今社会仍然有着现实的探讨意义。

社会心理学家丹尼尔·科鲁格说："社会对男人的期望值非常高，给他们造成了巨大的压力，这是有原因的。在人类历史的早期阶段发生的行为趋向今天仍在发生。"

在传统文化中，男性被要求"修身、齐家、治国、平天下"，他们在社会中扮演的是一种更坚强、更勇敢的保护者的角色。然而随着社会的不断发展，人们的主流观念出现了不同的声音：一方面，有钱有地位有名望不再是衡量好男人最重要的标准；另一方面，家庭生活的成功成为衡量一个男人人生成功与否的重要指标。

当越来越多的女性选择走出家庭，一些男性开始选择成为"家庭主夫"。人们甚至开始怀疑：男人还需要那么坚强刚毅吗？在对这一问题的调查中，回答"男人应否比妻子更有钱、更成功"时，65.4％的被调查者回答"是"。超过85％的被调查者认为，作为一个男人事业上必须成功，其中坚信"一定要很成功"的占29.2％，"应该很成功"的占57.2％。调查数据表明，社会上还是更希望男人扮演社会的中坚力量。

传统仍在唱主角，整个社会对于男性的角色期望并没有改变。不管打出多么漂亮、前卫的口号，我们都不得不承认这一点。

男人被寄予了太多的期望，因此，只有从小就开始培养男孩的责任感、韧性和意志，长大后才能承担起对自己、家庭和社会的责任。我们用"男孩就该穷着养"来概括这一培养方式，这里的"穷"，包含了更多不同于金钱的含义。

"穷"养，就是用传统粗放式的教育手段来塑造男孩的各种品质。经过磨砺的男孩，才能远离"骄"、"娇"，从而具备男子汉的气质，长大后有所作为；"穷"养的男孩，步入社会后更容易适应环境、承受挫折压力的能力也更强。望子成龙不能停留在口头，成为美好的愿望，现在就开始"穷"养男孩，为儿子的将来打下基础。只有今天对男孩"狠心"，明天才能对他们"放心"。

男儿当自强，没有经历过"穷"的男孩是长不大的。

作为父母，谁都不愿意让自己的孩子吃苦受难，但谁都有"望子成龙"的美好愿望。男孩该如何养？是给予"人家都有"的教育、最奢侈的教育，还是最适合他的教育？怎样让孩子跳出自身局限，进入属于他的广袤天地？也许真理并非绝对，但希望本书能对读者有所帮助和启发。

目录
contents

第三章

胸怀大志者，方能成大事：培养有理想有主见的男孩

第四章

让男孩成为自己人生的舵手：增强男孩的自我控制能力

第五章

培养男孩自强不息、坚韧不拔的意志力

第六章

培养男孩的乐观心态,给他一盏人生的心灯

让男孩成为敢负责敢担当的男子汉

第八章

让男孩成为一个品德高尚、举止优雅的小·绅士

第九章

懂得爱和感恩的男孩才有出息

第十章

从小·培养男孩独立自主的能力,该放手时就放手

第十一章

有压力才有动力,有竞争才能生存

第十二章

懂得理财才懂得生存:培养男孩的理财能力

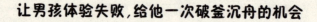

第十三章

让男孩体验失败，给他一次破釜沉舟的机会

第十四章

挫折教育虽重要，讲究方法是关键

第一章 "富"对男孩是陷阱：
为什么不能富养

1. 生活安逸的男孩经不起风吹雨打

"穷"养男孩是一种哲学，是一种符合当今中国教育状况的挫折教育。所谓的"穷"着养男孩，不仅仅是一种挫折教育，更是家长对男孩的一生所做的必要投资。现在中国的孩子大多数都是独生子女，他们得到了太多太多的关爱。尤其是男孩，更是娇生惯养，舍不得让他受一点儿委屈，半点儿挫折。这些从小在蜜罐里泡大的男孩就像温室里的花苗，经不起任何风吹雨打，自然也见不到美丽的彩虹了！

挫折对于男孩是一笔财富，是帮助男孩成功的一剂良药。不经历风雨的花儿，怎么会绚烂？不经历磨难的人生，怎么会发出炫目的光彩？在对男孩的教育中，很多家长为男孩包揽了一切，但男孩终究有一天会长大，父母也会老去。当男孩需要自己解决问题的时候，家长才发现自己的儿子有多么脆弱。

现在很多家长早早地就为男孩设计好了人生道路。家长规划着男孩先上什么样的学校，再从事什么样的工作。被包办一切的男孩，从小就习惯了安排，缺少自己作决定的能力，因此，当遇到两难的处境时，他们就会变得不知所措。人生路上会遇到很多的选择，而且关键时刻的选择，甚至会影响男孩的一生。"富"着养的男孩没有经历过风雨，自然不能作出最

佳的选择。

在我国的家庭教育中，父母都希望自己的孩子能够听话，却忽视了男孩决断力的培养。家长在帮助男孩解决问题的时候，也常常是以"你去……"，"这样做不对……"的方式，来解决问题。其实，这样做不仅让男孩丧失了正面解决问题的机会，也容易使两代人之间产生隔阂。久而久之，男孩有自己的想法也没有勇气说出来，甚至变得胆怯。皇明太阳能集团董事长黄鸣教育孩子的一条原则就是：不以"是否听话"作为衡量孩子的标准。

王娜带着自己六岁的儿子到商场买玩具。商场里的玩具很多，王娜告诉儿子只能给他买一件玩具，不过他可以自己选择喜欢的玩具。王娜以挑选玩具来锻炼儿子的决策能力，同时直接向儿子传达出："我尊重你的选择"。在王娜的鼓舞下，男孩选择了一件自己喜欢的玩具。

事实上，家长不要看低自己的儿子，应该放心让男孩去作决定，同时培养男孩积极参与的热情。在这个过程中，男孩会积攒下解决问题的经验，会变得越来越自信。同时家长还要制造机会，让男孩去面对挫折和挑战。

父母让男孩自己做事情做得越多，他就越有成就感，能力也就越强。那么，等他下次遇到问题的时候，受挫的程度就会减弱一些，内心承受能力就会增强一些。

而"富"养的男孩生长在安逸的环境中，而且在他们看来，生活本就该是这个样子。当挑战突然出现时，"富"着养的男孩很难会作出正确的反应，他们只会怨天尤人，畏首畏尾。所以家长对男孩做不到的事情，要让他去尝试。

从男孩天生的性格特点来讲，从襁褓期开始男孩就不像女孩那样心安理得地接受挫折，也不喜欢接受他人的帮助。通常他明明知道自己力所不能及，感情上却不能够很快地接受，他还是要坚持不断地尝试。这时，父母应该相信男孩自己的判断力，并且给他足够的时间调整自己的心态。而

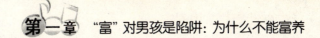

强迫他接受你对他的帮助，会使他产生真正的挫折感。男孩接受现实后，会自己调整的，即使失败了父母也要相信，下次孩子一定可以做得更好。

小明上小学四年级，是个班长。他从小就很优秀，走到哪里都会被称赞。他的学习成绩也很优异，总是名列前茅。但最近的一次考试成绩很不理想，心情也是很烦躁，害怕同学们嘲笑他，不选他当班长。小明面对自己的失败后，丢掉了以往的自信，也缺少了战胜困难的勇气。

爸爸发现了小明的这个变化，就开导他："儿子，你一直都很优秀，只要你努力了，是不是第一名不重要，不用担心别人会超过你，同学之间的竞争是很正常的。了不起的孩子应该有接受失败的勇气。"

男孩经历失败之后，不要气馁，要找出原因，重新面对挑战。不必为失败或做错事找借口，勇敢面对自己，坦然面对失败，是重新学习的力量。人生本来就是起起落落、跌跌撞撞，"错了就改，失败再站起来"，只要不倒下，人生就有机会重新开始。

爸爸引导小明走出了困境，激发了小明参与竞争的潜能和信心。小明通过克服困难，也学会了自我认识、自我反省、自我竞争和尽力而为的道理。

失败是一种过程，成功才是目标，有了过程的艰辛，才有成功的喜悦。有的人因为害怕失败，所以一碰到挫折又退回原来的地方，宁愿平庸却不愿接受考验，即使对现况不满意，也不愿意放手一搏，总是有人会自我安慰或者为自己找借口。通常，这种人都是与成功无缘的人。

而功成名就之士就能够把失败视为暂时的，因为"败中学习"才是迈向成功的关键。没有人永远不失败，但要知道自己失败的原因并能及时地改正。那么你经历的风雨越多，失败的几率也会逐渐减少。很多真理都是在不断的探索和失败中获得的。

有人问老鹰：你为什么要在那么高的天空中锻炼自己的孩子呢？它们要是不小心掉下来，就会受到伤害啊！"老鹰回答说："如果我贴近地面去教育它们，那它们长大成人了，哪有勇气去接近太阳呢？"老鹰教育孩子的方法，正是很多溺爱儿子的家长应该学习的。家长又想培养出勇敢坚强

的男孩，又担心他受到磕碰，而把他庇护起来。这样的想法是矛盾的，在温室里不可能长出参天大树。

"穷"着养的男孩就像是悬崖上的劲松，在风吹雨打中挺直了躯干，最终长成一株参天大树。而"富"养的男孩，从小就在安逸的环境中养尊处优，会缺少抵抗风雨的能力和勇气，他们不明白成长与挫折是并存的道理。所以，家长们应该适时地反省一下，你的孩子是"富"着养还是"穷"着养？

2. 过于依赖的男孩生存能力差

"富"着养的男孩，从小就养尊处优，他们往往已经习惯于在生活上接受过多的照顾和包办，行为活动也受到了过多的限制和干涉，在需求上也得到了过多的满足。这样就使男孩越来越娇气，生存的依赖性越来越强，心理素质越来越差。在面对困难时坚持性不够，主动行动的能力弱，造成了男孩生存能力差的问题。

男孩依赖家长，本来是情理之中，但是过分地依赖，比如：总是缠着大人，不去做自己力所能及的事情，则是非常有害的。如果家长纵容男孩的这种依赖，今后他将不能离开父母或家人的照顾去自立地生活。

现今一些男孩的依赖性很严重，他们的家长没有意识到问题的严重性，只重视男孩的学习成绩和身体健康，忽视了培养男孩独立解决问题的能力。这对孩子处世做事是没有好处的。"富"着养的男孩生存能力差，不会自己打理生活。这些能力的缺失，家长有着不可推卸的责任。

1983年6月，魏永康出生于华容县的一个普通家庭。魏永康的父亲魏炳南是参加过抗美援朝的伤残军人，今年已七十有余，三年前瘫痪在床，靠民政局发放的补助费生活。儿子永康是这个家庭的全部希望，而从小天资聪颖过人的他也确实给这个家庭带来了幸福。

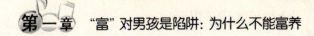

　　魏永康可以算是当地有名的神童,13岁考上重点大学,17岁考上中科院的硕博连读研究生。三年后,他却因生活不能自理被中科院劝退回家,他的母亲深深反思自己的教育方法。

　　母亲曾学梅认为,孩子只有专心读书,将来才有出息,于是将所有家务活都包了下来,包括给儿子洗衣服、端饭、洗澡、洗脸。魏永康读高中时,曾学梅还在给他喂饭。读大学时,下岗在家的曾学梅决定继续陪读,学校专门划拨了一套一室一厅的住房供他们母子无偿使用。上大学期间,曾学梅仍形影不离地陪在儿子的左右,甚至帮他洗头。对于魏永康的肄业,曾学梅有自己的看法:"如果我去北京陪着他读书,他就不会肄业回家,肯定能顺利获得博士学位。"

　　魏永康除了生活不能自理,在处世做事上也遇到了困难。母亲不离左右的照顾,让他缺乏集体生活的历练。在学校里他从不和同学交往,看书看累了就一个人在教室里跑跑。经常有同学欺负他,前面踢他一脚,后面踢他一脚。有一次,老师没来上课,一个同学就让他给老师打电话,告诉他老师的电话号码是"119",结果把火警招来了。由于只埋头读书不与人交往,计算机考试时间改变了他浑然不知;连硕士毕业论文提交的时间他都错过了。

　　魏永康在退学回家之后,性格变得更加孤僻。2004年,魏永康曾几度离家出走,最长的一次,他带着800元离开了家,一路上省吃俭用跑了16个省市,当身上剩下的钱被偷光以后,永康陷入寸步难行的境地,最后民警将他送回了家。这时,母亲曾学梅才开始反思自己的教育方法。她说:"现在我经常教他做家务,也欢迎其他同学找他交流,他自己的生活起居已能够自理了,他还常常照顾瘫痪在床的爸爸。"

　　魏永康是一个典型的高智低能的例子。他除了学会书本上的知识,其他的生活本领都没有学到。魏永康虽然有着让人羡慕的学习成绩,但他的遭遇也不值得别人的同情。因为这样的不幸原本是可以避免的。

　　父母不要试图为男孩扫清所有的障碍,使他远离挫折。实际上,即便

父母想方设法，费尽心机，也不可能使孩子一丁点儿都不受挫折的打扰。男孩理应接受挫折教育，这是他成长过程中一个重要的学习经历。

这就意味着父母需要放慢脚步，给男孩充足的时间，以便能让男孩自己从生活中探索和领悟到一些有用的东西。在日常生活中，如果有父母的帮忙，男孩很容易就能完成一项任务。当然，对忙碌的父母来说，他们很愿意这样做，因为节省了很多时间。但是，对男孩来说，他们失去了学习和实践的机会。所以，父母不应该横加干预，更不能完全代劳。

抗震小英雄林浩，就是一个生活能力特别强、对待工作有责任心的人。林浩的父母一直在外打工，林浩和外公外婆住在一起。小小年纪，林浩会做很多家务，还会做饭。

父亲林大坤说："因为是班长，林浩一直管着教室的钥匙。每天早上6点，闹钟一响，他会准时起床，自己炒碗蛋炒饭吃，然后走半个小时的山路去上学，他从来不迟到，说要是迟到了，同学们都会在外面等。"

很多贫苦家庭的孩子，不仅能够照顾自己，而且还能够帮助父母做一些家务。艰难困苦，磨炼出他们超强的韧性。

今天的家长除了关注男孩学习外，还应该给男孩多补补生活课。家长要尽量让他们多动手，多做家务活；培养孩子自立自强的品格；教会孩子们与人交往的能力。家长爱自己的孩子是正确的，但这份爱如果过头的话，会阻碍男孩独立性的培养。独立性是生存能力的基础。家长应该从小培养男孩的独立性，否则男孩长大后很难面对社会的激烈竞争。

现今，随着独生子女的增多和生活水平的提高，许多孩子生活在衣来伸手、饭来张口的家庭环境中。家长应该有意识地去引导男孩，利用生活实例教给男孩一些必要的解决问题的知识、方法和技能等。比如：培养男孩学会管理自己的用品，要求男孩将自己的物品等放在指定的地方，起床时，让男孩自己穿衣服、鞋、袜，整理好床铺等。家长可以从小事情培养男孩的生存能力，有目的地培养男孩完成某项具体任务，激发男孩做事的兴趣。男孩做事有了进步，家长则一定要给予表扬和鼓励。

"穷"养就是用挫折经历来丰富男孩的成长过程，日常生活中处处潜藏着这样的机会，家长要把握住每一次锻炼男孩的良机。未来是属于孩子的，未来的路要靠他们自己去走，未来的生活要靠他们自己去创造。因此，家长要做有心人，绝不能"富"着养男孩，让他在溺爱的襁褓中丧失了将来生存的能力。

3. 从小习惯享受的男孩外表光鲜内心混沌

"富"着养的男孩，在父母的照顾下，无须为生活而烦恼、忙碌，习惯并满足于享受，他们物质生活富裕，想要什么就有什么，漂亮的衣服，好玩的玩具。他们看起来是那样的光鲜。然而"富"着养的男孩往往性格冷漠，很难做到换位思考，不懂得感恩。因此他们看不到也不愿看到人生的真正意义，没有积极的生活目的，内心世界也是混沌的一塌糊涂。

家长把男孩"富"着养，把他照顾得光鲜亮丽，但不等于能培养他的良好品质。而且，在光鲜亮丽的外表下，也许会掩盖着肮脏的东西。

男孩从小就有活泼好动，喜欢乱写乱画，喜欢翻箱倒柜的现象，对于某一阶段来说，这是很正常的。但面对男孩这样的行为，家长绝不能一味地放任，任其发展。家长要约束男孩的不良行为，让男孩明白对与错，培养男孩正确的行为标准。

某大学的学生赵某向三间房派出所报案称：在大学图书馆门前抓到一名盗窃其手机及电子词典的男孩，现该男孩已经被带到学校的保卫处。

民警通过对轶主了解情况后得知，事主赵某当时正在学校的图书馆看书，正当赵某与同学小张聊天时，小张小声告诉赵某有个男孩把他桌上的手机拿走了。赵某回头一看，果然桌上的手机和电子词典都不见了，只见一男孩正快速往门口走去。赵某和小张一起拦住该男孩并将他带到学校保卫处。随后，民警将涉嫌盗窃的男孩带回了派出所。

当民警问其为什么要偷东西时，马某交代，其实自己并不缺钱，父母都是在东北做生意的，经常会给他寄钱过来。只是每次在图书馆看到别人的手机和其他物品放在桌上时，出于好奇和一时冲动就想去偷，于是便趁失主不注意的情况下将放在桌上的物品"顺"走，得手后也不会将赃物卖掉，只想据为己有。

作为一名大学生为什么会做出这样的蠢事？因为马某缺少对"获得"的正确理解，同时他的内心是空虚的。当他喜欢上别人的东西的时候，采取"偷"的方式解决问题。在他成长的道路上，很多东西都是直接从父母那里获得的，他不需要付出任何努力，不明白付出与收获的关系。

马某家庭条件优越并有大好前途，但还是感到生活无聊，无所事事，心灵空乏虚无。于是，他为了摆脱这种心理上的饥饿，寻求刺激而去偷东西，以此来排遣心中的郁闷，最终走上了违法的道路。

马某作为一名大学生，绝不是一个法盲，但是他却先后四次行窃。他没有对自己行为进行约束的能力，而是随心所欲。同时他也缺少了对诱惑的抵抗力，一次次地放纵自己的行为。

让男孩学坏是一件很容易的事情，那就是去满足男孩的一切要求。"富"着养的男孩，每天都被过多的爱包围着。当男孩想要玩具车的时候，家长毫不犹豫地买给他；当男孩想要吃冰淇淋的时候，家长也满足了他。但是家长是否想过，男孩能够理解他们的苦心吗？男孩能够明白生活的艰辛吗？

"富"着养的男孩，不会明白很多东西来之不易，因为男孩没有付出，只学会了理所当然地接受。当男孩的要求得到满足的时候，他们从不知感恩；当男孩的要求得不到满足时，他们就会毫不客气地埋怨自己的家长。家长得罪了"富"着养的男孩，男孩以冷漠的眼光来回报父母。

一个事业有成的人，人们常常会认为他多么多么的聪明，而忽略了他是否是个内心强大的人。一个人如果有好的心理品质，可以帮助他建立好的人际关系，可以帮助他克服很多困难，可以让他保持一个健康的心态。

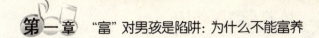

作为家长应该明白：孩子并不是天生就拥有坚强的意志、懂得待人接物、能够控制情绪，这需要父母的言传身教。

一天妈妈带着6岁的东东坐出租车。等妈妈付完钱下车后，东东问妈妈："妈妈，你给他钱，为什么还说'谢谢'呢？"

妈妈告诉东东："叔叔把我们送回家，车跑这么远的路，他很辛苦，我们不仅要给他钱，而且还要表达我们对他的感谢。对人多一份感激、多一份尊重，没什么不好的。"

在以后的日子里，东东每次都从出租车下来，或别人帮他做事情时，他都会说一声"谢谢"。

父母要让男孩学会感激别人给予他的一切，这样他就会懂得感激曾经支持和帮助过他的每一个人。懂得感恩的男孩，会更加珍惜眼前这美好、幸福的生活。如果男孩脸上时常都洋溢着甜蜜和喜悦，做什么事情都是开开心心的，不会产生抱怨情绪，那么必然会交到很多的朋友。

通过生活小事来培养男孩的良好心理，这远比给男孩讲大道理更加有效。比如：给家人过生日，为别人制作礼物等。值得注意的是男孩有时候会做错事情，最初犯的错误并非刻意，有可能是因为天真烂漫，所以父母这时候就应该耐下心来，好好指正，以大事化小的态度来处理，而不是马上就大发雷霆。

其实有很多家长的教育方式都是存在一定缺陷的，父母为了给男孩创造优越的条件，就算再苦再累也心甘情愿。于是，男孩们自然觉得一切的得来都是应该的，而不会去体谅大人的辛苦，不会知道劳动的真正价值。

有的父母为了让男孩专心地学习，把一切事情都揽在了自己身上，经济宽裕的家庭是这样，经济拮据的家庭也是这样，家长们宁愿勒紧自己的裤腰带，东挪西凑，也要来尽量满足男孩的各种需求，甚至是男孩之间虚荣攀比的消费心理。

父母在教育男孩的过程中表现出来的不良行为，也是会影响男孩内心优良品质的形成的。如：有的家长鄙视普通劳动者，看到环卫工人，家长

会说:"你现在不好好学习,长大了没出息,就让你去扫马路!"父母看到路人需要帮助的时候会表示拒绝,并告诉孩子:"少管闲事,免得惹一身麻烦!"

父母是孩子的最好启蒙老师,家长如果想要教育出好男孩,首先就得像东东的妈妈那样,以身作则,用自己的言行来引导孩子,只有这样才能真正培养出情感丰富、乐观向上、踏实稳重的好男孩。

4. 物质上过于富足往往会造成精神上的空虚

随着社会的不断发展进步,人们的物质生活也越来越富足。越来越多的男孩养尊处优,有着很好的物质生活,但是品质和人格的健全发展却被父母忽略。虽然说"男孩在物质上富足了,精神却空虚了"不是绝对的,但也是如今的家长需要认真防范的问题。

精神的空虚往往来自于物质的过于丰富。家长不要认为给了男孩好看的衣服,营养丰富的食物,自己的任务就已经结束了。要想把男孩教育成一个真正的男子汉,除了让他身体健康,还要培养男孩的品质。家长在教育男孩时,应该把"养"和"育"分开来理解。物质的富足不等于精神也一定会丰富,家长要把物质和精神放在一起加以考虑。

物质富足的男孩,可能内心更加寂寞。很多父亲都在外忙于工作,就没有时间和儿子在一起。儿童的很多知识和行为,都是通过模仿大人来学习的。而父亲本来是男孩学习的第一个对象,但是父亲为了挣钱,却丢掉了教育男孩的最好时机。有时候孩子没有人照顾,就索性把孩子关在家里,父母认为这样做是最稳妥的办法。可是对于独生子来说,就算家长买了很多昂贵的玩具,孩子也只能自己跟自己玩耍。

杰杰这两天总是无精打彩,连最喜欢的玩具车也都不玩了,就想着能够有小朋友跟他一起玩。前天在小区滑滑梯时,碰到楼上读一年级的小哥哥，小哥哥带着他玩了一会儿，然后一起回家。

回到家后母亲给他烤山芋吃，他吃着吃着就说要给小哥哥也吃一个。他平时很小气，什么东西都不舍得给别人，于是母亲就带着他拿了一个到楼上那个小哥哥家。哪知道小家伙看到小哥哥，就站在门口不肯回家了，玩了很久他才依依不舍地回家。

第二天一起床就问母亲："妈妈，小哥哥呢？我要跟小哥哥一起玩。"

晚上七点半的时候，杰杰又去问母亲："妈妈，我们去找小哥哥玩好不好？"母亲以时间很晚了为由，拒绝了杰杰。杰杰只能很失望地去睡觉了。

现在很多男孩很可怜，物质上富足了很多，但精神上却变得很空虚，父母也要上班，男孩连最基本的玩伴都没有。如果这样下去，有可能会变得性格内向，甚至是自闭，也会对别人缺少爱心。

男孩在幼年的时候，就失去了男孩本应有的活泼、好动、勇敢的性格。男孩的天性过早地被磨掉，会变得对人对事越来越冷淡。随着年龄的增长，男孩的寂寞、孤独感也会越来越膨胀，找不到舒散的方式，有可能产生消极的心理特征。

现在社会上很多网络成瘾的男孩，他们整日沉浸在网络虚拟的世界里，不愿与同学和家长交流，通过网络游戏中打打杀杀来排解自己空虚的心理。这种躲避现实生活的行为，不仅对男孩的心理产生了不良影响，而且严重威胁着男孩的身体健康。曾经有媒体报道过，有少年在网吧玩游戏猝死的新闻。

小孩子是最天真的，快乐的童年会促进他一生的品质和人格的形成。父母在养育男孩时千万不要让孩子失去对生活的热爱。父母要把幸福当做最好的礼物送给孩子。其实幸福真的很简单，但真正的幸福有着深刻的内涵，它能培养孩子的精神，与世界融合的感受将是他一生受用的财富。

内在精神的满足是幸福的最高境界。男孩必须要在爱的氛围下才能学会享受爱，并学会如何爱他人。亲子关系中的爱应该是以父母与男孩之间

的互相尊重为基础的，让孩子有被人承认，被人关爱，受人尊敬这样的幸福感。以爱为内涵的幸福感可以来自每天的一个拥抱，每天的一个微笑，每天的一声称赞……此外，你要学会倾听孩子的谈话，哪怕你再忙的时候，也不要忘记和孩子交流。

父母可以和男孩一起去滑雪，或者一起在公园里玩，和孩子一起骑车，可以让男孩更健康、更茁壮，还能让他拥有更多的欢笑。经常运动能让孩子身心放松，能让孩子有健康的体态，也能让孩子因为自己能完成一些体育运动而获得自豪感。如果你鼓励他去做他喜欢的运动，或许他还能从这项运动中得到更多的乐趣。

为孩子营造一个丰富优越的环境，满足孩子的所有愿望，是父母的梦想和目标。但如果父母宠得孩子自私、任性、霸道，那么男孩长大后连最起码的独立生存的能力都没有，对父母的感激之情也没有，即便他自己才华出众，也不能算是一个健全的人。

男孩年龄还小，心理和生理都尚未成熟，有时遇到问题就会显得很脆弱，分辨能力也差。所以家长应考虑到底怎样养孩子。

再以郑板桥教子为例。

郑板桥在外地当官，儿子小宝托付给弟弟照顾。当郑板桥听说在家的小宝常常对孩子们夸耀："我爹在外面做大官！"有时还欺侮佣人家的孩子。他要求弟弟和家人对小宝严加管教，弟弟和家人按照郑板桥的意愿对孩子进行教育，收效很大，就给郑板桥写了封信，讲了孩子的长进，照此下去，长大之后准能像你一样当个官儿。

郑板桥看了这封信后，立即给弟弟郑墨回信说："我们这些人，一捧书本，便想中举，中进士，做官，如何攫取金钱，造大房屋，置多田产。起手便走错了路，以后越来越坏，总没个好结果。读书中举、中进士、做官，此是小事，第一要明理做好人。"

郑板桥及时地改正了儿子的错误行为，并且告诉了儿子要做一个什么样的人——做一个品德高尚的人，有益于社会的人。没有父亲的悉心教导，可能小宝将来也会变成一个纨绔子弟。

现代社会精神空虚的表现主要有以下几点：缺少远大理想、嫉妒心强、爱慕虚荣、不守信用、爱说谎等等。而男孩还处于价值观、世界观、人生观尚未形成的阶段。家长一定要注意男孩现在的一些小错误，因为如果忽视，很有可能会变成男孩一生的毛病。

今天的中国飞速发展，人们的腰包越来越鼓，也诞生了很多有钱人。但是也出现了一种现象：有钱人，富而不贵！这种富人为什么得不到人们的尊重呢？不是人们嫉妒他们的财富，而是这种富人只会一切向"钱"看。追名逐利使他们失去了生活中最朴实的东西。反之，姚明作为在美国NBA表现最出色的中国运动员，受到了很多人的喜爱，不是因为他有着三亿多的身价，而是因为他在赛场上的拼搏精神。

精神上的富足才是真正的富有，才是一种永恒的富有，才是让男孩享用一生的财富。单纯地追求物质的富足，往往会让男孩失去人生真正的意义。所以，家长更要以身作则，让男孩从小树立正确的观念，在物质富足的同时更要追求精神上的富有。

5. 惯子如杀子，溺爱出逆子

所谓的逆子，往往是那些因为从小受到过多的溺爱，衣来伸手，饭来张口，从来没有真正理解过父母的小皇帝。这其实不是孩子的错，而是父母的疏忽。父母一味地娇宠孩子，孩子提出什么样的要求，父母都无条件地满足，这样的做法根本不是在爱孩子，而是在害孩子。

现在的家庭，子女大多都是独生，父母对孩子都疼爱有加。因为宠爱，让孩子变得无法无天。有的孩子一不满意，就伸手打自己的父母或爷爷奶奶，更有甚者会用利器伤害或威胁父母。

有一则新闻报道了一个儿子被自己的父母告上了法庭，父母异常气

愤，要求公安机关严惩自己的儿子。状告自己儿子的是年近六旬的季先生夫妇，这对老夫妇有两个女儿、一个儿子。因为儿子是家里最小的孩子，所以季先生夫妇对他非常宠爱。虽然家里的生活并不富裕，但是孩子要什么，季先生夫妇一般都会满足他的需求。

两个姐姐对他也十分疼爱，家里有什么好吃的一般都是让弟弟先吃。买新衣服，父母也是先给他买。有一次，儿子要买一个玩具，季先生觉得玩具价格太高，几乎是自己半个月的工资，所以就没给儿子买。谁知道，儿子回家以后拿着刀子就把季先生的手给划破了。季先生虽然非常生气，但是也没舍得打儿子一下。

儿子渐渐长大了，不知道从什么时候起，他开始穿名牌的衣服。一双运动鞋或一身衣服就要花费季先生半个月的工资。季先生对儿子说："我们家没有那么多钱，不能和那些有钱家的孩子比，你偶尔买还可以，但是如果经常买的话，我们就没有办法生活了。"儿子听见父亲这样说，不高兴地喊道："那你为什么不去挣钱，就是因为你没有本事挣钱，我们家才这样穷的。"季先生听了儿子的话，又生气又伤心。每次想动手打儿子，妻子就把儿子拦在身后。

不仅如此，儿子在学校的行为也十分恶劣。几乎每个月都有学生的家长找到季先生告状。由于儿子在学校的恶劣行为，学校很快就把他开除了。季先生没有办法，只好到处找人，让儿子再去上学，但是一连转了好几个学校，最终儿子都被学校开除了。儿子明确地告诉季先生，自己已经不想再读书了。季先生苦苦地劝儿子，但是儿子根本就不听。

季先生没有办法，只好让儿子去一个亲戚那里打工。但是没过多久亲戚就来跟季先生说，这个孩子干了几天就不见了。这让季先生非常担心，他到处去寻找儿子，而且还登了广告，贴了寻人启事。没有几天，儿子回来了。他对父亲说："我是回来要钱的。"季先生对儿子说："你在家里好好待着吧，不要到处乱跑了。"儿子却说："在家里待着没意思，我要出去和朋友玩，你得给我钱。"

季太太立即从屋里拿出2000元钱给儿子，儿子拿上钱转身就走了。没过几天，他又回来要钱。季先生不给，儿子就跟他大吵大闹。结果，季先生在妻子的劝说下只好妥协。于是，儿子又拿走了家里的几千元钱。这样反复几次后，季先生决定不再给儿子钱。但是他又跑到姐姐家里去要钱，这让季先生非常生气，也非常无奈。

儿子因为整天游手好闲，让季先生丢尽了脸。季先生非常后悔在儿子小的时候，没有好好地教育他，让他变成了现在这个样子。虽然季先生很是无奈，但是他已经没有办法改变现状了。就在季先生后悔的时候，儿子却在晚上趁父母熟睡时进屋偷走了家里的存款。这让季先生万分恼火。季先生夫妇商定，为了不让儿子再做出出格的事情，他们决定报案，让法律对儿子进行惩戒。

俗话说"虎毒不食子"，季先生之所以这样做，就是为了能让自己的儿子得到教训。其实，儿子变成现在这个样子，与季先生夫妇对他的不当教育方式是分不开的。因为这个男孩是家里的独子，所以父母加倍地溺爱他。就是因为这样的溺爱，让孩子变成一个无法无天的逆子。惯子如杀子，季先生没有办法只好用法律的手段来制裁自己的儿子，希望儿子能有所改变。这样的结果不能不让人叹息。

父母疼爱孩子是人之常情，但是，千万不能把疼爱变成溺爱。否则受害的不仅是孩子本身，他身边的人也会因此受到伤害。

姜先生在教育儿子的时候就本着"一个馒头也要蒸熟了吃"的思想。姜先生的儿子也是家里的独生子，但是姜先生对儿子的要求却十分严格。他在孩子很小的时候，就开始培养孩子良好的习惯。比如逛商场的时候，儿子看见了一个玩具，哭闹着要买的时候，姜先生就会蹲在地上对儿子说："爸爸不能给你买这个玩具，因为不久前奶奶才给了你一个新玩具。"如果孩子还是哭闹着不走的话，姜先生就丢开儿子的手，大步流星地向前走，根本不回头看他。这样做了几次后，儿子走进商场的时候总是能克制自己的情绪，不再乱要玩具。

在儿子刚开始学吃饭的时候，总是要爷爷奶奶喂。姜先生主张如果孩子不学会自己吃饭，就不给他吃。爷爷奶奶觉得这样对孩子太狠了，但是姜先生仍旧坚持这样做。没过多久，孩子就学会了自己吃饭。

儿子6岁的时候，姜先生就让他单独睡一个房间。开始的时候，孩子常常会害怕，姜先生就对儿子说："你是个男子汉，一定要勇敢一点。你不是喜欢看《变形金刚》吗，你觉得擎天柱勇敢不勇敢？"儿子点点头，姜先生说："你要想成为那样的英雄就要学会勇敢，一个人睡在这个房间里就是锻炼你勇敢的第一步。"儿子虽然听得似懂非懂，但还是按照爸爸的意思做了。姜先生不断地严格要求儿子，培养了孩子良好的习惯。

天下的父母有谁不疼爱自己的孩子呢？但是对于男孩来说，如果父母对他们过分地疼爱，就会让他们养成不良的行为习惯。而这些从小就养成的不良习惯将影响孩子的一生。父母都希望自己的孩子能过得健康、幸福、快乐，但是，如果父母只知道一味地溺爱孩子，无疑是在伤害他们。所以无论到什么时候，无论在什么样的情况下，对男孩的教育都应该严格。

父母要纠正孩子的错误、缺点，努力锻炼他们的勇气和毅力，从小培养他们良好的品格才不致使孩子的精神品质在溺爱的襁褓中夭折，将来才能成为一个对社会有用的人，才能真正地立足于社会。

6. 莫让"富贵"毁了孩子的人生

中国有句古话，"富家子弟多骄，贵家子弟多傲"。曾国藩在治家格言中说："家中钱多，子弟未有不骄者也。"中国很多父母都存在重男轻女的思想，家中有儿子的话，父母就要想着努力赚钱为儿子积累一份像样的家业。如果父母积累的财富多，那么儿子根本不用劳动就可以丰衣足食。

2009年5月新闻媒体报道了"富二代飙车撞人"事件，可以说这是一个富家子弟被父母娇宠坏了的典型案例。外国的媒体也报道过类似的案例。几个出国留学的富家子弟，在暑假的时候，开着跑车从意大利到法国旅行。在旅途中，这几个男孩不间断地飙车，时速竟达到了229公里/小时。瑞士苏黎世霍尔根区法院针对他们的行为开出了约合131万元人民币的罚单。但是，这一点儿钱对于开兰博基尼跑车的富家子弟来说根本就是小意思。

父母辛苦了一辈子，送儿子出国留学，本来是想让他们成为有出息、自立自强的人。但是，他们却拿着父母的钱在外面挥霍无度，这显然不是父母的本意。然而，父母有没有想过，孩子为什么会变成这个样子呢？

钱江的妈妈是一个企业家，父亲也有一个小公司，钱江是家里的独生子，平时妈妈对他十分娇惯。钱江在学校整天不学习，眼看快要到高三了，妈妈觉得儿子在国内也不会考上一所好大学，于是就和钱江的爸爸商量，决定把儿子送到国外去接受教育。

一向被娇宠的钱江听到这个消息，非常不乐意。他对妈妈说："我不去国外，我吃不惯那里的东西。"

妈妈劝他说："儿子，让你去是为了你好。妈妈不会让你吃苦的，妈妈会给你存上钱，然后定期给你寄好吃的。"

听妈妈这样说，他才同意出国。但是随后又说："如果我觉得太苦了，受不了了，我就马上坐飞机回来。"妈妈搂着钱江说："妈妈不会让你吃苦的，妈妈赚钱为什么，不就是为了你吗。"

留学的地方是英国，每年的花费都十分的高昂。钱江到了英国后，根本就不好好上课。他开始了自己的旅游计划，找了几个中国朋友，隔三差五地就和他们去旅游或者吃喝。一切费用都是钱江负责，对此钱江打电话跟妈妈说："我第一次来到这里，对什么都不熟悉，语言又不通，特别想家，所以一定得多交几个中国朋友。"

母亲心疼儿子，又给他寄去一笔钱，并告诉儿子支持他找朋友的做法。钱江整天和几个朋友游玩，根本不想学习。而且还常常坐头等舱。回

国他跟自己的朋友说:"经济舱根本没办法坐人,那么拥挤。"

钱江回家就是为了能吃到中国菜。他对父母说:"我根本吃不了英国的东西,我吃两天就开始想家里的菜了,实在忍不住只好跑回来吃一次。妈妈我要不是为了你,我才不去国外呢!"

钱江每次回家的花费都在一万元左右。除了学校放寒暑假外,每年都要回家五六次。爸爸曾经对儿子这样的做法有意见,但是妈妈说儿子想回来就回来吧,她有钱让儿子享受这个待遇。

但是,天有不测风云。有一年钱江的妈妈做生意的时候,资金周转出现了问题。妈妈跟钱江说自己遇到了困难,希望得到儿子的支持,但是娇生惯养的钱江根本不知道什么是困难,他还是按照原来的习惯大手大脚地花费。

钱江在妈妈面前这样说:"妈妈,你得想办法赚钱啊,我已经吃惯了好东西,穿惯了名牌衣服,如果没有这些东西我就没法生活。"妈妈看着钱江的表情,想着平时对儿子无度的宠爱,终于流下了后悔的泪水。

无论是富商巨贾还是升斗小民,教育孩子都不是一件容易的事情。富贵之家的孩子,出生的时候就已经含了"金汤匙",这样的孩子不会知道艰难困苦是什么。如果父母舍不得让孩子吃苦的话,孩子就会变得骄奢淫逸。

很多富商都希望儿子能继承自己的基业,将自己的事业发扬光大。但是,希望是一回事,教育孩子又是一回事。

洛克菲勒说:"培养一个贵族需要花三代的时间。"其实,只要父母能转变态度,在孩子很小的时候就培养良好的习惯,舍得让孩子吃苦,锻炼出他们坚强的意志力,那么,即使父母很富有,孩子也不会变成一个骄奢淫逸、对社会没有益处的富家子弟。然而,很多富有的父母觉得自己打拼得非常辛苦,不想让孩子再像自己一样辛苦,于是对孩子无比宠爱,这样养大的孩子不但不能够继承自己的基业,反而会很快将自己辛辛苦苦积攒下来的基业败光。所以说,父母莫让自己辛辛苦苦打拼来的富贵生活毁了孩子的人生。

第二章 "穷"对男孩是财富：
男孩为什么要"穷"养

1. 艰苦环境中长大的男孩处世泰然

从小"富"着养的男孩，往往事事让别人来为自己包揽，遇到困难则束手无策，甚至栽倒在困难面前。而从小"穷"着养的男孩，往往有着直面困难的勇气，在面对困难时能够做到临危不乱，表现出大将风范。临事之时，从容不迫，面不改色，尤非庸常之辈所能及。这种能力是通过后天的教育培养出来的。

临危不乱是勇敢、坚强、智慧的集中体现。它的培养离不开在困难、挫折、失败和厄运中的磨砺。而男孩又有着好战的天性，家长可以把这种力量转化为其前进的动力。

家长应该鼓励男孩去战胜成长过程中遇到的困难。在遇到问题的最初阶段，男孩会不知所措，也有可能会因受到伤害，产生抵触情绪，而丧失了自己解决问题的机会。但这是一个男孩成功向男人转型的一个不可缺少的阶段，所以男孩要想成为一个真正的男人，首先就应该有独立解决问题的能力，要善于在失败中总结教训，在成功中积累经验。

林浩是四川省汶川县映秀镇渔子溪小学二年级学生。

5·12地震发生的那一刻，班上正在上数学课。林浩刚跑到教学楼的走廊上，就被楼上跌下来的两名同学砸倒在地。他的班级有31名学生，汶

川里氏8.0级地震发生后，只有10名左右的学生逃生，而其中两名学生是林浩救出的。

原来，小林浩在倒塌的校舍自救后，马上用弱小的身体将一名昏迷的同学背了出来。随后，他重返已倒塌的校舍又背出来一名昏迷的同学，并被塌方砸伤了胳膊。

林浩在被记者采访时说："那个同学压在我背上，我怎么都动不了。当时，垮下来的楼板下，有一个女同学在哭，我就告诉她，不要哭，我们一起唱歌吧，大家就开始唱歌，是老师教的《大中国》。唱完后，女同学就不哭了。后来，我使劲儿爬，使劲儿爬，终于爬出来了。"

林浩的家庭并不富裕，但是他在艰苦的环境中培养了勇敢、冷静、智慧、有责任感的品质。林浩能够战胜困难，是赢在了父母对他的教育上。他不是在父母的溺爱、包办下成长，而是生活在独立、勤奋的家庭环境中。从物质上来衡量，林浩过的是穷日子，但也正是因为从小被"穷"养着，才使他具有面对灾难临危不乱的勇气。

对待人生中的挫折，每个家长都希望自己的男孩能够坚强地面对，可是倘若孩子从小就不知道挫折是何物，又怎能有一颗坚韧的心去面对呢?所以他们只能在挫折来临的时候，手忙脚乱，要么大声地呼喊着"救命"，要么就直接逃避。

2006年2月《环球时报》曾经报道过，一个五岁男孩救母的故事。这个男孩名叫萨契利，年龄为五岁。

这一天，他妈妈凯瑟琳驾车带着他和8个月的弟弟赶往父母家。在利镇的266号公路上，不幸发生了。凯瑟琳在摸手机时，车子一下失去了控制。慌乱中，凯瑟琳的汽车左侧重重地撞在树上。前后车窗都被撞碎，车门挤压变形。凯瑟琳当时就晕了过去，头上鲜血直流。孤立无援的小萨契利先爬到车后座，解开弟弟身上的安全带，然后抱起弟弟从车里爬了出来。他徒步走了将近一公里，敲了三户人家的门。而南希正是他求助的第三户人。

当南希打开家门时, 她被眼前的景象惊呆了: 一个一米高的小男孩, 光着脚, 一脸恐惧, 泪流满面, 门廊上放着一个哭泣的婴儿。男孩冲着她大喊:"我妈妈在公路下面!"

听完萨契利的讲述, 南希跳上车前去援救。消防人员也随后赶到。凯瑟琳被送往哥伦比亚医疗中心重症监护室。在昏迷了 10 天后, 她终于睁开眼睛说话了。

事后, 萨契利接受了记者采访。他挺着小胸脯说当时他只有一点儿害怕, 因为他认为"男孩子什么都不怕, 女孩子才可以害怕。"前来协助的警员和消防队员都夸他是个小英雄。亚拉巴马州消防局局长说:"他很小却知道怎么做, 是他救了妈妈的命。"

在这里"穷人的孩子早当家"不灵验了。因为萨契利家境并不贫穷, 五岁也没到应该"当家"的地步, 却能够临危不乱, 从容面对, 究其本源。是平时耳濡目染的结果, 得到的是"男孩子什么都不怕"的教育, 所以在关键时候就能做出"不怕"的举动。在中国很多家庭并不富裕, 但仍在全身心地来呵护"小皇帝", 不是含在嘴里怕化了, 就是捧在手心怕坏了, 这样下去恐怕长大后是成不了大器的。

这能怪天真无邪的孩子吗? 北非的瞪羚从刚出世到站起来只要半个小时, 在这段时间母瞪羚在旁边决不会去帮助它, 完全要靠自己站起来; 小海龟出世后只有靠自己的力量投入大海的怀抱, 才能躲避海鸥的袭击, 完成生命最初的洗礼。今天的家长不能剥夺男孩经受挫折的机会, 父母也不要因为"爱他"而把他与风险和挫折隔离开。男孩在父母营造的舒适环境下生活得越久, 对现实生活的认识就越少, 以后接受生活挑战时他的表现就越脆弱。

"穷"着养男孩, 不光是在物质上给予男孩考验, 更多的是对男孩品质的磨练。因此, 不管家境如何, 一定不要娇惯男孩, 只有对男孩严格要求, 不姑息享受和依赖等不良习惯, 才能培养出男孩良好的品质。

父母应该将现实早一些还给孩子, 让他们先适应生存环境再尝试着去

改变自己。这样做不仅使男孩有了独立思考、独立做事的能力，也会增强他的自信心。在男孩自己做事情的时候，家长恰到好处的帮助，更能鼓励孩子，激励他更好地奋发向上。父母也该应适时适当地将危险后果告诉男孩，通过各种手段和途径来教育男孩，让男孩从不同侧面了解事物的本质。当然，让男孩了解的危险后果应有选择，注意适可而止，更不能吓唬男孩，造成负面影响。只有这样，才能让男孩真正学会如何去思考和分析事物，如何去从容面对这个大千世界。

2. 出身贫寒的男孩懂得自强不息

往往出身贫寒的男孩都懂得吃得苦中苦方为人上人的道理，他们既珍惜现在拥有的一切，也明白未来的努力方向。成功没有捷径，而那些成功人士也一定有饱经风霜的经历，具有自强不息的精神。

自强不息是指一个人努力向上，永远不懈怠。人要成为自己命运的主人，做一个有志向的人，无论命运怎样安排，都不要屈服，要努力拼搏，因为胜利属于永远自强不息的人。

"穷"着养的男孩，有丰富的精神境界。不想当将军的士兵不是好士兵，这种自强不息的个人心态对自我认识和提高有着重要作用。"穷"着养的男孩在磨砺中，不断地对自己提出要求，不断地战胜自己，或是为了生存，或是为了满足对胜利的渴望。

"穷"着养的男孩懂得自强不息，因此他们有着明确的目标。他们有着远大的理想，并且为了完成理想，不断地充实自己。从竞争角度，不前进便是后退。能够自强不息的男孩，会精力充沛，直觉敏锐，有着健康的情感。

在历史上并不缺少"穷"着养的男孩，他们大多出身贫寒，但通过自强不息最终取得了成功。

匡衡凿壁偷光：西汉时期，有一个特别有学问的人，叫匡衡。匡衡小的时候家境贫寒，为了读书，他凿通了邻居文不识家的墙，借其一缕烛光读书，终于感动了邻居文不识，在大家的帮助下，小匡衡学有所成。在汉元帝的时候，由大司马、车骑将军史高推荐，匡衡被封郎中，迁博士。

屈原洞中苦读：屈原小时候不顾长辈的反对，不论刮风下雨，天寒地冻，躲到山洞里偷读《诗经》。经过整整三年，他熟读了《诗经》305篇，从这些民歌民谣中吸收了丰富的营养，终于成为一位伟大诗人。

苏秦刺股：战国时期，苏秦是出名的政治家。在年轻时，由于学问不多不深，曾到好多地方做事，都不受重视。回家后，家人对他也很冷淡，瞧不起他。这对他的刺激很大。所以，他下定决心，发奋读书。他常常读书到深夜，很疲倦，常打盹，直想睡觉。他想出了一个方法，准备一把锥子，一打瞌睡，就用锥子往自己的大腿上刺一下。这样，猛然间感到疼痛，使自己清醒起来，再坚持读书。这就是苏秦"锥刺股"的故事。

车胤囊萤照读：车胤，晋代南平（今湖北省公安市）人。车胤自幼聪颖好学，家境贫寒，常无油点灯，夏夜就捕捉萤火虫，用以照明夜读，学识与日俱增，成为知名学者。车胤囊萤照读的故事，在历史上被传为美谈，激励着后世一代又一代的读书人。

万斯同闭门苦读：清朝初期的著名学者、史学家万斯同参与编撰了我国重要史书《二十四史》。但万斯同小的时候是一个顽皮的孩子，他由于贪玩，在宾客们面前丢了面子，从而遭到了宾客们的批评。万斯同恼怒之下，掀翻了宾客们的桌子，被父亲关到了书屋里。万斯同从生气、厌恶读书，到闭门思过，并从《茶经》中受到启发，开始用心读书。转眼一年多过去了，万斯同在书屋中读了很多书，父亲原谅了儿子，而万斯同也明白了父亲的良苦用心。万斯同经过长期的勤学苦读，终于成为一位通晓历史遍览群书的著名学者，并参与了《二十四史》之《明史》的编修工作。

这些人在成功之前，都经历了很多的磨难，接受了很多考验。在同样的环境中，有的人可以充分运用外力为自己的生长汲取营养，长得更健壮，逆境而生。有的人遇到困难就会萎靡不振，自哀自怜。温室里的树苗

是不可能长成参天大树的。"富"着养的男孩，家长尽力满足他们所有的要求，甚至很多父母认为：决不能让孩子受自己受过的苦。家长这样的做法，无疑让男孩失去了自强不息的动力。

生而富贵，遂不思进取，纵情声色，穷奢极欲。这是形容魏晋南北朝时的门阀士族。士族阶级作为特权阶级，过着安逸的生活，随着文化优势的丧失，经济特权也随之失去，在科举制度的催化下，门阀士族走向衰落不可避免。纵观历史，近百年来清政府的腐败，丧权辱国，使旧中国沦为半殖民地半封建的国家，深受外国侵略者的欺凌。在国家和民族已到了濒临灭亡的边缘时，诞生出了许多为探寻救国救民道路的有志之士。他们生于乱世之中，以民族复兴为己任。

周恩来12岁那年，因家里贫困，只好离开苏北老家，跟伯父到沈阳去读书。

在租借地，他看到了一个衣衫褴褛的妇女，正在向两个穿黑制服的中国巡警哭诉，旁边还站着两个趾高气扬的洋人。原来这位妇女的丈夫被洋人的汽车轧死了，中国巡警不但不扣住洋人，还说中国人妨碍了交通。周围的中国人都忿忿不平，心怀正义感的周恩来拉着同学上前质问巡警："为什么不制裁洋人？"巡警气势汹汹地说："小孩子懂什么？这是治外法权的规定！"说完走进巡警局，砰的一声把门死死关上。从租界地回来，周恩来心情很沉重，他常常站在窗前向租界地方向远远地望着，沉思着。

一次，校长来给大家上课，问同学们："你们为什么读书？"有的说："为明礼而读书。"有的说："为做官而读书。"有的说："为父母而读书。"有的说："为挣钱而读书。"当问到周恩来的时候，他清晰有力地回答："为中华之崛起而读书！"校长震惊了，他没料到，一个十几岁的孩子，竟有这样大的志气。

儿时的经历使周恩来从小就立下了为中华崛起而读书的志向，并以自强不息的精神追求着民族的解放。宝剑锋从磨砺出，梅花香自苦寒来。周恩来带领着中国人民自强不息，实现了民族独立和民族解放。他也成为一

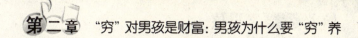

名杰出的无产阶级革命家，是全国人民敬爱的好总理。

如今的男孩成长在和平年代，从小物质富足，大都没有吃过什么苦头。所以，"穷"养的男孩变得越来越有必要。让生活安逸的男孩多经历一些挫折教育，在逆境中磨炼出顽强的意志和完善的人格，才能真正走上属于自己的辉煌人生。

3. 挫折和磨难锻炼出钢铁般的意志

"宝剑锋从磨砺出，梅花香自苦寒来"。然而要经得住磨砺，耐得住严寒，必定要有钢铁般的意志。而如今的孩子生活优越，往往缺乏了磨炼意志的机会。

其至大多家长只希望孩子的成绩优异，忽视了意志力的培养。没有坚强的意志，男孩就很难拥有与挫折抗争的勇气和决心。现在一些在学业上有所建树的年轻人，内心却是脆弱的，是经不起失败的人。

近几年学生自杀比率有所提高，甚至是被大家看成是天之骄子的大学生也存在着这种问题。出现这样的情况，社会有责任，学校有责任，家庭有责任，但这些自杀者本身也有着不可推卸的责任。日本心理学家发现自杀和自杀者的心理特征有着密切的关系。比如，软弱型和未成熟型的性格和自我性强、欲求难以满足以及耐性差的人就容易产生自杀的念头。不少学生经不起"挫折"，也不积极改善本人的心理状况，最终选择了自杀来逃避问题。

从小培养男孩坚强的意志，才能够比一般人更有勇气去迎接困难、挑战困难、战胜困难。人生不顺，坎坷颇多，但这种经历也是一种财富。

狄更斯幼年，家境十分贫寒。他的父亲因负债累累，无力偿还，被关进监狱，10岁的他也被迫住进监狱。小小的年纪便饱经了羞辱和折磨，监狱里的阴森恐怖，在他脑海里留下了极为深刻的印象。

为了养家糊口，狄更斯12岁便挑起家庭生活的重担，受雇于一家鞋油作坊。作坊主将这个小童工当做招揽生意的活广告，站在当街的玻璃橱窗中，向顾客和行人展出。饱受屈辱和饥寒的他，每月只能在取得工资后去狱中探望一次亲人。但这种痛苦的生活环境，没有压垮他，反而更激发了他对被压迫的穷人和不幸儿童的同情心，对不公平的社会现象的憎恨。他把自己的经历通过文字的表达和加工，终于创作出了《大卫·科波菲尔》、《雾都孤儿》等世界名著。

狄更斯在挫折、磨难中锻炼意志，增加了自己的能力。他从不屈服于不幸，而是更加大胆、更加积极地向不幸挑战。贝多芬曾经说过：卓越的人一大优点是在不利与艰难的遭遇里百折不挠。每个男孩的成长环境都不一样，作为家长应该鼓励男孩主动地去找苦吃，铸造自己钢铁般的意志。现在很多男孩在父母这把"保护伞"下，越来越娇气，最终将成为永远长不大的男孩。作为父母可以适当地"刺激"一下男孩，对于男孩的行为要及时地加以评价，给他思考的空间和时间，吸收你的建议，并作出修正。父亲更应该为男孩树立一个榜样，在平时的生活中表现出勇敢、镇定、果敢的一面。

道格拉斯·麦克阿瑟曾是美国历史上最年轻的将军、最年轻的西点军校校长和最年轻的陆军参谋长，美国少有的五星上将之一。他的父亲生性勇敢、坚强，富有惊人的毅力。他也很希望儿子具有这点性格。在麦克阿瑟五六岁时，父亲就教他骑马和打枪，他的父亲还曾经用了整整两个晚上，亲手制作了一把精美的木剑，把它作为圣诞礼物送给他。

有一次，麦克阿瑟挥舞着那把木剑随父亲出外打猎，突然从树林中窜出了一只豹子，呼啸着朝他奔来。他顿时惊慌失措，拼命跑到父亲身后，紧紧地抱着父亲的身体。同时，木剑也掉在地上。父亲鸣枪吓跑豹子后，严肃地对他说："你要勇敢，要做一个真正的男子汉！永远不要忘记，你是军人的儿子！"说罢，父亲弯下腰捡起了木剑，重新交到麦克阿瑟手中。

这件事对麦克阿瑟影响很大。一次，麦克阿瑟随父亲去砍香蕉树，不慎被镰刀划破了脚。他忍住疼，没有告诉任何人。两天之后，伤口恶化，

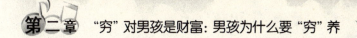

腐烂化脓。父母发现后，马上给他敷药治理。在用盐水清理伤口的时候，不满八岁的麦克阿瑟始终没有叫一声疼。

道格拉斯·麦克阿瑟从小就磨炼出了钢铁般的意志，激励着他以后的人生道路。

1899 年，麦克阿瑟考入美国军事学院（西点军校）。在校期间既刻苦攻读，又注重体育锻炼。四年之后以全班第一名的成绩毕业，赴菲律宾任美军第三工兵营少尉。

身教重于言传。影响一个人意志形成的因素有很多，家庭环境是十分重要的因素，家长的言行对男孩的非智力因素有着潜移默化的作用。也许每个家庭的经济状况不能轻易改变，但是父母可以控制和改变对男孩的教育方法。"穷"着养的男孩，在艰苦的条件下学会了依靠自己生存，能够很好地锻炼男孩的意志。

"富"着养的男孩，一直在父母的"保护伞"下成长，他要什么就有什么，正如"金手指"一样，一直享受"心想事成"的果实。可是，没有遭遇挫折打击是件好事吗？万一有一天，长辈的保护伞不再能够遮风避雨，那又该怎么办呢？

人生就是要不断地在困难和曲折中寻求前进的道路，在各种阻挠和困扰中拼搏前进。男孩要学会把挫折和阻力变成磨练自己的动力。因为有阻力飞机才能飞上天空；因为有阻力帆船才能翱翔于蔚蓝的大海。想取得任何成就，达到任何高度，都需要一定的阻力。万事开头难，男孩就要从小在困难和挫折中铸造自己钢铁般的意志，为自己的人生打下坚实的基础。

4. 经得起大苦大难方能成就辉煌人生

苦难是一种人生的积累，苦难更是一种难得的财富。苦难是造就人才的摇篮，是成功人士的母校。每一次的苦难都会让男孩学到一些东西，懂

得一些人生的哲理和真谛。古今中外很多有非凡造诣的人，都是在苦难中摸索前行总结经验教训，最终走过一路的风风雨雨。很多有大智慧的人，也都是从苦难中学会更深层次的思考，从而能够运筹帷幄，决胜于千里之外。很多伟大的人，都善于把苦难变成人生的动力，进而孜孜不倦地追求，最后在苦难中成就伟大的事业。

春秋战国时期，吴王阖闾打败了曾经强大的楚国，成了南方新的霸主。吴国跟毗邻的越国素来不和。公元前496年，越国的勾践继承了王位。吴王趁越国刚刚遭到丧事，就满怀信心地带领了很多军队去攻打越国，旨在一举歼灭越国。吴越两国在今浙江嘉兴西南的一个地方，进行了一场激烈的战斗。

吴王阖闾万万没有想到自己会输了这场战斗。在战场上自己又受了很重的伤，再加上上了年纪，回到吴国不久，就归了西。

吴王阖闾的儿子夫差继了父位。阖闾在死之前拉着夫差的手说："儿啊，不要忘记替父报仇啊。"夫差记住了父亲的嘱咐，叫卫兵经常提醒他。他经过宫门，卫兵就扯开了嗓子喊："夫差！你忘了你的父亲是越王杀死的吗？"

夫差流着眼泪说："不，不能忘，不敢忘。"他叫伯嚭和伍子胥操练兵马，随时准备攻打越国。两年后，吴王夫差亲自率领着大军去打越国。越王勾践的手下有两个很能干的大夫，一个叫文种，一个叫范蠡。范蠡很不同意越王跟夫差交战，他对勾践说："吴国练兵快三年了，又是有备而来。这回决心报仇，来势凶猛。我们还不如守住城，高挂免战牌，挫挫他的锐气。"

勾践根本就听不进范蠡的话，一定要带领军队去跟吴国人拼个死活。于是两国的军队在太湖一带打上了。其结果越军大败。越王勾践带了五千个残兵败将仓皇逃到会稽，被吴军围得水泄不通。勾践很沮丧地跟范蠡说："先生，我很懊悔当初没有听取你的意见，才会有今天的惨败。现在该如何是好？"

范蠡说:"咱们赶快去向吴王求和吧。先保全自己好作长远打算。"于是勾践就派文种到吴王营里去求和。文种把勾践愿意投降的意思在夫差面前说了一遍。吴王夫差想同意,可是伍子胥却坚决反对与越国和解。

文种又得知吴国的伯嚭这个小人很贪财好色,就把一批美女和金银珠宝,私下送给伯嚭,请求伯嚭在夫差面前讲几句好话。伯嚭在夫差面前一番劝说,吴王夫差不顾伍子胥的反对,与越国和解了,但是要勾践亲自到吴国当人质。

文种回去向勾践报告了。勾践把国家大事托付给文种,自己带着夫人和范蠡到吴国去做人质。勾践到了吴国,夫差把他们夫妇俩安排在阖闾坟旁的一间石屋里住着,叫勾践给他喂马。范蠡则每天做着奴仆般的工作。夫差每次回城,勾践就得为他拉马,有一次,夫差生病了,勾践毛遂自荐,来到夫差的寝宫说自己能医治夫差的病,可是夫差害怕勾践谋害他,不让勾践接近他,勾践只能尝夫差的屎诊断夫差的病情。勾践精心治好了夫差的病,这让夫差放松了对他的戒心。两年后,夫差认为勾践真心归顺了他,于是就把他给放了。

勾践回到越国后,立志报仇以解心头之恨。他最害怕的是眼前的安逸生活会消磨他的志气,于是他在吃饭的地方挂上一个苦胆,吃饭之前,就先尝一尝苦味,并且问自己:"你记得自己的仇恨吗?"他还把睡觉的席子撤去,用柴草铺在床上睡觉。这就是流传千古的"卧薪尝胆"的故事。

勾践为了使越国早日富强起来,他亲自参加耕种,叫他的夫人自己织布,来鼓励生产。因为战乱,越国的人口大大减少,他制定奖励生育的制度,鼓励多生孩子。他叫文种管理国家军机大事,叫范蠡训练人马,他自己则虚心学习,招贤纳士。关怀自己的子民。在勾践的带动下,全国的老百姓上下一心,经过长期的奋斗,终于使越国逐渐强盛起来了,最终一举消灭了吴国,成为新的霸主。

越王勾践在苦难中没有退缩,没有被苦难吓到,他在苦难中忍辱负重,磨练自己的意志,力图东山再起,最终他成功了。其实苦难是一种磨练和考验。"疾风知劲草,烈火炼真金"。真正勇敢无畏的人在苦难中会愈

挫愈勇，一往无前，义无返顾，而胆小怕事者则在苦难中会动摇和退缩，常常陷入迷茫和更深的苦难之中；真正坚强的人在苦难中变得更加坚强、果决、大度，而懦弱者则在苦难中忍气吞声，接受生活的煎熬和折磨；自信的人在苦难中越发自信，懂得成功就在于再坚持一下的努力之中，而自卑者则在苦难中越发自卑，看不到未来和希望；执著的人在苦难中也不会轻易放弃自己的追求和梦想，寻找哪怕是极渺茫的希望，而善变的人在苦难中则辨不清方向，如同那墙头草，风吹两边倒，最终被金钱所腐蚀，被滚滚红尘的浊浪而湮没。

　　"扶不起的刘阿斗"是我们大家都很熟悉的一句民间俗语。故事讲的是东汉末年，宦官专政，扰乱朝纲，致使诸侯割据，烽烟四起，民不聊生。汉室宗亲刘备打着恢复汉室的旗号，在谋士诸葛亮，大将关羽、张飞、赵云的帮助下，南征北战，终于创立了蜀汉政权，开创了三分天下有其一的局面。可遗憾的是刘备没生个好儿子。他的儿子刘禅，小名阿斗，是在安乐窝里长大的，没有经过一点儿风吹雨打，是个只知吃喝玩乐享受的主。刘备死后，刘禅继承了父位。他哪是管理国家大事的料？整天混迹于后宫。可北方魏国势力逐渐壮大，已经对蜀汉形成了威胁，那时还有军师诸葛亮能撑着，可诸葛亮一死，刘禅就没辙了，只得献城投降。被囚禁在现在的汉中，留下了"汉中乐，不思蜀"的笑谈。

　　如果刘禅能够像他父亲刘备那样胸怀大志，能够在战场上经受战争的"洗礼"，那么刘备所创立的基业也就不会被他拱手献给司马氏。历史是不允许假设的，但是从历史中，我们是不是能有所启迪呢？

　　古诗云："锋从磨砺出，玉乃雕琢成"；又云："宝剑锋从磨砺出，梅花香自苦寒来"；冯梦龙云："不是一番寒彻骨，怎得梅花扑鼻香"。可见，越是苦难，越能铸就美好的品格，越能使生活充满希望。在苦难中不忘缅怀希望，等到风雨后见彩虹的那天。让我们记住刘禹锡的那句至理名言，"千淘万漉虽辛苦，吹尽狂沙始到金"。

5. 小时候受"穷"，长大才能享"富"

无论是各种励志故事里的主人公，还是现实生活中的一些成功人士，大多都是从小就吃过很多苦，在磨砺中一步步走向成功，走向精神和物质上的双重富有。男孩小时候吃过很多苦，才会有明确的志向去努力改变苦难和贫穷的境况。只有在苦难和逆境中才能树立伟大的志向，确定明确的人生目标。

人生不可能风平浪静。每个人降生到这个世界时，就注定了要经历各种困难的考验。这并不是一种悲观的人生认识，而是提醒人们要想拥有绚丽的人生，就要不断地历练自己。

"穷"着养的男孩，从小就知道现实生活是不完美的，只有今天付出努力，明天才能够有所收获；只有今天磨练自己，明天才能够少吃苦或不吃苦。

郑全战，1994 年毕业于北京大学计算机系（现合并为信息科学技术学院），之后赴美攻读博士学位，并在美国微软总部担任软件设计工程师多年，现为腾讯公司首席架构师。

郑全战出生于一个平凡而普通的农民家庭，然而就是在这样一个家庭里，却走出了三位博士。当谈及家庭的学习氛围时，郑全战坦言："我们家基本是大人不管，功课是我们自己在努力。大哥比较聪明，比较爱学习，是他从小领着我们学习。"可以说，大哥吃苦耐劳的品质和锲而不舍的斗志对郑全战的成长产生了重要影响。

小时候的艰苦生活，让郑全战深深地明白"吃得苦中苦，方为人上人"的道理。二十年的读书生涯，他笑称自己是"吃了二十年的咸菜"走过来的。然而生活的艰辛并没有挡住他前进的步伐，反而磨练了他顽强拼搏的意志，坚定了他发愤读书的决心。

再看看"富"着养的男孩，面对一大堆的饭菜，哄着吃也吃不几口，

还有的孩子一点儿苦一点儿累都吃不得，更是别说让其经历郑全战那种苦日子了。很多男孩跟小时候的郑全战比起来，真是要学习的太多太多。不吃苦的男孩不会知道甜是何物，所以应该多给男孩讲一些吃苦耐劳、取得成功的故事。

在郑全战眼里，家庭给了他最宝贵的财富就是"能吃苦"，经历了种种磨难后，他最终成功了。如今的郑全战可以充满自信地说"现在没有觉得什么是难的"。

看看今天的"小皇帝"，无论家庭条件如何，父母都会省吃俭用地把最好的留给孩子。可越是父母小心养育的男孩，将来越是难成大器。想必是男孩从小就没有磨练出坚韧不拔、锲而不舍的斗志。

克服困难的过程就像学习游泳。不会游泳的人，会很害怕下水。但是如果不下水，即使是再高明的教练，也不能教会你游泳。你必须到水中去扑腾，不断地去练习，即使呛到了水，也不要放弃。在一次次失败中，去实践、体会、摸索教练交给你的技巧。

学游泳总要从呛水开始，从呛水到学会游泳肯定有一个自我探索的过程。冰冻三尺非一日之寒，水滴石穿非一日之功。在郑全战成功的背后凝聚着太多的辛酸和泪水。

现在我们的社会里，独生子多，生活优越，溺爱现象相当严重，男孩的依赖性也特别强。按年龄来划分，孩子长到 18 岁就应该算是成人了，而被娇生惯养的男孩要到 30 岁才能够独立。家境富裕的男孩，在物质生活得到满足之后，就是不愿意学习。这大概不能算是什么危言耸听吧？宏志班的孩子，虽然家境困难，但每个孩子都懂事早，懂事多，能吃苦，有志向。

再看中国的运动健儿，2008 年北京奥运会上，取得了优异的成绩。这些世界冠军，大多出身于农村。

举重冠军龙清泉，生在偏僻的湖南湘西自治州龙山县红岩溪镇，父母都是农民，奥运会前双双在安徽打工。

男子 10 米双人跳台冠军林跃，出生在广东潮州的一个普通工薪家庭。

父母为了保证他能够继续练习跳水，曾卖掉房产，家庭始终处于赤贫状况。

大家都看到了这些运动健儿们在比赛场上光辉的一面，而他们在台下的辛苦又有多少人真正知道呢！

流汗和伤病是家常便饭。对于那些有体重要求的比赛项目，有的人几年都不吃晚饭，更别说平时吃饭能吃多饱了，但训练却还得继续，因为不训练就意味着在原地踏步。

看到运动员站在领奖台上落泪的时候，台下的每一个人都会被他们所感染。那些泪水有着喜悦也应该包含着辛酸。看到他们这一刻，也是最美的，也是最能打动人的，因为他们的付出终于得到了回报。

值得注意的是这些运动员大多都是出生在清贫的家庭，从小就被送到体校接受训练，汗水和伤病伴随着他们成长。从体校到省队，再到国家队，只有运动员知道这条路有多么的难走。

取得世界冠军是所有运动员的梦想，可又有多少人能够站在领奖台上。为了实现自己的梦想，运动员要有着过硬的心理素质，在比赛时才能够发挥正常水平；运动员要有坚韧的意志，才能不怕艰苦的训练，才能忍受伤病带来的痛苦。

这就是奥运冠军为什么能够受人尊敬的原因！

人生就像旅行，沿途有着美丽的风景，也有着存在危险的悬崖峭壁。而这些存在危险的路段，就是生活中遇到的困难。但是旅行者不会总逗留在一个地方，他们希望继续探知未来的路。无论前途多么艰险，只要坚持不懈，前面就是美丽人生，只有小时候坦然受"穷"，长大才能真正享"富"。

6. 今天对孩子不"狠心"，明天怎能"放心"

每个男孩都是未来社会的主人，他们注定要靠自己的力量在这个社会上生存。想做一名优秀的男子汉，就必须具备自立自强的人格，遇到困难

时必须靠自己的心智去解决，而不是一味求父母帮你解决问题。如果男孩遇到各种麻烦，不会想办法解决，只是茫然不知所措或者一味求助于家长，那么家长教育无疑就是失败的。从小培养男孩独立解决问题的能力，应该是家长们的紧迫任务。美国一位著名的黑人政治领袖，曾经讲述过自己10岁时发生的一件事：

那时候，孟菲斯的社会治安比现在乱得多，我所居住的社区时常发生抢劫。所以，放学后我总是很快回家，不敢在街道上逗留。然而，那天晚上母亲对我说："马克，你今后必须学会自己到便利店买东西。"她领着我到街道另一头的便利店走了一趟，让我记住路怎么走。

第二天傍晚，母亲让我去便利店买点儿东西，我出门前她特意嘱咐道："马克，我知道最近的治安不太好，但你已经是一个男子汉了，要学会独立出门办事了。不管遇到什么情况，你都要记住：自己的麻烦只能靠自己解决！"

我忐忑不安地走出家门，小心翼翼地走到街道上，快到便利店时，忽然从旁边胡同蹿出来一伙小流氓，他们把我拽进胡同。看起来，他们跟我同龄，大约有5个人，两个人揪住我的衣领把我按在墙上，其他人二话没说就从我兜里翻出所有钱，然后把我一脚揣在地上，迅速跑开了。我傻坐在地上，半晌才缓过神来，起身摸着摔疼的屁股，跑回了家。

当我把发生的一切告诉了母亲时，母亲似乎没有任何表示，只是又给我写了一张买东西的清单，给了我更多的钱，让我继续去便利店买东西。我小心翼翼地走上大街，一眼就瞧见那帮小痞子在路边闲逛，我便掉头回到家，跟母亲说自己死活也不去便利店了。

"马克，我要你自己去对付那些人！"母亲罕见地对我咆哮道，"他们不是职业流氓，只是欺软怕硬的小混混，如果你不去反抗，就会一直被他们欺负，明白吗？马克，做个真正的男子汉吧，不管结果怎样，妈妈始终为你骄傲！"母亲的这番话又激起了我的勇气，我抱着视死如归的念头走出家门——结果他们又一次狠揍了我，不仅抢走了所有的钱，还把我的衣服给扯破了。

当我一路哭泣着跑回家时，更惨的情况出现了：妈妈竟然无情地把我关在门外，她隔着门对我说："马克，你做得很好，至少能够勇敢地去面对他们了！但这次妈妈给你更高的要求，要你能够战胜他们，维护自己的尊严和利益！"她再次给我一张购物清单、一根粗木棒和更多的钱，嘱咐我一定要到便利店把东西买回来，随后关上门，任凭我怎样敲打也不开。最后，我放弃了敲门的努力，一身的怨气和委屈化为愤怒的力量，心想："这次豁出去，跟那些小混混拼了！"

随后，我像疯子一样冲出去，直奔那些小混混而去，他们一开始还嬉皮笑脸地围上来，但很快就被我愤怒的吼声吓呆了。我抡起木棒，认准了小混混的头目，把所有的怨恨和愤怒全部打在那小子身上。我明白，只要我停住一秒钟，其他人就会缓过劲儿来攻击我，所以我一个个地把他们击倒、打跑。最后，其他小喽啰抱头鼠窜、四散跑开，只有那个小头目趴在地上。我上前一把揪住他的衣领，大声吼道："记住我，我叫马克！以后再敢惹我，我会把你的脑袋打爆！"他瞪大眼睛，点点头，似乎不相信我就是刚才那个任他们肆意欺侮的小子。

当我从便利店买完东西回来后，手里仍然紧握木棒，准备再次用它保护自己，结果我发现大街上空无一人，一股前所未有的荣誉感涌上心头：我发现自己一下子长大了。

回到家后，母亲一边给我包扎脸上的伤，一边以欣赏的眼神看着我说："马克，还记得我告诉你的话吗？"

我骄傲地重复道："自己的麻烦，要靠自己去解决！我今天做到了，妈妈，以后我也要这样去做！"

是的，父母需要让男孩铭记这样一个道理：求人不如求己。在生活当中，人总会遇到各种各样的困难，想做一名优秀的男子汉，就必须具备自立自强的人格，遇到困难时必须靠自己去摆平，而不是一味地让父母帮你解决问题。尽管这个原则不是一成不变的，但是男孩首先应该想到：我该如何应

对、如何处理？实在想不出好办法时，才可以与家长商量或者寻求帮助。

男孩不是温室里的盆景，他终究要生活在外面的世界里的，要面对并解决现实中的问题。尽管故事中那位母亲培养儿子独立性的方式有点儿极端，其思路却值得每个中国家长思考。尽管我们不主张"以暴制暴"，但是面对同龄人的挑衅，决不能让男孩低下高贵的头。马克的母亲，首先让男孩出去锻炼，等于是给他设置了难题，让马克去理解该如何去做，当然她知道骚扰马克的只是那些半大男孩而不是心狠手辣的流氓时，便一次次"逼"马克去自己想办法解决，还暗示马克方法（给了他一条"打狗棍"）。最后，当马克终于自己解决问题后，她又给马克适时的鼓励和温柔，让马克更加坚定了独立的行为意识。

国外的许多家庭，会让男孩从小出去打零工，培养其独立生活的能力，以便男孩成年后无需父母照顾便能独立生活。正是在这样的家庭教育中，男孩经受了实践的锻炼，逐渐具备了各种能力。相比之下，中国的家长就缺乏这方面的意识，一方面我们想让男孩独立解决问题，另一方面又"心疼"男孩，无法将"狠心"进行到底。这样长期下去，对男孩的成长是极为不利的。

要知道，家长今天的"狠心"，换来的是明天的"放心"。家长应该理性地为男孩的未来考虑，教育男孩"没事别找事，遇事别怕事"，先要冷静分析一下问题，积极寻求解决办法，而不能消极地逃避或等待奇迹出现。比如，当男孩与同学闹矛盾时，要让男孩自己去处理，如果男孩需要，你可以提出建议，给男孩一定的帮助而不是全部。或许在此过程中，男孩会做得不十分恰当，但正是独立处理这些小事，男孩才会成熟起来。家长要引导男孩独立思考、勇于担当，帮助他们不断成长起来。

家长拥有"穷"养的意识更重要，如果男孩已经到了可以独立做事的年龄，家长们还是一味地"包办"，剥夺男孩独立解决问题的权利，那么男孩解决问题的能力只会越来越差。一旦进入社会，就会像笼中鸟，既不会飞，又不会捉食，最后难以生存。父母是男孩的第一任老师，你可以给男孩许多许多，但请不要因为"私心"、"爱心"毁了男孩独立的人格。今天对男孩狠心一点，明天才能放心。

第三章　胸怀大志者，方能成大事：
培养有理想有主见的男孩

1. 理想和信念是人的灵魂

理想和信念源于现实，又高于现实，它们贯穿于每一个人的精神世界之中。如果把社会历史比作大海，把个体人生比作小舟，那么理想就是引领航向的灯塔，信念则是催舟奋进的风帆。有人说过："理想是石，敲出星星之火；理想是火，点燃熄灭的灯；理想是灯，照亮夜行的路；理想是路，引你走到黎明。"是的，理想和信念对一个人的人生价值的实现起着推动的作用，在论及理想信念时，海伦·凯勒有这样一句非常形象而生动的话："当一个人感觉到有高飞的冲动时，他将再也不会满足于在地上爬。"她接受了生命的挑战，创造了生命的奇迹，她的人生因为有理想和信念而变得格外美丽。

1880 年，海伦·凯勒出生于美国亚拉巴马州北部一个小城镇。她在 19 个月的时候被猩红热夺去了视力和听力。不久，她又丧失了语言表达能力。然而就在这黑暗而又寂寞的世界里，她并没有放弃，在老师安妮·莎莉文的帮助下，用顽强的毅力克服了生理缺陷所造成的精神痛苦，并执著无悔地在知识的海洋中遨游，学会了读书和说话，并开始和其他人沟通。最终，海伦·凯勒以优异的成绩毕业于美国拉德克利夫学院，成为了一个学识渊博的人，掌握英、法、德、拉丁、希腊五种文字，一生中写了很多

部作品，其中《假如给我三天光明》是海伦·凯勒的散文代表作，她以一个身残志坚的柔弱女子的视角，告诫身体健全的人们应珍惜生命，珍惜造物主赐予的一切。此外，本书中收录的《我的人生故事》是海伦·凯勒的自传性作品，被誉为"世界文学史上无与伦比的杰作"。

海伦·凯勒不仅在文学上取得了重大的成绩，而且，她走遍美国和世界各地，为盲人学校募集资金，把自己的一生献给了盲人福利和教育事业。她赢得了世界各国人民的赞扬，并得到许多国家政府的嘉奖，被评选为 20 世纪美国十大英雄偶像。

理想和信念像熊熊燃烧的烈火使海伦·凯勒走出了黑暗和死寂，理想和信念像巨大的羽翼，帮助她飞上云天。她——海伦·凯勒，一个生活在黑暗中却又给人类带来光明的女性，一个度过了生命的 88 个春秋，却熬过了 87 年无光、无声、无语的孤绝岁月的女性，震撼了我们，也震撼了全世界。她的人生因为无怨无悔的付出而备显美丽，谁说不是理想和信念的力量？

海明威曾经说过："人可以被打败，但不可以被打倒。"著名的黑人领袖马丁·路德金也曾经说过："这个世界上，没有人能够使你倒下，如果你自己的信念还站立着的话。"从小父母就要教育自己的孩子，即使在最困难的时候，也不要熄灭心中信念的火把，那是力量的源泉，是开启人生之路的探明灯，是打开成功之门的金钥匙。因为只要你心中有信念，任何外来的不利因素都不能磨灭你对人生的追求和对未来的向往。很多时候，击败我们的不是别人，而是自己对自己失去了信心，熄灭了心中那片如火山般沉寂的光。其实，即使是在沙漠里，干枯的沙子有时候可以是清冽的水——只要你的心里驻扎着拥有清泉的信念。

浩瀚的沙漠中，一支探险队在艰难地跋涉。头顶似火的骄阳，烤得探险队员们口干舌燥，挥汗如雨。最糟糕的是，他们没有水了。水就是他们赖以生存的信念，信念破灭了，一个个像塌了架、丢了魂，不约而同地将目光投向队长。这可怎么办？

队长从腰间取出一个水壶，两手举起来，用力晃了晃，惊喜地喊道：

"哦，我这里还有一壶水！但穿越沙漠前，谁也不能喝。"沉甸甸的水壶从队员们的手中依次传递，原来那种濒临绝望的脸上又显露出坚定的神色，一定要走出沙漠的信念支撑他们跟跄着，一步一步地向前挪动。看着那水壶，他们抿抿干裂的嘴唇，陡然增添了力量。

终于，他们死里逃生，走出茫茫无垠的沙漠，大家喜极而泣之时，久久凝视着那个给了他们信念支撑的水壶。

队长小心翼翼地拧开水壶盖，缓缓流出的却是一缕缕沙子。他诚挚地说："只要心里有坚定的信念，干枯的沙子有时也可以变成清冽的泉水。"

信念是一种意志，是一种心态，信念的力量是无穷无尽的。无论遇到了什么样的情况，只要心中有信念，有胜利的希望，那么就能够翻开生活新的一页，开始美好、绚丽的篇章。对于孩子来说，在生活或学习的过程中，无论遇到了多么大的麻烦和难题，无论遇到了多么强势的竞争对手，信念的存在都会让他充满力量、充满激情地去克服困难，赢得对手；相反，如果这个孩子根本没有胜利的信念，不懂得积极进取，那么等待他的结果只能是失败。俗话说"狭路相逢勇者胜"，可能就是这个意思吧。所以，坚定自己的信念，去为自己的理想而奋斗吧！

两个中学生，一个男孩儿，一个女孩儿。这两个中学生在一次偶然的机会中共同认识了一位生物学家。这位生物学家告诉他们，有一种叫做"白头叶猴"的濒危动物，仅在我国广西有200只，现在人们打算去了解它们的生活习性，以保护这些野生动物。结果，这两个孩子就有了一个理想——利用这几年寒暑假的时间去跟踪调查白头叶猴。

到了广西，环境十分艰险，茫茫的原始森林是野兽和虫子的天堂，这两个孩子每天睡觉之前都得先抖抖被子看里头有没有蛇，早晨起来先抖落抖落脚上的鞋看看有没有蝎子。这种白头叶猴是很难看到的，有一些老猎人一辈子都没看到过，所以他们的"追踪"行动进行得很辛苦。有一天他们太累了，这个女孩儿，一屁股坐在地上，她突然感觉不对，觉得腿刷刷地有东西在爬，原来她坐在了蚂蚁窝上……这种事他们遇到了许许多多，

但是他们始终没有放弃自己的理想和信念，决心一定要研究出白头叶猴的生活习性，一定要保护我们国家仅有的这 200 只白头叶猴。

连续三年的寒暑假，这两个孩子都在大森林里度过。多年以后，这两个孩子的论文在美国纽约的世界少年科学家大会上获得了一等奖。男孩儿最终考入了清华大学，女孩儿考入了北京大学。

理想往往比现实更美好，更令人向往，值得追求，但是，实现的过程却是残酷而艰难，好在他们自始至终都没有放弃，他们坚持下来了，所经历的磨难使他们愈加坚强，愈加刻苦，愈加卓尔不群。纵观现在在家中集万千宠爱于一身的孩子，他们任性、不服管教、自我主义严重，或者常常立志，却时时没有行动，就像寓言中整天嚷嚷着"明天就搭窝"的寒号鸟一样。

其实，根据心理学家研究表明，一个人的成功，只有 20％是依赖于智力因素，而 80％则取决于人的非智力因素，也就是人的情感智商。因此，作为家长，一定要督促孩子树立远大又符合实际的理想，重视对孩子非智力因素的培养，也就是说，培养孩子形成坚韧的品格，战胜自己的惰性、胆怯、骄傲，自觉磨炼自己的意志。

对于孩子来说，在自身的成长过程中，必然会不断地体验到两件事：成功和失败。如果孩子遭遇了失败，家长要鼓励孩子坚定自己的理想，走出失败的阴霾，并告诉孩子，失败和挫折都是在所难免的，"有志者事竟成"，只要有恒心、坚持不懈，就一定会成功，一定会迎来一个美好的春天、光明的未来。

人，尤其是青年人，不能没有理想和信念。理想和信念让我们的人生变得如此美丽。远大的理想和坚定的信念犹如照亮人生道路的火炬，就像航行茫茫大海的指南，对人的行为有着指导和定向作用，能够使人们透过层层阴霾而不迷失方向、克服重重困难而不放弃努力。

2. 引导孩子从小树立远大的理想

什么时候树立了理想，什么时候就开始了真正的人生。因此，引导孩子树立一个正确的、远大的理想是非常重要的。没有理想，青春就会枯萎；没有志向，生命就会失去方向。

可能大家都听过这样一个小故事：

有一个小男孩在山坡上放羊，有人问他："你为什么放羊？"他回答："为了卖羊赚钱。"那人又问："你赚钱来做什么？"他回答："为了娶媳妇儿。"那人问："为什么娶媳妇儿？"他回答："为了生孩子。"那人又问："生孩子干嘛？"他回答说："放羊。"

这个故事告诉我们，一个人如果没有远大的理想是多么的可悲、可怜。在生活中，相信很多家长都曾问过自己的孩子，"长大后准备做什么"、"你的理想是什么"等，得到的答案一定是五花八门的：演员、歌唱家、老师、宇航员、司机等等，家长要么笑盈盈，要么大吃一惊，要么皱眉暗自叹息，要么一顿呵斥。

比如，一个小男孩儿说，他长大了想当一名司机，他的母亲劈头盖脸就是一顿呵斥："没出息，当什么司机？"或者一个女孩儿说，她长大了要当护士，她的父亲就怒目而视："你怎么竟想干伺候人的活儿？"

其实，对于年龄较小的孩子来说，他们有着五花八门、各种各样的"理想"，家长正确的引导就是，不必太当真。也不要因为孩子的理想太普通而觉得担忧，或因为太不符合实际而觉得好笑，要知道，孩子对事物的认知能力非常有限，现在的所谓的理想往往只是一些很浅层的想法，随着时间的推移和不断成长，他的理想会不断作出调整的。孩子是在鼓励声中长大的，如果他的理想总是无端地遭到家长的反对，久而久之，这个孩子将度过平庸的一生，他从此再不肯奢望未来。针对上述两个孩子的理想，

父母正确的做法是，告诉孩子，做司机需要许多许多机械原理知识，需要地理知识，好司机需要会讲外语，而做好护士相当不容易，等等。

其实，儿童时代，每个孩子的想法都带有幻想的成分，有些父母也会对孩子不切实际的理想投以不屑一顾的目光。可是，带有幻想就意味着不可实现吗？未必。

多年前，一位穷苦的牧羊人带着两个年幼的儿子替别人放羊，以维持生计。一天，他们赶着羊群来到了一个山坡，这时，一群大雁鸣叫着从他们的头顶飞过，并很快消失在远方。牧羊人的小儿子问他的父亲："大雁要往哪里飞？"父亲回答说："它们要去一个温暖的地方，在那里安家，度过寒冷的冬天。"他的大儿子眨着眼睛羡慕地说："要是我们也能像大雁一样飞起来就好了。"小儿子也对父亲说："做个会飞的大雁多好啊！"

牧羊人沉默了一下，然后对两个儿子说："只要你们想，你们也能飞起来。"

两个儿子试了试，并没有飞起来，他们用怀疑的眼光看着父亲。牧羊人说："让我飞给你们看。"于是他飞了两下，也没有飞起来。牧羊人肯定地说："我是因为年纪大了才飞不起来，你们还小，只要不断努力，就一定能飞起来，到任何想去的地方。"父亲的话使两个儿子产生了飞起来的梦想，并坚持不懈地努力。一天，牧羊人带回一个小玩具，用橡皮筋做动力，使它飞向空中。两个儿子觉得很好玩儿，照着仿制了几个，都能成功地飞起来。他们因此兴致倍增，并引发了造飞机的想法。经过反复实验，世界上第一架飞机诞生了。

这一对兄弟就是美国的莱特兄弟。

看到这，你还会对孩子似乎不切实际的理想不屑一顾甚至"鄙视"吗？其实，在孩子们年幼的心灵中，是不乏理想的，他们总是积极地憧憬着自己美好的未来。遗憾的是，许多父母缺乏教育的知识，在引导孩子树立理想上的做法欠妥。因此，运用恰当的方法，对孩子进行正确的引导是十分必要的。

首先，需要强调的是，孩子在谈及自己未来的打算或理想时，为人父母者，不要因为说法的"幼稚"或不符合自己的"口味"而轻易去否认。不论是什么理想，父母都应该给于充分的肯定，并要恰当地告诉他实现这一理想必须具备的知识。并且，根据孩子说出的理想，多问他"为什么"，以此作为良好的教育契机。比如，孩子要做飞行员，可以先问他为什么要做飞行员，然后用浅显的道理告诉他做飞行员要具备哪些知识，还可以把一些著名飞行员的事迹讲给孩子听，告诉他从小要好好学习，多多储备知识，才能实现这个美好的理想。

其次，家长应告诉孩子，理想是高于现实的东西，美好的理想转化为现实，需要经过努力，经过奋斗。奋斗是达到理想天国的阶梯和桥梁。不想努力，不愿奋斗，理想永远只是空想，毫无意义。

再次，理想的实现不会一帆风顺，会遇到各种各样意想不到的困难和挫折，要告诉孩子，只有以一种坚韧不拔的精神去面对困难和挫折，以顽强的毅力去冲破艰难和险阻，才会达到理想的彼岸。让孩子记住：坚持就是胜利。

最后，为了实现自己的理想，从现在开始，就应该脚踏实地，从小事做起。不肯做小事的人，难以成就大事业。所谓"不积跬步，无以至千里"就是这个道理。教育孩子实现明天的理想要与今天的学习、锻炼结合起来。

然而生活中，常常有父母倾诉自己这样的苦恼："孩子成绩不好，其他方面也表现平平，缺乏理想，贪图享乐，虽然也觉得看电视玩游戏会玩物丧志，可是总抵挡不了诱惑……"没有理想的人，就没有目标，就没有奋起直追的持久动力，就会迷失人生方向，面对学习、生活、工作，都会十分慵懒，甚至消极、堕落或厌世。

鹏程今年13岁了，正在某私立中学读初一，家境殷实，从小备受家人宠爱，因此非常自我，生活中总是我行我素，不服任何人的管教。一日，

语文老师布置了一篇名为《我的理想》的作文，鹏程大言不惭地在作文中写道，想当"花花公子"，左手开名车，右手抱美女，一掷千金，前呼后拥，叱咤风云……

读完此文，语文老师很是愕然，难道这就是新一代的"非主流"？于是和班主任老师一起商量对策，最后不得不把鹏程的家长请到学校。鹏程的妈妈年轻时尚，却也知书达理，告诉老师："为儿子取名为'鹏程'，就是希望他有一番远大的志向，将来能够不依赖家庭，有所成就……"

那能怎么办？看来有待日后慢慢调教了……

面对这样的孩子，父母又怎能够不担心呢？当裹挟着商品浪潮而来的拜金主义、享乐主义、个人主义给人们造成了前所未有的心理冲击之时，处在价值迷惑中的中学生，特别容易受到蒙蔽。一些发廊、歌厅、舞厅等灯红酒绿的场所，根本不拒绝未成年人入内。耳闻目睹这些丑恶的现象，肮脏的交易，最终导致了他们思想的畸形发展。这就需要学校、家庭、社会多方面的努力，作为老师和家长，应该怀着一颗爱心，悉心体察孩子的心理变化，正确引导孩子的价值取向，争取使中学生的理想教育取得实效。

美国成功心理学家拿破仑·希尔的名言："人类最神奇的遗传因子，就是那善于梦想的力量。"真正没有梦想的孩子少之又少，关键在于父母的正确引导。

孩子很小时，父母就问孩子，你长大了想做什么。孩子稚气地说，做科学家、艺术家等等。那时家长会笑一笑，心想：我的孩子真有志气，但也不会太当回事。但是，随着孩子一天天地长大，尤其是进入高中后，家长就会思考：我的孩子明天做什么呢？这个问题成为他们最担心的事。那么，在价值观如此多元化的现代社会，作为父母，应该怎样科学地帮助孩子树立远大的理想，又不被孩子嫌"落伍"呢？

首先，有些家长，自己喜欢吃喝玩乐，混混沌沌地过日子，潜移默化的作用往往使得孩子丧失了对生活的热情和对未来的理想。因此，为人父母，要想让孩子有远大理想，自己就应该做个有理想、敢奋斗的人。

其次，把对孩子的期望调整到首先培养孩子的优秀品格上，"要想成才，先学做人"。徐特立也说过："教育的作用，就是按照一定的社会形式，培养一定的人格，为一定的社会服务。"也就是说，对中学生进行理想教育要有层次性。比如，做个好公民，做个遵纪守法、有道德的好人，这个"理想"看来似乎很低。其实，也颇不容易。当今青少年犯罪率越来越高，犯罪者越来越低龄化，不正是说明了这一层次教育的现实性和艰巨性吗？理想教育要从基础做起，坚持正面灌输。在当前社会思潮缤纷缭乱的情况下，正面的灌输显得更为重要。即要告诉孩子不要做什么，应该做什么和怎样去做，使中学生有所遵循；要勤于疏导，切忌硬堵。只有这样，才能收到良好的教育效果。

再次，了解孩子进入中学阶段以后理想发展的基本特点。比如，有些孩子的理想就比较肤浅、模糊，没有明确的方向和目标；一些孩子向往和憧憬未来，但自觉性不够，有时动摇不定；一些孩子认为理想就是将来找个好工作。对于这些，家长要及时与孩子交流，强化他们把一些积极的感受转化成目标理想。

最后，理想教育要渗透到学科教学、课外活动等领域中去。除了正面的、有意义的理想教育之外，还要有大量的"无形"的，为中学生所喜闻乐见、有潜移默化之效的教育方式，多管齐下。比如，在各学科的教学、优秀文学作品的欣赏讨论、参观、访问、旅游、社会调查、知识竞赛、兴趣小组、文艺演出等各种活动中，加强对学生的理想教育。

每年高考前填写志愿这件事，成了不少家长与孩子矛盾激化的焦点，父母有父母的想法，孩子有孩子的想法，各说各有理，怎么办呢？我们先来看看，在对孩子未来的规划上，存在哪些问题？

1. 家长用自己的理想代替孩子的理想。目前来看，"让孩子来圆自己的梦"是许多家长的想法，孩子是父母生命的延续，他们把希望完全寄托在子女身上，在独生子女时代的今天，甚至几代人的理想都加在了一个孩子身上了。比如，有的家长说，"我们家里各种职业都有，就缺医生，孩

子，你考医学院将来做个医生吧，到时家里看病就不愁了，而且医生职业稳定，收入也不错。"殊不知，孩子是一个会独立思考的个体，不比一个不会说话亦没有思想的物体。

2. 理想过于片面化，认为理想就是要找个好工作。有些家长认为，什么理想不理想的，只要将来能找到一个好工作就行了，为找个好工作，当然必须进名牌大学，选一个好专业。为此，很多家长热衷于社会上的一些职业测评，哪个岗位赚钱多就选哪个专业，把社会热门专业简单看成是职业理想。

3. 脱离实际，孩子不堪重负。根据上海市对 1141 户家庭教育状况调查，家长对子女文化程度的期望，硕士占 3.91%，博士占 8.91%，大学占 76.54%，中专、技校占 8.54%。很显然，家长的愿望与社会的需求不相吻合，与孩子的现实也不相吻合。很多学生认为，造成他们学习压力大和考试焦虑的重要原因之一，就是父母的过高期望值。

高考结束了，18 岁的吴晓真的一点儿都不喜欢父母替他所作的选择，虽然是一名男孩，但他特别喜欢一些时尚、潮流的服装，一心想读服装设计专业。但是，父母认为，一个男孩子，学服装设计未免太让人笑话了，做医生多好，将来家里人谁生病了，还能有个照应，而且他的分数完全可以被一所不错的医科大学录取，读服装设计就"浪费"了。

对此问题，吴晓也跟父母争吵过，"目前国际上很多一流的服装设计师不都是男性吗？男性怎么了？男性就不能做设计师吗？简直没法沟通了！"

争吵归争吵，但吴晓一直以来都是一个孝顺、懂事的孩子，最终在父母的面前屈服了。但是，到医学院以后，整天面对解剖、福尔马林等无聊、枯燥的课程，原本开朗、阳光的吴晓开始变得孤独、忧郁了，也逐渐喜欢上了一个人独处。但凡热闹的地方，再也找不到他的身影，他迷失了自己，迷失了曾经那个活泼好动的自己，迷失了曾经那个爱笑爱闹的自己。

最后，吴晓无法再继续学习下去，只能休学，父母懊恼不已，"是我们害了孩子啊！"

我们常说"可怜天下父母心"，作为孩子，他连选择自己未来的权利都没有，难道不是更可怜吗？我们承认，每一个父母都希望自己的孩子有更加光辉的前途，都是在"为孩子好"，尤其是在人才竞争激烈的今天，在涉及孩子未来的发展道路时，听取父母的意见，避免一些走过的弯路是无可厚非的。但是，作为父母，千万不要忽略了，处于青春期的孩子，自我意识逐渐增强，对很多事情都有了自己独特的看法，随波逐流只能使个性的光辉淹没在芸芸众生之中。选择是人的天性，是人的本质需求，没有选择就没有自主，就会失去自我，丧失对生活的信心和勇气。

相反的，我们来看看尊重孩子的选择会是怎样的一个结果。有这样一个事例：一个孩子在填报高考志愿时，父亲想让她选北京的大学，她却选择了上海；在选择专业时，父亲想让她学法律，她却选择了经贸英语……但这位父亲尊重了孩子所有的选择，孩子也因此学得有滋有味，不仅学习成绩优秀，其他各方面在大学这个开放的环境里也得到了前所未有的提升。四年以后，由于各方面表现都很优秀，顺利跟一个知名外企签约，也算学有所成了。由此可见，父母尊重了孩子的选择，孩子就会格外地珍惜自己的选择，并对自己的选择负责到底，无论是学习还是工作，都会认真对待。

这也启示所有的家长，应看到孩子身上的特长和优势，根据孩子的特点进行有目的的培养，充分挖掘孩子的潜能，还要注意多元智能的开发。同时，转变自己的传统观念，并不是非考上名牌院校才有出息，"条条道路通罗马"、"行行出状元"，只要孩子充分发挥潜能，选择适合孩子的、有兴趣的理想，将来"爱一行，干一行"总会有出息的。

所谓理想，就是一个人对未来有可能实现的奋斗目标的向往和追求。理想对一个人人生价值的实现起着推动的作用，中学阶段是确立人生理想的重要时期，家长必须高度重视对中学生的理想教育，使之具有远大的理想，把个人利益与国家利益有机结合起来，并且能脚踏实地地去实现。但总体来说，路是孩子自己的，究竟怎么走，很大程度上应取决于孩子的内心想法。

3. 有理想就要付出行动，不要夸夸其谈

理想犹如照亮前程的明灯，没有理想就没有坚定的方向；没有方向，生活就没有重心，就缺少活力。有些人没有任何目标，他们在世间行走就像河中的一棵小草，他们不是行走，而是随波逐流。简单地说，理想就是我们每个人为之奋斗的目标。罗曼·罗兰曾经说过："为自己建立一个正确的目标，朝向这个目标努力追求，生活自然就会充实而有意义。"只有目标，没有行动，一切的理想，哪怕再美好，都不能称之为"理想"，只能称之为"空想"。

有人曾这样解释理想、空想与行动之间的关系："人不能没有理想，如果没有了理想，就像航船迷失了方向，鸥鸟失去了翅膀；人不能光有理想，而不付诸行动，如果离开了行动，理想也变成了空想；人不能光有行动，而没有理想，如果失去了理想，行动也就成了盲从。"

空想和理想看似一对"孪生兄弟"，但两者"血缘"却截然不同。我们人人都有理想，但理想又各不相同，理想建立在奋斗的基础上才能成为现实，而空想则无须付诸行动，很容易就会产生。理想常使人热血沸腾，骚动不安，如痴如醉，无怨无悔。对于有理想的人来说，一年四季都是春天；对于空想的人来说，就连春天也是冬天。理想是希望的"兄弟"；空想是幻想的"姐妹"。

年轻时的司马迁，遵从父亲遗嘱，立志要写成一部能够"藏之名山，传之后人"的史书。就在他着手写这部史书的第七年，发生了李陵案。贰师将军李陵同匈奴一次战争中，因寡不敌众，战败投降。司马迁为李陵辩白，触怒汉武帝，被捕入狱，遭受残酷的"腐刑"。

受刑之后，他也曾因屈辱痛苦打算自杀，可想到自己写史书的理想尚未完成。于是忍辱奋起，前后共历时 18 年，终于写成《史记》。这部伟大的著作共526500字，开创了我国纪传体通史的先河，史料丰富而翔实，历来受人们推崇。鲁迅曾以极概括的语言高度评价《史记》："史家之绝唱，无韵之离骚"。

查理·达尔文九岁时对他父亲说："我想世界上肯定还有许多未被人们发现的奥秘，我将来要周游世界，进行实地考察。"为此他一直在积极准备，在希鲁兹伯里学校，校长斥责他是个想入非非的"不务正业"的学生。

1831年12月27日达尔文终于搭上海军勘察船"贝格尔号"作历时五年的环球旅行，在动植物和地质等方面进行了大量的观察和采集，经过综合探讨，形成了生物进化的概念。于1859年出版震动当时学术界的《物种起源》一书，提出以自然选择为基础的进化学说，不仅说明了物种是可变的，对生物适应性也作了正确解说，从而摧毁了神造论、目的论和物种不变论。随后又发表了《动物和植物在家养下的变异》、《人类起源及性的选择》等书，对人工选择作了系统的叙述，并提出性选择及人类起源的理论，进一步充实了进化论的内容。

查理·达尔文终于成了英国著名博物学家，进化论的先驱。

由此可见，唯有付出行动，才能实现理想。再远大的理想，如果没有付诸实际行动，只能是沙漠里的海市蜃楼。但凡成功者，有谁能避免痛苦、忧愁、焦虑的折磨，又有谁能避免失败、挫折、打击的磨练？孟子说："天将大任于斯人也，必先苦其心志，劳其筋骨，饿其体肤，空乏其身，行拂乱其所为，增益其所不能。"巴尔扎克说："挫折和不幸，是天才的进身之阶；信徒的洗礼之水；能人的无价之宝；弱者的无底深渊。"大仲马说："人生就是不断遭受挫折与追求希望。"适度的挫折具有一定的积极意义，它是一种挑战和考验，可以使人重新认识自我，可以使人成熟、奋进。在生活中，遭受失败不可怕，可怕的是遭受了失败以后就无限气馁，自暴自弃。

无论如何，父母要经常告诉孩子，人生需要理想，人生不能没有理想，但理想并不是空想，空想多是不切实际的想法，而理想则是指对未来

事物的希望和把握。理想的实现并非一蹴而就，不付出辛勤的汗水，不付出辛苦的劳动，就不会获得金色的收获！所以，撑起心灵的风帆，驶向成功的彼岸吧！

4. 昕取孩子的意见，让他更有主见

如今的父母事事都为孩子包揽，事事替孩子作出决定，而很少征求孩子的意见，不仅如此，一旦孩子不遵从还会大加指责。其实，孩子也有孩子的想法，家长在任何时候都要把孩子看成一个独立的个体，注意让孩子充分表达自己的意愿，给他自己做主的机会。

比如，父母带孩子去超市购物，可以问问孩子想买什么；给孩子洗澡前，可以问问孩子应该作些什么准备；带孩子出门，可以问问孩子想乘坐什么交通工具；带孩子去旅行，可以问问他自己觉得要准备些什么东西，等等。总之，就是要在一种循序渐进的过程中，将孩子培养成一个有主见的"男子汉"。

为了测试孩子是不是真的有主见，父母不妨和孩子来做一道简单的测验题：问孩子一个问题，当他回答正确后，故意用怀疑的语气问他："这样做，对吗？"或者"是这样吗？"并观察孩子的表现。

如果孩子回答"不对"或犹豫不决则表明他对自己的信心不足，容易屈服于外来的压力，被别人左右，家长应该正视这个问题，努力培养孩子的自信心；如果孩子肯定地说"对"，则说明您的孩子是一个十分有主见的孩子。

一位妈妈曾这样表示过自己的担忧："我的孩子老实、乖巧、懂事，但是，他一遇到事情就没了主意，什么都问我们该怎么办。在家里这样，在学校也这样，我真的很担心。我们该怎样帮他找到自我，做个有主见的小男子汉呢？"其实，主见就是指一个人对事情的确定的主意。一个孩子，如果乖巧、懂事，当然是每一位父母都盼望的，但是，如果孩子遇到了事情不能坚持自己正确的看法，人云亦云，可以想象，在这样竞争激烈的社会里，将是很难得到良好的发展的。更何况，男子汉大丈夫就要对个人、家庭、社会负责，并创造快乐、和谐、幸福的家庭环境，为了尽力尽责承担权利和义务，为人处世就要有主见，做真正的自我，做顶天立地的男子汉，做自己人生的主人，不盲目听信别人的言论，不被他人的言论所左右。

将孩子培养成一个有主见的"男子汉"，除了要给孩子表达自己意愿的机会外，还要让孩子学会说"不"，因为，在我们的生活中，有不少孩子出门以后就表现得非常胆小、懦弱，总是被他人左右。据儿童心理学家分析，这样的孩子其实内心是很痛苦、很焦虑的，这时家长应教孩子学会怎样说"不"，并坚持下去。家长不妨为孩子创造机会，练习拒绝别人的无理要求。在这件事情上，一位妈妈曾写下了下面的一段话：

渐渐地，我意识到，儿子已经是大孩子了，应该有自己的想法了。于是，常常这样训练孩子：

"如果你吃饱了，妈妈还让你吃饭，你会怎么做？"我问孩子。

"我告诉妈妈我已经吃饱了，不吃了。"孩子说。

"如果你正在写作业，妈妈过来和你聊天，你会怎么做？"

"我会告诉妈妈我正在写作业，请不要打扰我。"孩子认真地说。

"儿子，你今天的回答都很精彩，你要记住，不要盲目地相信大人，有自己的想法就要大胆地说出来，大人们不会因为你的拒绝而不喜欢你，相反，我们会认为你是一个很有主见的孩子。"

后来，很多事情都证明，我鼓励孩子学会说"不"是正确的。从此以后，孩子变得不再盲从，不久之后，还当上了班长。

一位爸爸也曾这样说道：

我的孩子遇事非常有主见，这常常使得他成为一群孩子的中心人物。但当初却不是这样，那时，孩子基本上没有自己的想法，就连玩具也是我

们帮他选。孩子上学后，我告诉他，他已经是大孩子了，什么事情都要有自己的主意，如果对什么事情感到不满意，就要及时地说出来，让父母知道，比如，"我吃饱了，不想吃了"、"我不喜欢吃苹果，我喜欢吃橙子"、"爸爸，别来干扰我"等。

总之，我们允许孩子充分表达自己的意愿。当然，孩子说得不对，我也会耐心地给他指出来，告诉他怎样才是正确的。妻子刚开始还担心孩子会不会因此变得任性、不服管教，但事实证明，孩子遇事变得很有主见，不再盲从。我想，如果培养孩子所谓的"领袖气质"，大概就应该从培养孩子有主见开始吧！

其实，一个不懂得拒绝别人的孩子，在别人眼里永远都是唯唯诺诺、没有想法的。所以，在日常生活中，父母一定要鼓励孩子说出自己的想法，敢于对别人不合理的要求说"不"。但是，为了避免孩子任性、骄横的性格，父母也不能对孩子的要求听之任之或百依百顺，那样就是溺爱了。对于那些总是用说"反话"来达到自己不合理要求的任性的孩子，父母可以从以下方面做起：

1. 心平气和地跟孩子讲道理，说明不能满足他的要求的原因，抑制其任性、执拗行为的发生。

2. 设法转移孩子的注意力，用另一种使他感兴趣的事物来吸引他，从而使他放弃那个不正当的要求。

3. 在劝说无效的情况下，明确表示态度：不合理的要求，再闹也不能满足，然后立即走开，用冷处理的方法来终止孩子不合理的要求。

总之，给孩子充分表达自己意愿的机会，但也不能过分娇惯、放纵孩子的言行。

此外，父母还应该耐心地倾听孩子讲话。

在成年人的世界里，有一种特别受大家欢迎的人，他们在听对方谈话时，无论对方的地位怎样、身份如何，总是能耐心、专注地倾听，说话的人自然也就感觉畅快淋漓，受到了尊重和重视。这对我们的家长是否有什么启发呢？扪心自问，我们是否这样耐心地对待过我们的孩子？当孩子主动要向我们倾诉的时候，我们可曾放下手中的工作，让他们畅所欲言，把心中的事情、情绪说出来？

其实，当孩子渐渐长大，常常可以听到他们的家长这样抱怨："孩子和他的朋友有说有笑的，可是和我们却没什么话可说。"这就要从家长自身找原因了。有一项心理调查资料表明，有相当一部分的孩子与家长之间有隔阂，缺少交流，究其原因，主要是因为家长不乐于倾听，不善于倾听。很多家长总是认为，孩子事事都应该听自己的，教育孩子时也经常把这样一句口头禅挂在嘴上："你怎么又不听话了？你应该……"殊不知，在这种情况下，孩子做起事情来可能变得越来越没有主见，在性格方面也可能变得孤僻、自卑。

记得有一位美国女作家曾说过："沟通的最高境界就是静静地倾听。"对于孩子来说同样如此，静静倾听就是一种对孩子的尊重和宽容，合格的家长应该学会耐心地倾听孩子，让孩子愿意将自己的心声倾吐出来，从而成为一名真正的有主见的"男子汉"。

要睡觉了，妈妈用温毛巾给六岁的小男孩波波洗脸，可波波转身就跑开了，边跑边喊："我不洗脸，不洗脸！"妈妈又生气又着急，于是强行追过去，按着波波把脸给擦了。波波自然反抗不过妈妈，于是大哭起来，鼻涕眼泪一大把。这脸自然是白洗了，妈妈的功夫也白费了，还惹得波波一肚子不开心。

看着波波委屈的样子，妈妈的心软了下来，边给他擦泪，边轻声问道："妈妈想让你干干净净，舒舒服服地睡觉，你为什么哭呀？""我不想舒舒服服的！"波波带有抵制情绪般地回答。妈妈笑了笑说："那你是想变成丑八怪喽？""我不想洗脸，不想擦香香（润肤露）！因为毛巾擦脸好疼。拍香香，轻了拍不好，使劲儿拍也很疼！"波波激动起来，难得他一口气说这么连贯的话。

原来是这样子，妈妈显然有点儿惊诧，也有点儿内疚起来。原来儿子

的任性并不是毫无缘由，也不是不讲卫生，而是自己太粗心大意了，让孩子感到不舒服，才产生了抗拒。毛巾该换了，并且妈妈并没有正确引导儿子该怎么擦润肤露。

妈妈事后这样想："还好，我没有赌气不理波波，否则我怎么也不会知道他拒绝洗脸的原因，而只会埋怨他任性不讲道理。因此，当孩子任性胡闹的时候，自己一定要先冷静下来，耐心，耐心，再耐心点，仔细聆听孩子真实的想法。我想，没有不讲道理的孩子，只有不合格的家长！"

耐心地倾听孩子讲的每一句话，鼓励并引导孩子自由地表达思想，既体现了家长对孩子的尊重，同时也能有效地培养孩子的自主性。总体来说，家长可以从以下几个方面加以注意。

1. 静听孩子的"唠叨"。孩子们大都喜欢唠唠叨叨地讲他见到的一些人或事，家长千万不要嫌孩子啰嗦和麻烦，因为这种"唠叨"正是孩子自主意识的最早体现，他是在试图向成人表达他自己对这个世界和事物的看法。因此，家长不仅要倾听孩子的"唠叨"，还要鼓励孩子多"唠叨"。

2. 不打断孩子讲话。不少家长在听孩子讲话时，有时会觉得孩子的发音、用词、语句等方面不够恰当，喜欢抢过孩子的"话头"来纠正。其实，这样做无疑是剥夺了孩子说话的权利，同时也会让孩子对以后的表达丧失信心。

因此，在孩子说话的时候，即使他词不达意，家长也应让孩子用自己的语言把意思表达出来，事后纠正。

3. 聆听孩子的"辩解"。当孩子为自己所做的事与家长争辩时，家长千万不能厉声斥责孩子，要给孩子充分辩解的机会；当孩子与他人争吵时，家长也不需要立即去调解纠纷，可以在旁聆听和观察，看他说话是否合理，是否有条理。这对培养孩子独立思考的能力大有益处。

4. 留意孩子的报告。家长可随时随地提醒孩子注意观察事物，给他们探索的机会，观察之后，还应问一问他看见了些什么，学会了些什么。当

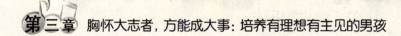

孩子向家长作"报告"时，家长留意倾听并适时点拨，会令孩子得到鼓舞。

5. 用启发式的话语代替命令。很多家长在要求孩子做事时，往往喜欢使用命令句式，如"就这样做吧"、"你该去干什么了"。这种语气会让孩子觉得家长的话是很具"权威性"的，自己是在被强迫做事，即使做了心里也不高兴。

因此，家长不妨将这种命令式语气改为启发式语气，如"这件事怎样做更好呢"、"你是否该去干什么了"，这种表达方式会让孩子感觉到家长对自己的尊重，从而引发孩子独立思考，按自己的意志主动处理好事情。

6. 最好定期（如每周）召开一次"家庭会议"，让孩子就一个星期以来所发生的事情，说说自己的看法和感想。这一方面会培养孩子的独立自主性，同时，孩子如若有什么不良情绪，也可以在倾诉的过程中得到宣泄，心理发展会比较健全，性格开朗。以后孩子会在自己遇到困难时主动与父母交流，避免一些不必要的麻烦的事情产生。

若能鼓励和引导孩子把心里话都讲出来，那孩子就无法掩盖自己的内心世界了。事实上，专注而耐心地去倾听孩子的内心世界，就是了解孩子的方式。通过这种方式，你就能成为孩子的最好的朋友和导师，并获得孩子的喜爱。

因为，人人都需要倾诉，人人都需要值得信赖的倾诉对象，这个世界的所有情感包括父母与子女的情感都是需要悉心维护的。放下父母的架子，以平等的姿态与孩子交流，耐心地倾听孩子讲话，会很好地奠定与孩子沟通的基础，并帮助孩子排忧解难，使孩子在成长的道路上走得更坚实。

培养不一样的男孩
Peiyang Buyiyang De Nanhai

5. 尊重孩子的选择，让他自己作决定

有不少孩子在遇到事情需要自己表态或作出选择时，往往会显得犹豫不决、优柔寡断。儿童心理学家认为，孩子这种懦弱的性格与家庭教育有着密不可分的关系，因为在大多数父母的眼里，孩子是家庭的中心，似乎永远长不大，从孩子很小的时候开始就包揽了孩子所有的事情，无意识地剥夺了孩子的自主权利，以致孩子从小就缺乏自主意识，无论遇到什么事都推给父母，让父母帮忙拿主意。事事依赖于父母，这显然是不利于孩子的成长的。

因此，作为父母，一定要具备培养孩子独立能力的意识，改变事事"包办"的做法，放开手让孩子去独立行使他的选择权，告诉孩子自己的事情自己决定吧，即使这个决定从一开始就是错误的。

朋友邀捷捷全家去滑雪场滑雪。不巧的是，捷捷前天得了重感冒，还没有完全好。妈妈告诉捷捷："滑雪时汗水合着雪水，又冷又热；滑完雪后，如果没有一套干的衣服换，会很不舒服，甚至会让病情加重。"

刚上二年级的捷捷，非常倔强，妈妈的话还没说完，他的脸上就显示出了反对的意见。无论怎么说，他就是不愿多带一套衣服。

无奈之下，妈妈想出来三个方案解决问题：一是不管他愿不愿意，这套衣服非带不可，否则就不要去；二是把衣服交给朋友，让他在捷捷滑完雪后，给他换上；三是把道理说清楚后，如果他仍然不愿带，就由他去，让他尝尝不听话的苦头。

第一个方案马上被捷捷的爸爸否决了。是啊，这不是一个原则性问题，不就是玩耍吗？孩子兴致勃勃，这一强迫命令，雪也滑得索然无味，何苦呢？

第二个方案我认为也是不可取的。一来是父母"包办"，孩子根本不可能有自己的体会；二来如果捷捷从心里不愿意，这就变成用外人来"压"服他，穿上这套衣服，身上没病，心里却有"病"了。于是，爸妈只好采取第三个方案。

那天，从滑雪场回来，捷捷虽然很兴奋，但脸色明显不好，妈妈故意问他："怎么了？身体不舒服吗？"

他没有正面答。但妈妈清楚，以他的犟脾气，没有正面否认，就是已经回答了。妈妈赶紧给他量体温，近40℃。一股强烈的负罪感蓦地涌上妈妈的心头……但想想，路总是要孩子自己走的，总是由父母"罩"着，永远也长不大。

捷捷痊愈后，显得懂事了许多。不用说，下次再滑雪，他一定知道自己该怎么作准备了。

一般来说，孩子都是家庭的中心，孩子在家里受尽了无限的宠爱，而父母对孩子也常常感到不放心，无论购物、外出，还是遇到其他事情，多是父母代劳，只让孩子享受成果。其实，父母们应该反其道而行之，让孩子自己去决定自己所要做的事情，亲自去体验一些事情。当然了，父母可以给予孩子一些意见和参考，并给孩子讲明事情的利害关系，之后，仍然让孩子自己作决定。这也可以体现在日常生活的方方面面。比如：

1. 吃的自主。在不影响孩子营养均衡的情况下，家长可以让孩子自己选择吃什么。例如在饭后吃水果时，家长不必强迫孩子今天吃苹果，明天吃香蕉，而让孩子自己作决定。

2. 穿的自主。家长带孩子外出游玩时，在保证安全的前提下，可以让孩子自己决定穿什么衣服，需要作什么准备，切忌随自己喜好而不顾孩子的感受。

3. 玩的自主。不少孩子在玩游戏时，并不想让成人教给他们游戏规则，更愿意自己决定游戏的方式，并体验其中的乐趣。家长可以让孩子自己选择玩具和游戏方法，这样做可以极大地满足孩子的自主意识，帮助他成为一个有主见的人。

　　当然了，身处五光十色的生活中，作出明智的选择，并非与生俱来的能力，而是需要积累大量经验之后，才能获得的一种技巧。孩子缺乏生活经验，怪点子却多得很，如果不尝试一下，他怎么知道什么行得通、什么行不通呢？如果家长替孩子作出所有的决定，那么孩子长大之后，面临各种诱惑，需要自己作出明智决定的时候，很可能会感到不知所措，要么作出错误的选择，要么听从他人的摆布。

　　因此，给孩子机会吧，让孩子经受一些锻炼，自己的事情自己决定。相信孩子能够从错误中总结出十分宝贵的经验来，这些经验将是伴随孩子一生的财富。

　　维嘉从小喜欢运动，尤其喜欢打乒乓球，而且他的学习成绩也非常好。但是，中考结束后，维嘉在选择学校的问题上面临着困难：一方面他以优异的成绩考取了重点中学；另一方面，体校也看中了他，认为只要加以培养，他一定可以成为一名出色的乒乓健将。

　　作为维嘉自己而言，当然想选择自己的爱好，做一名乒坛健儿，这可是他从小梦寐以求的愿望。可是，维嘉父母的顾虑就多了，去上中学，以他的成绩考个重点大学应该不成问题，但这意味着让孩子放弃自己的理想，这对孩子来说一定非常痛苦；让他去体校吧，如果在这方面不能出好成绩的话，那孩子的将来将会怎么样呢？

　　经过一番激烈的思想斗争，维嘉的父母终于决定，尊重孩子的选择，让他去体校，同时告诉孩子，必须为自己的选择负责，勇敢地面对以后的人生。

　　值得庆幸的是，维嘉没有使他的父母失望，他不但多次在乒乓比赛中取得了好成绩，而且，还没有忘记学习，他的文化素质也在日益提高，即使以后不打乒乓球了，他还是一个对社会有用的人。

　　在生活中，无端干涉孩子选择权利的现象并不少见。比如，在高考填报志愿的时候，一个孩子报考农业大学，被家长制止；另一个孩子报了林业大学，被家长训斥；还有一个孩子选择了师范，被家长泼凉水……还有些家长说一不二，第一志愿非得按他说的报不可，更有过分者，连第二志愿的选择权也不给孩子，理由是为孩子的前程着想、负责，为孩子设计未来。

其实，每一个父母都希望自己的孩子有更加灿烂和远大的前途，至少也应该避免自己走过的弯路，这固然不应该存在异议；过问一下孩子的选择，也是情理之中的事，谁不想给自己的孩子找个理想的专业，谋个理想的职业？但是这种完全凭家长自己想象的"蓝图"设计出的未来，是否真的是为孩子负责？是否真的合乎情理？恐怕就值得思考了。

无端干涉孩子的选择，其实无异于伤害孩子的自尊心，侵犯孩子的公民权。就孩子而言，未来的发展也要考虑现有的主客观条件，如兴趣、爱好、知识结构、能力等等，不然不可能尽其才、尽其用。

或许有的家长会说："难道孩子自己的选择就一定正确吗？难道要眼睁睁地看着孩子往'火坑'里跳吗？"其实，尊重孩子的选择绝不意味着盲目服从，也不意味着一味地迁就、附和，而在于恰当地引导，让孩子正确地认识社会的需要，自己的社会责任，以及自己能满足社会的主客观条件，鼓励孩子富有理想、切合实际的选择，纠正孩子背离社会、不切实际的选择。其态度要平和，方法要灵活，最好要营造出一种民主的气氛，既让孩子获得自尊心的满足，也感受到父母的良苦用心。倘有疑难，不妨向老师或专家咨询、指导，相信孩子一定能作出正确的判断和恰如其分的选择。或者，退一步想，即使选择失误，最起码也教会了孩子为自己的行为负责，并很快地吸取教训，在失误中崛起。再则，孩子自己选择的事情，也会格外地珍惜，格外地努力，并且无怨无悔。

总之，随波逐流只能使个性的光辉淹没在芸芸众生之中。无论是在日常生活中，还是在人生的岔路口，家长都不妨尽量放手让孩子自己拿主意，作决定，作选择。这样，孩子才会有主见，有理想，有前进的动力，才能真正为自己人生的航船掌舵。

6. 有主见的人懂得适时放弃

　　学会放弃，放弃失落带来的痛苦，放弃受挫留下的懊恼，放弃耗费精力的争吵，放弃与别人相处时的不快，放弃心中所有难言的负荷，放弃对权力、金钱、功名的争夺，放弃鸡毛蒜皮的小事，才能彻底放弃烦恼的纠缠，才能拥有海阔天空的境界。

　　人生丰富多彩却又短暂无常，鱼和熊掌不可兼得，只有学会选择，懂得放弃，才会知足，才会拥有快乐和幸福的感觉。对于成年人来说，生活中充满了诸多的诱惑和机会，如果不懂得适时放弃，别人所拥有的你都艳羡不已，并拼命去争取，把一生所有的荣耀、所有的成就、所有的所得都背负在身，那么纵使你有一副钢筋铁骨，也会被压倒在地，停滞不前。

　　同时，人的一生又有很多不如意，也许你为生活的拮据而苦恼不已，也许你为与人相处不和谐而痛苦不堪，也许你为失恋的痛苦而受伤憔悴，也许你在事业受挫面前一蹶不振……一切的一切都如沉淀在心中的阴云，挥之不去，如果你不懂放弃，把自己的心浸泡在遗憾、悔恨和怨天尤人中，痛苦必将占据你的整个心灵。

　　懂得放弃是一种能力，也是一种品质。欲望是人类与生俱来的特质，随着市场经济的纵深发展和经济全球化进程的加快，新生事物以前所未有的速度涌现在人们面前，令人眼花缭乱、目不暇接，成年人尚且如此，孩子又当如何呢？面对形形色色的诱惑，如果不懂得放弃，就会形成人格中的一个弱点。因此，让孩子学会放弃，是摆在我们面前的非常严肃又特别现实的问题。因此，在家庭教育中，父母就应该多给孩子自己选择的机会，培养孩子的责任感、判断和取舍的能力。比如，带孩子去买东西的时候，让孩子从想要的两样东西中选择一种，不能因为孩子都喜欢就都买，必须放弃一种。这样也有助于孩子理清思路，从纷繁复杂的事物中找出问题的主要矛盾和本质，冷静思考，慎重决策，取得主动权，不被问题的假象所迷惑，更不会被诱惑所侵蚀。

"爸爸，我想要学习溜冰！"

15岁的男孩陶侃对爸爸提出了这样的要求，爸爸没有反对，并且很快地为他买回了一双溜冰鞋。通过数月的练习，陶侃感觉自己非常适合溜冰。爸爸也一直在鼓励着他，为他加油。

"可是，毕竟要中考了，还是不要把自己的时间搞得这么紧张吧。"陶侃再次站在了选择的面前，于是有了一次与爸爸的谈话。

"你认为哪一个更适合你呢？"

"我应该都可以做得很好吧。可是我现在的学习已经慢慢地紧张起来了，我必须要放弃一项了！"

"哦，必须放弃的话那就放弃一项吧。"

"可是我该放弃哪一项呢，爸爸？"

"儿子，你已经是一个很有主见的孩子了，该放弃什么我想你比我更清楚！"爸爸说。

只有让孩子自己拿主意，让孩子学会适时放弃，当孩子日后面对更大、更多的选择的时候才不致茫然不知所措。另外，对于自己能力未及的事也需要适时放弃。

在一处旷野上，一群狼突然向一群驯鹿冲去，引起了驯鹿群的恐慌，导致驯鹿纷纷逃窜。这时，狼群中一条凶猛的狼迅速冲到鹿群中，抓破了一头驯鹿的腿。狼群之所以选中了这头驯鹿，是因为它们发现它某些易于攻击的特点，随后，这头驯鹿又被放回归队了。

此后，狼群在耐心地等待机会，它们定期更换角色，由不同的狼去攻击那只受伤的驯鹿，使那头可怜的驯鹿旧伤未愈又添新伤。最后，当这头驯鹿已经极度虚弱，再也不会对狼群构成严重的威胁时，狼群才开始全体出击并最终捕获受伤的驯鹿。实际上，此时的狼也已经饥肠辘辘，在这种数天之后才能见分晓的煎熬中几乎要被饿死。

　　有人问，为什么狼群不直接进攻那头驯鹿而非要等到几天之后呢？这是因为，像驯鹿这类体型较大的动物，如果踢得准，一下子就能把比它小得多的狼踢倒在地，非死即伤。要知道，狼群适时放弃眼前的小利，为的是谋求更长远的胜利。

　　人的一生有无数种可能，而你却只选择了其中的一种，并固执地坚持着，你怎么知道不会有一种更适合你的可能呢？当我们的孩子由于某种原因走入一个"死胡同"的时候，不妨告诉孩子，人生是处于不断变化之中的，当一条路实在行不通的时候，不妨换个角度思考或者全身而退，另辟新径。懂得放弃才能真正拥有。适时放弃并不代表对命运的妥协、让步、屈服，而是另辟蹊径，去寻找一条更适合自己的道路，实现自己的价值。

第四章 让男孩成为自己人生的舵手：增强男孩的自我控制能力

1. 帮助男孩改掉懒散的毛病

懒散，是男孩成长中的障碍，但是"冰冻三尺非一日之寒"，孩子的懒散行为不可能在一朝一夕间改变，鼓励孩子持之以恒，才能帮助他彻底改正懒散的毛病。

做每一件事不见得一定成功，但如果不去做则一定不可能成功。要想成功，就一定要把懒散的毛病扔得远远的。懒散是在一点一滴的生活中形成的，要克服懒散的毛病就要从生活中的点点滴滴小事做起。懒散是男孩成长的障碍，家长应该在日常生活中教育孩子不要拖延、懒散，而是立刻着手去做，从而养成勤奋的习惯。

很多人都看过《等明天》的故事：

森林里百花盛开，但是天气变化无常，刚才天空还很晴朗，转眼就下起雨来。大象、鹿、松鼠和獾子等都跑回到自己的屋子里去。可是猴子没有房子，它急得到处奔跑，被雨淋得无处藏身。猴子心里想：等雨停了之后，我一定要盖一所房子。

雨过天晴后，猴子搬来一根木头。折了几片芭蕉叶，还设计了房子的图样，于是便到处宣传它要盖房子了，还请许多客人到它的新房里去做客。

　　第二天，天气很好，猴子想等到明天再盖房也不迟，于是接着睡大觉，一直睡到客人都到齐了。大象叫醒猴子问："房子在哪儿？"它说等到明天再盖。

　　第三天，它去桃树林吃桃子。就这样，它总是等明天，等明天……

　　但是天气不等人，倾盆大雨又把它淋得无处藏身。

　　猴子因为懒散、拖拉，不停地说等明天、等明天，以为自己有的是时间，所以把盖房子的事情无限延期，最终什么事情也没做成。暴雨再临来时，它仍然被淋得无处藏身。

　　如果男孩从小形成懒散的毛病，将来很可能就是一个浪费生命的人，遇事总是犹豫拖延，千方百计地回避自己要做的事情，越是紧急越不肯正视，不停地寻找借口为自己拖延。懒散可能会让男孩一事无成，视拖延为无关痛痒的耽搁，任何事情都是能拖一时就拖一时，能拖一天就拖一天，生活的目的好像就是拖延。拖延造成事情越来越多，甚至杂乱无章，而杂乱无章又助长了拖延的心理。如此循环下去，可能几天、几个月过去了，仍然是什么事都没干。

　　家长首先要了解男孩为什么会懒散、没干劲儿，找出孩子懒散的原因，才能帮助孩子改正懒散的毛病。其实，男孩懒散很大的原因都是父母造成的，当孩子想要做一件事时，父母总是以"你还小，做不了"为由阻止孩子；或是当孩子努力尝试独自完成一件事时，父母嫌孩子做得不够好或是动作太慢，干脆代替孩子把事情做完。不管出于什么原因，父母的做法都使孩子做事的积极性受到打击，剥夺了孩子体验成功的机会，甚至使孩子觉得自己没用，丧失对自己的信心，以后再做任何事都不敢去尝试。父母对男孩干涉过多还会让他们逐渐产生依赖性，认为自己做不好或做不完父母也会帮忙完成，久而久之形成懒散的性格。

　　为了调动男孩的积极性，培养出有干劲儿的孩子，家长可以采取以下几种方法：

1. 让男孩有追求、渴望感。对待孩子，父母不要过分给予，让孩子有所追求和渴望，父母要做的是鼓励和支持。

2. 让男孩具有持久力和忍耐力。父母耐心地让孩子自己去做事。当他遇到困难想要放弃时，再给予适当的帮助和鼓励，但不能完全替代孩子。能力是在不断学习和锻炼中得来的，遇到困难家长就代替解决，或是孩子遇到困难也不管不问，孩子将很难得到良好的发展。

3. 激发男孩的活力。大自然是孩子的良师益友，所以，要经常让孩子接触大自然，让孩子在大自然中学到知识，开阔视野，发展美感，增加健康和活力。在社会氛围中，父母也要注意让孩子充满活力，培养孩子的兴趣爱好，与孩子进行亲密的交流，让孩子获得情绪上的愉悦体验。每个孩子的兴趣和特长各不相同，父母应根据自己孩子的特点提出适当的要求和希望，如果要求孩子做他不喜欢、做不到的事。孩子就会有抵触情绪，自然会丧失活力。

4. 与男孩一起分享他的快乐。只要孩子认真做了，父母就要及时给予肯定和鼓励，并与孩子一起分享他成功的喜悦。孩子为自己感到骄傲，对自己有了信心，自然乐于再次去做，即使遇到问题也会想方设法地主动解决，不会半途而废。

2. 帮助男孩克服浮躁的毛病

无论是做事还是做人，都要拒绝浮躁，关注细节，从大处着手，从小事做起，成功的机会才会多一些。男孩子一般都比较急躁，缺乏耐心，不安分，脾气大，急于求成。在学习和生活中，他们轻浮急躁，行动盲目；心神不定，做事难以专心；没有耐性，缺乏恒心和毅力；急于求成，梦想一口吃成大胖子；急功近利，整天幻想"天上掉馅饼"；没有脚踏实地的

艰苦奋斗的精神，却充满着侥幸成功的奢望……

如有的男孩看到歌星挣大钱，就想当歌星；看到企业家、老板神气，又想当企业家、老板；但就是不愿意为了实现自己的理想而努力学习。还有的男孩兴趣爱好转换极快，做什么事都是三分钟热度，三天打鱼两天晒网，忽冷忽热，这样下去终将一事无成。

浮躁指轻浮，做事无恒心，见异思迁，急功近利，浮而不实，不安分守己，无所事事，脾气大。浮躁心理表现为"想不到"、"坐不住"、"听不进"、"管不牢"、"忙不停"、"写不完"、"长不了"等。这种浮躁心理如不及时纠正克服，还会影响男孩的生理健康，造成生理功能紊乱、睡眠障碍、神经紊乱；急功近利会导致男孩心理紧张、烦恼、易怒，降低注意力和思维能力；浮而不实会使男孩学习无法深入，仅局限于表面，直接影响其学习成绩。

浮躁其实是一种病态的心理表现，它表现在孩子面对各种变化和竞争时，不知所为，心里没底儿，恐慌不安，对前途没有信心。情绪上表现为心态急躁，急功近利，与他人进行攀比时，更显出一种焦虑不安的心情。因为激动不安，情绪代替理智，使得行动具有盲目性，行动之前缺乏思考，只图一时之快，将可能发生的恶果完全置于脑后。

浮躁心理对男孩的生活和学习产生一系列不良影响。造成孩子心理浮躁有内部原因，也有外部原因。

内部原因分为个体的神经类型、人格特征、个人认知三种对孩子进行影响。心理学的研究发现，具有强而不灵活、不平衡的神经类型的人，体内去甲肾上腺素含量较高，容易急躁，沉不住气。做事冲动，注意力易分散。有些孩子意志力薄弱，缺乏自控能力，学习怕苦怕累，做事急躁冒进，没有恒心。有的孩子自己认知不当，把学习成绩作为衡量成功的唯一标准，急于求成，又不从踏实学习入手，幻想通过一些捷径，快速成功。

外部原因主要是社会环境、家庭教育和学校教育对孩子的影响。因为我国正处于转型期，社会利益和结构都在进行大调整，社会中充斥着"喧器"、"浮躁"之气。孩子作为社会中的一员，不可避免地受到社会大环境的影响。社会舆论、社会风气和文化氛围都对孩子的世界观、价值观、抱负水平发生着作用，从而影响孩子的学习心理。

有的家长处于矛盾的心理状态，既赞成和满意改革的成果，又担心和忧虑自己无法适应新体制带来的震动和冲击，因此患得患失，心神不安。也有的家长急于致富或改变生活现状，因此对工作挑三拣四，频频跳槽，恨不得立刻变成"先富起来的那一部分人"，这种心理也会影响到孩子。

另外，尽管大家都在喊实施素质教育，仍有许多学校一味地关注孩子的考试成绩，对孩子的评价也完全用成绩来衡量。导致许多孩子只注重高分，不注重踏实学习。然而，浮躁心理必然对孩子的生活和学习产生一系列不良影响，因此，家长应配合学校老师，帮助男孩克服浮躁的习惯。

首先，要培养男孩认真的能力。认真不仅是一种态度，更是一种能力。认真就是聚精会神的能力，是深入一件事情的能力，是彻底弄透一件事情的能力，是每时每刻全力以赴学习的能力，是一次性把事情做到顶峰的能力。如家长教育孩子时，不能相信孩子说"学会了"、"听懂了"，只有孩子真正做出来、表现出来，才是真正地会了、懂了。

其次，帮助孩子制订适合的目标。男孩对于不感兴趣的事情很难专注，所以需要家长帮助他们养成做事持之以恒的好习惯。家长要帮助男孩制订适当的目标并引导他们完成，当他们顺利完成后，及时给予肯定和鼓励，激发他们探索和继续努力的动力。

再次，有意识地培养孩子专注做事的习惯。男孩天性好奇，活泼好动，因此注意力经常不集中，家长可以从训练他们注意力的持久性入手，有意识地培养他们做事专注的习惯。同时，尽量创造良好的环境，避免孩子注意力分散。男孩不管是在学习上还是生活上，常常是三心二意，注意力不集中。因此，家长对男孩进行注意力训练时，应尽可能地避免一切外来干扰。如孩子在搭积木、玩配对及其他要求专注的游戏时，先关闭电视

等可控制的干扰，排除可能分散孩子注意力的因素，为孩子提供一个安静的学习环境。当孩子要求独自玩游戏时，在没有危险的情况下，家长不要进行干预，过多地干预会影响男孩专注力的发展。

男孩自我控制能力差是导致他注意力分散的重要原因，因此，家长还要培养孩子的自我约束能力，大人可以约束自己不去关心外部的干扰刺激，孩子却很难做到。家长可以通过创设情景，逐渐提高孩子的自我约束能力。通过不同的游戏，男孩就会逐渐地将外在的游戏规则转化为内在的自我约束。

3. 帮助男孩纠正任性的毛病

纠正男孩任性的毛病，需要家长认认真真地下一番工夫，而且首先是要矫正自己。如果只是一味地批评孩子，没有具体的、有针对性的教育措施，将难以见效。

由于体内的睾丸素的作用，男孩对于某种需求或愿望，比女孩需要更快更及时地得到满足。因此，男孩常常表现得任性、自以为是，放纵不约束自己，不服从或抗拒父母的管教，或是表面听从，内心却不服。男孩任性大部分都是父母过分宽容和娇纵的结果。

很多父母都把自己的独生子看得很珍贵。只要儿子提出要求，无论是物质还是精神上的，无论是否合理，一律满足孩子，还认为是全身心地爱孩子。这种环境下成长的男孩，有着任性的通病，固执、抗拒、不服从大人管教、不按照大人的要求去做、或是表面答应内心反抗，等等。所以，只要大人不在身边，就任使自己的性子，放肆而为，导致越来越多的家长抱怨现在的男孩不好管，不好教育。殊不知，儿子的任性正是自己惯出来的结果，对于儿子的行为，该制止的不制止，一味迁就孩子，以致孩子形成任性的毛病。

法国教育家卢梭就曾在书中对父母说："你知不知道用什么办法准能使你的孩子得到痛苦吗？这个方法就是百依百顺。"因为有种种满足欲望的便利条件，所以孩子的欲望将无止境地增加。结果，当父母因为无能为力而表示拒绝时，孩子由于没有受到过任何拒绝，突然碰了这个钉子，就会比得不到所希望的东西还感到痛苦。

少年犯孙伟是独生子，父母没有什么文化，但家庭生活比较富裕。在他小时候，父母对他百依百顺，孙伟要什么给什么，说什么是什么。

父亲天天要喝酒，儿子常常同桌吃菜，有时也试着尝两口酒，父亲从不加干涉，并且夸儿子"好小子，真行"。就这样，8 岁的孙伟已是喝酒、花钱的老手，父亲有时还会让儿子去他的口袋里拿钱，多少任由儿子决定。于是，小小年纪，孙伟就学会了进饭馆，逛商店。对于孩子的行为，父母不但不阻止，竟然说："家里有钱，不让他花让谁花呢？"

由于孙伟出手大方，社会上一些行为不良的青年就围着他转。他又学会了抽烟、赌博，从此学习成绩一落千丈。开始时，因为老师的督促，父母还批评他几句，后来见管不住儿子，索性不管了，任由他自己胡作非为。父母的放任让孙伟放心大胆地逃学，最后发展到偷盗、抢劫，终于被关进了监狱。

上述事例中，父母百般溺爱和呵护儿子，什么事情都顺着他，让他自由自在，无法建立基本的抑制反射，只是任由自己的想法随意而为，最终因为满足不了毫无节制的欲望，才十几岁就把自己送进了监狱。

任性，就是放任自己的性子，毫无约束，不管正确与否，只要想做的事情，就非做不可。但是，周围的事物并不是为了满足一个人的需要而存在的，周围的人也不可能完全听从一个人的支配和调遣，所以任性的男孩也不可能随心所欲。任性的男孩更容易碰钉子，受打击，遭挫折。任性的男孩好像事事都不顺心，人人都有意跟他过不去，让他感到非常痛苦。由

此可见，"任性而为"不可取。

面对任性而为的男孩，如果家长该制止不制止，一味地迁就孩子，只会给孩子带来更多的痛苦。真正爱孩子的话，就应讲求科学的教育方法，对男孩从小严格要求，不让他们养成任性的毛病，免得因满足孩子的一时任性，反而害孩子痛苦终生。

最近几年频频出现大学生杀人、自杀、伤熊等事件。很多被普通人认为很平常的事情，却会引发正在接受高等教育的大学生犯罪，为什么呢？中国心理卫生协会王建中教授说："大学生中独生子女是绝大多数，在父母的呵护下生活一直都比较顺，自我定位不准，对挫折没有准备，一旦遇到比较大的事件，容易产生过激行为。"

因此，家长更要找出男孩任性的原因，对症下药，让孩子远离任性的毛病，让任性失效。一般来说，造成孩子任性的毛病有三种：

一是模仿别人的结果。在生活中有人任性，男孩不止一次亲眼所见任性得到了不错的结果，于是就模仿，学着任性。如：许多人一起庆祝节日或外出旅游时，其中一个孩子在大人面前有任性的行为，结果家长迁就并满足了他的某种要求。这给其他孩子起了一个反面教材的作用。这些孩子遇到适合的机会，就会模仿他的样子。另外，父母任何一方有明显的任性行为，也会直接影响孩子。

二是家长迁就的结果。有些男孩的任性是家长惯出来的。小孩子常常会提出不合理的要求，家长认为儿子还小，不懂事，所以就迁就孩子，连续几次，孩子就形成了心理和行为定势。如偏食，除去自己喜欢的食物，其他一概不吃，家长怎么说也没用。这种任性的表现，就是家长过去迁就儿子的后果。

三是因为家长对男孩过度严厉，或是不知道尊重孩子。有的家长对男孩的要求过于苛刻，孩子常常难以达到，于是产生逆反心理和抵抗行为，久而久之，孩子就变得任性。也有的家长，不尊重孩子，动不动就训斥孩子，甚至在外人面前也随意责备，为了保全自己的面子，男孩会表现出对抗父母的任性行为。

男孩太任性对他的未来没有一点儿好处。在家里，想怎样就怎样，不听家长的话，家里人可能会容忍；在学校太任性，就会成为不受欢迎的人，身心无法健康发展；以后到社会，更有可能处处碰壁，无法在社会上立足。所以，家长要仔细分析孩子任性的起因，对症下药，让男孩改掉任性的毛病。

如果孩子是受他人的影响，父母应重点引导儿子分清是非，让男孩自己拒绝任性行为，不去模仿。如果是受父母影响，父母则应认真反思，与儿子进行坦诚的交流，向孩子承认自己行为不对，告诉孩子不要学，并让孩子进行监督，大家一起克服任性的毛病。

如果是家长迁就的原因，家长就应端正教育思想，改变自己的迁就行为。一方面帮助儿子认识任性的害处，任性只会让人容易做错事，让人碰壁，让人在集体中成为不受欢迎的人。另一方面，家长要向儿子承认自己的过失，无原则地迁就是不正确的，对于孩子任性自己应负主要责任。然后，和儿子一起讨论如何克服任性，与儿子约法三章。如：父母给孩子提出要求时应说明为什么这样要求；孩子不同意，可以表达自己的主张并说明理由；双方有矛盾时，可以充分讨论，或请其他长辈、老师帮助评论。

如果是家长过于严厉或不尊重儿子造成的，家长就要端正教育思想，坚决改变过于苛求和伤害孩子的做法，尽量宽严适度，并注意保护男孩的自尊。另外，家长要创造民主气氛，多给男孩讲话的机会。

爱子之情，人皆有之，爱儿子是普天下父母的共同心理。对男孩无原则地放纵，只会让孩子走上"以自我为中心"的任性而为之路。心中只有自己，没有别人，形成任性、自私的性格，缺乏社交及生活能力。所以，当男孩提出不合理要求或做错事时，家长绝不能一味地姑息迁就，而是启发诱导孩子明辨是非。对于任性吵闹的孩子，可以暂时不理睬他，等到他

安静下来时，再给他讲明道理，指出他的错误。父母真正爱儿子就要做到爱得深，教得严。

4. 教会男孩判断是非的能力

当男孩慢慢长大后，父母就要慢慢告诉他们一些现实的问题，让他从幼稚中走出来，睁开睿智的双眼去看世界，学习保护自己的"生存之道"。

爷爷经常对 10 岁的孙子说："人活在世，最重要的学问就是分辨好人和坏人。"为了让孙子明白这句话的含义，爷爷用孙子最喜欢的玩具做赌注，让孙子去调查邻村的张三是不是一个好人。

第二天，孙子很早就去邻村调查了，到晚上却一脸困惑地回来了。爷爷静静地坐在长椅上，听着孙子讲一天的收获。孙子说自己打听了很多人，得到的答案却五花八门，自己也没有把握判断张三是不是个好人。

爷爷笑着说："我知道观点无非是两种，一种说张三是好人，另一种说张三是坏人。那么你能不能分别举个例子呢？"

"邻村的李四说张三这个人很坏很坏，说自己对村里每个人的行为都了如指掌，看人不会有错的。"

爷爷摇头说："我跟那个李四打过交道，这个人品行不佳，爱传播小道消息、搬弄是非，所以他说张三是'坏人'。这么看来，张三还有可能是个好人呢，因为坏人总是党同伐异、排斥好人的！"

孙子听完点点头说："爷爷，那我看张三他真的是个好人。我问过邻村的村长，他的回答是：'这个人很好，很好。'"

爷爷听罢又摇摇头："那也未必。邻村的村长是个老好人，无论你说谁他总是说好，从他的嘴里听不到一句实话。他嘴里的好人，说不定就是个坏人呢。"

这时候，看着孙子一脸茫然，爷爷又反问道："那么，你现在觉得张三是好人还是坏人呢？"

孙子想了想，认真地回答道："我不知道。别人的想法可能是对的，也可能是错的，我不能根据别人的一句话就判断张三是好还是坏。"

爷爷微微点头，摸着孙子的头，语重心长地说："孩子，你的想法是对的。认识一个人，不能光凭别人的几句话。我们大多数人都是普通人，既有优点又有缺点，你不能用好人或者坏人来简单地评判。只有亲自与张三这个人打过交道，相处过一段时间，你才能判断他的品行。明白了吗，孩子？"

话毕，爷爷起身从后屋拿出了孙子喜欢的玩具，说："孩子，以后进入社会，什么事都要靠你自己去找答案了，爷爷也帮不了你了。今天你虽然没有给我确定的答案，但是你学会了如何认识一个人，学会了怀疑别人的答案和不轻信别人，这一点足够你受用终生的了。这个玩具也是爷爷对你的奖励！"

说到怀疑别人的答案，可以举另一个例子：

一位初中时的化学老师做了一个实验。他拿了两杯水，一杯是黄色的液体，一杯是白色的液体，他故作神秘地说："待会儿，你们可以从这两杯水中任选一杯尝尝是什么味道，先不要说出来，等实验之后我再向大家解释。"全班52名同学全都参与了实验，有35名同学选择了黄色的液体，结果品尝后表情痛苦，直吐舌头；只有17名同学选择了白色的液体，结果都感觉不错。

老师问了一名品尝黄色液体的同学："味道很苦吧？告诉你，这可是黄连水！"老师问他为什么选择喝这杯水，得到的答案是："因为它看起来像果汁！"

接着，老师又问了品尝白色液体的同学："味道很甜吧？因为那是蜂蜜水！"那位同学说："我知道老师接下来会问我为什么选择喝这杯水，其

实因为我觉得这可能是老师设下的一个陷阱，所以考虑再三后，就选择了白色的液体。"

老师听完后，笑着说："不错，其实这堂课我就是想告诉大家，凡事不能光看表面，要学会怀疑和思考。看上去不错的东西，实际上很可能就是陷阱。希望这堂课能够对大家以后分析事情有所帮助！"

是啊，这个世界上假相太多，真相总是隐藏在表象中，因此我们需要借助一双慧眼，以怀疑的目光审视世界，借此完善我们对事物的认知。孔子曰："三人行，必有我师焉，择其善者而从之，其不善者而改之。"可见，根据别人的意见进行自我完善和自我认知是一种很好的途径。

当男孩慢慢长大后，父母就要告诉他们一些社会现实，让男孩从幼稚中走出来，睁开睿智的双眼去看世界，学习保护自己的"生存之道"。

青岛有一名8岁的男孩逛街时和家人走散，他没有蹲在街头哭泣，而是站在原地等着父母回来找他。当一位民警前来帮助他时，小男孩以超出年龄的沉着，不断"盘查"民警："叔叔，你真的是警察吗？你有证件给我看看吗？你这证件是真的吗？"这一系列问题几乎把民警"问倒"。后来，男孩的家长及时回来找到了男孩，他们从民警那里得知男孩的言行后笑着说，他们平时就经常教育孩子不要跟陌生人说话，以防被骗，并且还经常告诉男孩，有时候坏人会假冒民警，没想到他全记住了并"活学活用"。

时代在变，人们对于男孩的教育也需要改变。现在早已不是"捡到一分钱，也要交给警察叔叔"的时代了，那个青岛的小男孩无疑是聪明的，他不轻信别人，哪怕是穿着警服、开着警车的警察，他知道通过查明别人的"身份证"来验证身份，甚至还知道证件也可能是假的，这种"怀疑"的精明和谨慎，让人不敢相信他竟然只有8岁，可见家长平时的"自我保护"教育是多么有效！在许多成年人都屡屡受骗的今天，一个8岁的男孩能够这么冷静面对突发事件，令人感慨。避免上当、谨慎与人打交道，必须从娃娃抓起。如今，虚假的东西太多，大人们都要时刻小心、处处提防，更何况是小孩呢？所以，父母一定要让男孩脑子里要有一根"警戒线"，行动上有应急能力，有效减少意外伤害事故的发生。

做父母的应该平时多告诫男孩：对自己认识的人也要有防范意识；学会机智避开坏人的各种方法；平时身上一定要带上"救命钱"；有条件的给男孩配置对讲机或手机，以便遇到困难随时打电话求救；了解一些常用的电话号码，比如匪警110、急救120、火警119等，并会拨打这些急救的电话号码；单独在家时，听到敲门声不要随便开门；不与陌生人交谈、不轻信陌生人等。

莎士比亚说过："我们不去伤害任何人，但是无法保证别人不会伤害你。"学会怀疑和思考，不仅能使男孩在现在或将来免于受骗，还有助于男孩独立进行判断。只要男孩的判断是建立在充分思考和逻辑推理的基础上，那么怀疑一切的思路就是对的。的确，当男孩学会用一颗怀疑之心去看待世界，他的路就会越走越安全。

坚持自己，并不意味着否定别人的声音。独断专行，那是独裁者的专利；我行我素，那是自负者的德行。上天之所以给每个人两只耳朵，就是叫我们去聆听周围的声音。兼听则明，多听取和分析别人的意见，男孩的思维会变得更成熟。有人说过："世界上的话，总有一半是真的，另一半是假的，只有知道那一半是真话的人才是聪明人。"不假思索就采纳别人的意见总归是有麻烦的。因此，在采纳别人的意见时，耳朵就要"灵光"一些思维敏捷一些，要形成自己的判断。

对于男孩来说，学会怀疑，不轻信别人，是一种睿智的生活态度。学会分析，相信自己，不盲从，不轻信，是一种存在于所有伟人身上的品质。保持这种品质，在人生路上就不会轻易踩上"地雷"；在荆棘之路上，你总能找到安全的道路。想成为掌控自己生命之船的船长，男孩们就必须锻炼出独立思考，理性辨别的能力。

5. 培养男孩自我约束的能力

家长应该注意培养男孩抵制诱惑的能力。每个人都会面临诱惑，成功者之所以成功，就是因为他们能够约束克制自己的冲动，抵制住"糖果"的诱惑。

一个人成功的最大障碍常常不是来自于外界，而是来自于他的内心。一个真正成功的人通常有顽强的精神和胜于常人的自控心理。增强男孩的自控心理，可以帮助他们抵御外界的种种诱惑，保持心灵上的坚定与纯洁，更有利于他们的健康发展。

1960年，美国心理学家米卡尔曾做过一个"果汁软糖"实验：实验者将一群4岁的孩子留在房间，发给他们每人一颗软糖，然后告诉他们："我有事要出去一会儿，你们可以马上吃掉软糖，但如果谁能坚持到我回来的时候再吃，就能够得到两块软糖。"

有些孩子比较冲动，实验者走后就迫不及待地拿走了糖果。有些孩子能够等到实验者回来，尽管等待的时间非常漫长。这些孩子用尽各种方法让自己撑下去：有的闭上眼睛，避免看见十分诱人的糖果；有的将脑袋埋入手臂之中，自言自语、唱歌、玩弄自己的手脚，甚至让自己努力睡着。20分钟以后，实验者回到房间，坚持到最后的孩子又得到一块软糖。实验后，研究者对其进行了长达14年的追踪调查。

结果发现，两种孩子在情绪与社会性方面的差异表现得非常明显。自制力强的孩子社会适应能力较强，较为自信，人际关系较好，也较能面对挫折。在压力面前，不易崩溃、退却、紧张或乱了方寸，能够积极迎接挑战，不轻言放弃。在追求目标时，也能和面对糖果时一样压抑立即得到满足的冲动。冲动型的孩子却约有1/3缺乏这种特质，并且表现出一些负面特征，例如，怯于与人接触，固执而优柔寡断，容易因挫折而丧失斗志，认为自己是坏孩子，遇到压力容易退缩或者惊惶失措，容易怀疑别人以及对别人感到不满，容易嫉妒或羡慕别人，因易怒常与人争斗，而且和小时候一样，不易压制立即得到满足的冲动。

研究者在这些孩子中学毕业时又进行了一次评估，结果发现当时能够耐心等待的孩子在校表现更为优异。这些孩子学习能力较好，无论是语言表达、逻辑推理、专注、制订并实践计划、学习动机都比较好。而且，这些孩子的入学考试成绩普遍较高，耐心等待的孩子比迫不及待取走糖果的孩子的平均成绩多出 200 多分。

当然，小小的糖果实验并不能预测孩子未来的能力和成就，人的能力和成就要受很多因素的影响。糖果实验只是反映了人在童年时期的行为，会随着成长慢慢演变为他在方方面面的情感和社会能力的一部分。人在一生中，各种大大小小的成就都取决于抑制冲动、抵制诱惑的能力。

面对信息多变、文化多元、物质极大丰富的现代社会，男孩已是眼花缭乱，他们对周围的一切都充满好奇，任何诱惑都有可能让他们沉迷其中。另外，很多家长教育不足，欠缺民主科学性，再加上学业负担过重，厌学情绪强烈，使得电视、电脑成了男孩的避难所。如何让男孩拒绝诱惑、抵制诱惑，成了每个家长都关心的问题。

让男孩学会抵制诱惑，家长先要学会反思。"子不教，父之过"，孩子出了问题，应该从家长身上反思原因。家长大部分时间都用于工作、家务和娱乐，很少花时间与孩子耐心沟通。孩子基本的精神需求得不到满足，自然会寻求替代品，于是电视、电脑成了男孩的精神麻醉剂。有些家长自己不和儿子交流，也不鼓励儿子交友。不引导儿子参加一些有益的体育活动，虽然给儿子报名参加各种培训班，也完全是功利的。男孩的精神需要仍然得不到满足，充沛的精力得不到发泄，就会被各种诱惑吸引，一不留神儿掉进各种诱惑的陷阱。所以，培养男孩抵制诱惑的能力，就要从家长

自身改造做起。

首先，家长要放下架子，与儿子交朋友。文化传媒的普及，明星制造业的繁荣，引发了"追星"热潮，很多男孩因迷恋明星而痴狂，以致耽误了学业、耗费了家中的钱财、出现了心理问题，甚至有人上演了轻生的悲剧……儿子在"追星热"中丧失理智，家长应冷静处理。与孩子多沟通，由儿子喜爱的明星谈起，和儿子一起讨论理想、未来等，增进相互之间的了解和理解，帮助男孩得到更健康的成长。

其次，订立双方共同遵守的亲子协议，父母与孩子相互监督，在互相约束的过程中让男孩形成自我管理能力。就双方的学习、生活、劳动，包括看电视、上网等易上瘾的娱乐活动订立协议，对时间、地点、形式等予以规范化。协议生效后，双方都要严格执行，违反规定将受到相应的惩罚。注意目标不要太高，双方承诺的条件要具有可操作性，本着循序渐进的原则，目标由小到大，实现起来要由易到难，根据实际情况进行决定。这种订立协议的方式，充分体现了孩子与家长的平等地位，男孩的个性得到充分认可，容易激发他们的内在要求和自觉行动，帮助他们提高自我约束意识、自我管理能力，使他们更好地适应竞争日益激烈的社会。

再有，作为家中的独生子，男孩更渴求朋友，家长应该帮助孩子正确地结交朋友。有些家长害怕孩子在交往中受到伤害，就限制孩子的交往与交际，却没注意到孩子的孤独，而孤独正是男孩容易受到外在不良因素诱惑的原因之一。所以，家长应该在理解孩子的基础上，鼓励、引导男孩交朋友，交好的朋友。

家长要帮助男孩树立必胜的信念，增强他们提高学习成绩的信心，通过各种方法帮助他们掌握学习方法，提高学习成绩。要为男孩鼓劲儿，及时与老师沟通交流，努力提高儿子的学习能力，以争取更好的成绩。学习成绩对于一个学生来说还是很重要的，好成绩会带来更好的成绩，从而步入一个良性循环；相反，挫败感会使新的失败接踵而来，从而步入一个恶性循环。因成绩差孩子会产生厌学心理，破罐子破摔，再加上过剩的精力，必然把男孩推向一些不良嗜好，步入种种诱惑的陷阱。

6. 让男孩远离生命的"毒素"

在男孩的成长过程中最普遍而且危害最大的两大"毒素"就是网游和香烟。

现在，随着网络游戏产业的蓬勃发展，青少年沉迷网络游戏的现象越来越严重。一些孩子整日沉迷于网络游戏，不但损害身心健康，也不同程度地影响了他们的正常学习及生活。对于男孩子来说，网络游戏的吸引力尤大。《中国青少年网瘾数据报告（2007）》显示：我国网瘾青少年约占网民总数的 9.72%，其中玩网络游戏的比例是 40.77%，男性比女性更易于沉迷网络。

烟草被称为"软毒品"，是世界上危害最严重的社会问题之一。据卫生部门近年来所作的抽样调查发现，在大学、高中和初中男生中，吸烟的比例分别高达 46%、45% 和 34%，形势异常严峻。不少中学生甚至小学生的家长也发现，不知何时尚未成年的儿子已染上了吸烟的恶习。来自法院的调查显示，未成年人吸烟不仅是走向吸毒的第一步，也是导致未成年人走向犯罪的重要介质。因此，预防男孩染上吸烟恶习，对每一个家长来说都是不能轻视的问题。

男孩为什么沉迷于网络游戏？网络游戏对孩子有什么危害？这些问题都是每位家长非常关心的。

第一，中国孩子仍处于应试教育状态，普遍学习压力较大，需要网络游戏来放松紧张的心理。有些孩子虽然有一定的自我控制能力，但因学习压力大而产生强烈的厌学情绪。一旦遭遇现实生活中的困难挫折，特别是

在学习生活中遇到无法解决的困难，他们就会选择逃避。网络游戏恰恰能满足他们的成就感，让他们摆脱弱者的处境，给他们带来作为强者的愉悦感。

第二，现在网络游戏设计都是根据青少年好奇冒险的心理特点设计的，可以说是投其所好。场面惊险刺激，游戏一关接着一关，吸引着孩子不断地玩下去，要想"通关"，就得连续"奋战"。虽然不像对烟、酒、毒品等依赖性那么强，但在虚拟世界的信息刺激下，孩子普遍会体验到在现实生活中没有的快感。随着兴趣不断增强，慢慢地欲罢不能，久而成瘾。

在网络游戏的虚拟世界里，往往不需要面对现实生活中的挫折，也不需要接受社会规范和其他人的监督，孩子只是沉迷于虚拟世界里，随心所欲地宣泄情感。因此，长期沉迷网络游戏的男孩会对周围的人和事冷漠麻木，有的还会荒废学业，甚至发生犯罪现象，给正常的成长带来各种各样的危害。

1. 网络游戏模糊了孩子的道德认知，淡化了虚拟世界与现实生活的差异。青少年喜欢的游戏类型为：角色扮演类、射击类、冒险类、赛车类、智力类。网络游戏大多以"攻击、战斗、竞争"为主要内容，男孩长期玩飙车、砍杀、爆破、枪战等游戏，从游戏中了解到的都是尔虞我诈、弱肉强食和暴力情色，所有这些容易使他们模糊了道德认知，错误地认为这种通过伤害他人达成目的的方式是合理的。近几年，因为玩游戏而引发的违法犯罪等问题正逐渐增多。

2. 长期沉迷于网络游戏对孩子身体健康的危害也相当大。研究发现：长期沉迷于网络游戏，不仅会遏制孩子左前脑的正常发育，而且特别影响孩子的早中期智力开发。日本科学家对玩"任天堂"游戏与只作简单、重复性算术题的学生脑部活动水平的检测分析发现，计算机游戏只刺激了与视觉和运动有关的那部分脑的活动，而算术则刺激了负责学习、记忆和情感的大脑额叶左半球和右半球的活动。

3. 长期沉迷网络游戏的人容易造成植物神经紊乱，诱发呼吸道、肠胃等疾病。对于一些心脏不好、神经系统不稳定的人，刺激性网络游戏甚至可能导致死亡。沉迷网络的孩子长期处于兴奋中，睡眠减少，眼睛得不到休息，会出现酸、胀、痛等现象。长期下去还容易引起结膜炎甚至青光眼，过多地接触电脑，也容易使人过早形成白内障。

据调查，在校中小学生吸烟者大有人在，很多年轻的烟民在 12 岁以前就开始吸烟了。学生吸烟，除受家庭、学校、社会环境的熏染和影响外，还受猎奇、凑趣、赶时髦、从众心理的影响。有些男孩认为"吸烟"是一种"酷"、"帅"的表现，认为学会"吸烟"便于将来踏入社会后进行社交公关，抓住机遇。

吸烟对发育成长中的青少年的健康危害很大，对骨骼发育、神经系统、呼吸系统及生殖系统均有一定程度的影响。青少年时期人体各种系统和器官的发育还不完善，功能还不健全，抵抗力弱，所以比起成人来危害就更大。另外，吸烟会使青少年的呼吸道受损害并产生炎症，增加呼吸阻力，使肺活量下降，影响胸廓的发育，进而影响青少年的整体发育。烟草中的尼古丁对脑神经也有毒害，它会导致青少年记忆力减退、精神不振、学习成绩下降。有关资料显示：吸烟年龄越小，对健康的危害越严重，15 岁开始吸烟者要比 25 岁开始吸烟者的死亡率高 55%，比不吸烟者高 1 倍多。

调查发现，男孩吸的第一口烟大多是同学递过来的，因为觉得刺激、好奇而尝试。超过 90% 的中学生吸的第一支烟是从家中"偷"来的，平时经常看到父母或其他长辈"享受"着香烟，于是就产生了吸烟的冲动。染上烟瘾后的孩子为了能过烟瘾，大部分孩子偷拿父母的烟，或是偷拿父母的钱去买烟，也有少数通过节省生活费用来满足吸烟的欲望，更有一些孩子因此误入歧途，走上犯罪的道路。

预防孩子染上吸烟的恶习，最好的方法还是家长严加管教孩子，禁止其吸烟。法国健康教育委员会调查发现：在严令禁止孩子吸烟的家庭中，

只有10％的孩子染上烟瘾；在家长以商量口吻希望孩子拒绝香烟的家庭中，30％的孩子染上烟瘾；在家长毫不干涉孩子吸烟的家庭中，50％的孩子染上烟瘾；在家长公开允许孩子吸烟的家庭中，90％的孩子染上烟瘾。世界卫生组织在欧洲几个国家曾进行的一项调查也显示，家长禁止子女吸烟的要求越严，11岁至15岁孩子吸烟的比例就越低。

因此，家长更要对处于青少年时期的男孩进行严格管教，绝对不能让孩子沉迷于其中不能自拔，更不能让游戏中的不良文化侵蚀孩子的灵魂，明确禁止他们吸烟，帮助他们顺利地渡过心理不稳定期。

第五章　培养男孩自强不息、坚韧不拔的意志力

1. 让男孩成为像父亲一样的男子汉

生活中，我们会发现，如果是由父亲带大的，或者从小与父亲关系更亲密的男孩往往表现出很多优点，如精力充沛、活泼好动、脑筋灵活、身强体壮、爽朗大方等。在儿童性别角色发展中，父母都起着重要的作用，但是在男孩的养育中，父亲的作用似乎更大一些。

社会学家彼得·卡尔认为，男孩子如果 80% 的时间和母亲在一起，他们长大以后不知道怎样做男人。研究表明，男孩在 4 岁前失去父亲，会使他们缺乏攻击性，在性别角色中倾向于女性化——喜欢非竞赛性的活动，如看书、看电视、听故事、猜谜语等。同性恋就是因为在男孩经历儿童发展的第一个危机时缺少积极的男性影响。父母的主要目标之一是帮助男孩识别出自己这一性别的使命、特征，理解做男人意味着什么。《养育儿子》一书的作者唐·埃利姆也指出："就问题男孩而言，关键在于父亲的不参与和不关心，失去父亲（或从来没有父亲）对男孩来说具有灾难性的后果。"

为什么会出现这种现象呢？教育学家经过研究认为：这是由于父亲的教育方式能影响并使这些男孩更为健康地成长。

美国教育家詹姆斯·杜布森博士在其教育专著中记录了一段美好的回

忆：

我还记得和父亲在屋里打闹的快活时光。有许多母亲不理解，这样傻乎乎的打闹有什么意义，但它确实很重要。正像狼仔、小豹常常一起摸爬滚打一样，男孩子也喜欢一起打打闹闹。在我5岁时，我和爸爸之间的踢打玩闹把我母亲都吓坏了。没错！是踢打！他体重180磅，而我的体重才50磅，但是我们俩就像在玩相扑一般。他会逗着我去踢他的胫部，然后他总会用他的脚底挡住我的攻击。这使得我带着一种报复心去追赶他，然后爸爸就会用他的脚趾来钩我的腿。不管你信不信，这对我来说真是有趣极了。我们会玩得笑个不停，尽管我的腿上会添上几个伤口。我母亲会命令我们停下来，她不明白我为什么喜欢这样的游戏。但那就是男孩玩的嘛。

阳刚的男孩往往会在潜移默化中受父亲的男子汉硬派作风影响。父亲的教育方式处处充满了男人的风格。比如，父亲见多识广，常常会灌输给男孩一些课堂和书本之外的知识；父亲喜欢动手和尝试，他会鼓励男孩和他一起做；父亲对男孩要求更严格，从不纵容、迁就、妥协男孩的坏毛病；父亲对"玩"比较擅长，他们能带着孩子玩得别出心裁……总之，父亲和母亲、老师相比，是完全不一样的，男孩从父亲身上很自然就学会了挑战、冒险、胆量、骨气、坚强、男子气概和阳刚之气。

方法一：父亲要多花一些时间和孩子游戏

母亲是小男孩的保护者，是他避风的港湾，而父亲则是小男孩的冒险同行者，是他最好的玩伴。小男孩迷恋和父亲追逐打闹的快乐，享受父亲用手臂高高举起他的刺激，这些动作大、激烈的身体游戏使男孩非常快乐。但问题并不在于父亲如何同儿子玩，而是他们总是没有时间陪儿子玩。

杰克的爸爸是一位牧师，整天忙于工作和其他一些事情。在儿子参加的体育比赛和各种活动中，他从来没有出席观看过。父亲既不对他进行纪律教育，也没有给他必要的支持。

当杰克上高中时，他是学校橄榄球队的队员。在他们获得参加州冠军参赛资格时，他非常希望爸爸能去观看这场比赛。杰克请求道："你星期五晚上能来一下吗？这对我来说是非常重要的。"父亲答应了。

在决赛的那天晚上，杰克正在场上作准备活动，这时他看见父亲和另外两个人穿着正式的服装来到体育场。他们站在那里，说了一两分钟话以后就离去了。

40年后，杰克已经是一个58岁的男人了，当他和朋友再次提起这件事时，眼里噙满了泪水，好像遭受了被拒绝的痛苦。一个少年所感受的拒绝和失望就这样清晰而顽固地保留了40年，并会一直存在下去。

我们不禁会想，在那个橄榄球赛的晚上，杰克的父亲究竟有什么事情比为自己的儿子加油更重要呢？这是一个令人难过的故事，也是一个令天下的父亲警醒的故事——请不要太自私，不要太忙，不要太疏忽，多给你的孩子一点点时间，多陪陪他们吧！

方法二：多带孩子参加成年男人的聚会

每当岳先生一家乘车外出时，他的5岁的小儿子都会大声说："爸爸，我们男的坐前座，她们女的坐后座。"岳先生知道，儿子是在告诉别人：他是和爸爸一样的男人。因此，岳先生常常带着小儿子出去玩，甚至带他去参加他和同事、朋友的聚会，让儿子感受到更多的男人的气息。

到3～5岁时，小男孩开始渐渐和妈妈拉开了距离，而努力去树立一种男性身份。这时，父亲对男孩来说是很关键的，他们会想方设法吸引父亲的注意和关怀，进而去模仿他的行为和举止风格。

方法三：尽量保持家庭完整、和睦

哈佛大学的心理学家、《真正的男孩》一书的作者威廉·波拉克认为，离婚对儿子和女儿都是难以接受的，但是对男性的影响更具破坏性。波拉克指出，父亲对男孩良好个性品质的形成具有极大的促进作用，是男孩良好个性品质的重要源泉。

父亲通常具有独立、自信、自主、坚毅、勇敢、果断、坚强、敢于冒险、勇于克服困难、富有进取心、富有合作精神、热情、外向、开朗、大

方、宽厚等个性特征。男孩在与父亲的不断交往、相互作用中，一方面接受影响并且不知不觉地学习、模仿；另一方面，父亲也会有意无意地要求孩子具有以上特征。如果男孩在 4 岁前失去父亲的教育，对他的个性发展会非常不利。

2. 体育锻炼是男孩阳刚坚强的助推器

生活中往往会有很多男孩子的阳刚之气比较弱，在外表上就可以被人一眼看出来——身体瘦小虚弱，肌肉不够发达，四肢没有力量。一个无力的男孩，其阳刚之气肯定不会很足。要培养真正的男子汉，就不能对其身体素质放松要求，父母应该通过从小锻炼孩子的身体，使其获得男子汉应有的肌肉和力量。

对男孩来说，参加体育锻炼有很多好处。

体育活动有助于男孩的智力发展。

促进男孩神经系统和各种运动机能的协调发展。

满足男孩好动的愿望，使其从小喜爱体育活动。

培养男孩吃苦耐劳、不怕困难的勇气和意志。

从小培养男孩形成安全意识，学会保护自己，养成良好的保健习惯。

体育活动可以增进友谊，培养男孩的社会意识。体育运动是加入集体的一条途径。那些刚移民到澳大利亚的儿童，很快就会有人问他们："你想加入什么队？"

体育运动为男孩提供了一个近距离接触父亲、接触其他男性的机会。有些男孩子常说："如果我老爸不和我谈体育，我们都不知道该说点儿什么好。"

对于大部分男孩来说，体育运动在他们的生活中扮演了很重要的角色。运动可以带来很多好处，它可以培养男孩的归属感，塑造他们的性格，让他们自尊自重，锻炼他们的身体。然而，如果运动时不小心，有时反而会伤害他们的身体，这样的失败也许会给他们造成巨大的压力。不过我们不能因噎废食，让男孩多参加体育锻炼是非常有必要的。

父母不应该忽略男孩的这种天赋的优势——由于激素水平的不均衡，女孩与男孩的性发育出现差别，具有不同的特征。例如，男孩会在跑步和跳高方面更胜女孩一筹。特别是青春期以后，这种差距渐渐扩大，男孩发育得更快更健壮，在体格上拥有女孩所不能企及的优势。另外，男孩体内的睾丸激素使其内在的爆发力、动作速度和猛烈程度远远超过女孩。

父母可以用以下的方法，让男孩远离羸弱和阴柔，锻炼一副强健有力的阳刚之躯。

方法一：制订一份合适的体育锻炼计划

带孩子多进行锻炼，让你的男孩真正地参与到运动中来，鼓励和监督他锻炼身体。这样不仅能使你的男孩身强力壮，而且还可以锻炼他的意志和自控能力。

现代审美观要求男性在外形上有魁梧的身材，优美的线条，隆起的肌肉和灵活的动作。青少年时期正是长身体的时候，孩子可以通过游泳、球类、长跑等运动来锻炼健美的体魄，更重要的是能够培养坚强、勇敢、机敏、不怕困难、勇于开拓等男性品格。

方法二：变化运动形式，引起男孩运动兴趣

小男孩往往都很懒，除非他喜欢或者感兴趣，否则他宁可躺在床上睡觉，坐在电脑前玩游戏，也不会到户外去锻炼身体。家长不妨选择他喜欢的运动项目或者想办法吊起他的"胃口"，引导他去锻炼身体。一件新生事物出现必然引起许多人的关注，孩子对新的体育器材更会产生浓烈的兴趣，比如"呼啦圈"、"溜溜球"、"弹跳器"，曾备受孩子青睐。为调动男孩的积极性，父母可以经常购置价廉物美的小型运动器材，这样既可丰富运动的内容，又可进一步激发男孩参加运动的热情。

方法三：创设情境，增加运动趣味

针对孩子兴趣广泛、模仿力强、活泼好动的特点，教师和家长可创设各种不同的情境，如故事情境、语言情境、场地情境及想象情境，通过音乐的渲染、语言的描绘等多种形式，让孩子入景动情，引导孩子提升对运动的兴趣，带领阴柔的男孩走出心理暗礁。

有位父亲说自己10岁的儿子，已经上小学4年级了，却像女孩一样胆小，说话轻声细语，缺乏男子汉气概，不爱和男同学交往，倒是跟班里的女生挺合得来。一次，他去学校找儿子，在教室里没找到他，又到操场上一群正在踢球的孩子中找，还是不见踪影。正寻思着孩子跑哪儿去了，突然听到一群女孩子嬉闹声中仿佛夹杂了儿子的声音。转身一看，只见儿子正和一群小女孩玩吹泡泡呢。

平时，我们也经常能听到一些父母抱怨自己的孩子缺乏男子汉气概，胆小怕事，不爱和男同学交往，喜欢和女孩子玩。男孩的这种女性化的倾向，也引起了父母的重视。

有些父母在教育男孩时总是让男孩和女孩一起玩或是像养育女孩一样去养育男孩，有不少男孩就是因为这样，性情变得越来越孤僻，越来越像女孩子，不敢或不愿意去玩那些属于男孩子的游戏。

要知道，养育男孩和养育女孩是截然不同的，如果父母不注意，采取了错误的方法，就容易导致男孩带有阴柔之气，并且不被大众所接受，最终导致一些或轻或重的心理疾病。

父母应该学习一些正确的养育男孩的方法，避免男孩出现女性心理，帮助走进心理误区的男孩回归到正确的性别道路上。

方法一：不把男孩打扮成女孩

在一些地方，不少男孩在其长辈的刻意打扮以及影响之下，从外在的穿着打扮到性格爱好，正朝着女性化倾向发展。我们经常可以看到大街小巷及公共娱乐场所里出入一些穿戴花哨甚至浓妆艳抹的小男孩，其中很多扮相都是妈妈的"杰作"，他们的妈妈认为这样打扮才时尚，才漂亮。长期如此，有些男孩不但外表上打扮得像女孩，而且在性格、脾气方面也趋于女性化，如他们喜欢玩洋娃娃，爱用女孩用的书包和饰物，等等。有些即使从"外包装"看的确不失为男子汉的小男孩，心理上也多多少少受到一些影响。

内和外是相互作用的，若想孩子的内在是阳刚的，外表就不能太阴柔，打扮就不能太女性化。

方法二：多交男性伙伴

有不少男孩，他们在家庭环境中受周围太多女性长辈的呵护宠爱及潜移默化的影响，性情、言谈举止和平时的爱好几乎无处不像女孩子。

伙伴是孩子实现性别角色社会化的最主要的途径。父母应鼓励孩子在与伙伴交往的过程中了解、观察、比较自身与伙伴在角色观念、行为上的差异，模仿和学习伙伴们被社会认可的行为方式，最终达到同化的目的。

方法三：带孩子多参加社会实践

男子汉的阳刚之气不是与生俱来的，而是在长期的实践活动中造就的。要成为真正的男子汉，就要多参加各种类型的集体活动、公益劳动，养成正直、勇敢、热情、开朗、有正义感等的男子汉气概。

3. 挫折和逆境造就顽强不屈的男子汉

成长环境是人生的一部分，不管父母是否有心改变它，每个男孩都要具备改变它的决心。

有这样一个男孩，他出生在美国纽约的一个贫民区，父亲在美容院上班，平时嗜赌如命；母亲是一家夜总会的舞女，每天总是在凌晨时分喝得烂醉后回家。从男孩记事时起，父母每天总是吵个没完，每次父亲赌输后，打完母亲后再打他，母亲喝醉后也拿他出气。在这样的环境下，男孩渐渐长大，脸上经常是鼻青脸肿的。

勉勉强强上完高中后，男孩便辍学了。他没有像街区的其他男孩一样

整日厮混，那样的日子让他备感无聊和恐慌，尤其是那些绅士、淑女们蔑视的眼神更让他觉得耻辱。他在心里一次次地问自己：难道我将来要在别人的白眼中过活吗？难道我一辈子只能待在这个破地方？难道我注定跟父母一样成为社会的"垃圾"，只会留给下一代贫困、压抑和痛苦……

在一次次的痛苦追问后，男孩下决心离开自己生活的环境，走上一条与父母迥然不同的道路。然而，现实是残酷的：从政，没有门路；进企业发展，学历与文凭是不可逾越的大山；经商，又没有本钱……思虑再三，男孩最终决定去当演员，因为这一行门槛很低，既不需要学历，也不需要资本，对他来说也算是唯一可行的出路。尽管男孩相貌平平，没有表演天赋，没有接受过专业训练，但是他相信自己能吃尽世间所有的苦，于是毅然带着身上仅有的100美元，开着一辆破得不能再破的旧汽车，只身来到了好莱坞，希望闯荡出一片自己的天地。

一贫如洗、居无定所的日子总是难熬，但是更难受的是工作上的屡屡碰壁。男孩不断地找导演，找制片，找明星，找一切可能使他获得演出机会的人，但是好莱坞500多家电影公司，却没有一家愿意接受他。他并没有气馁，因为心中一直有个不变的信念：活出个人样来，决不走父母的老路！

实在是无法想象他是怎样熬过那段艰难日子的，因为没有几个人能够经历500次的失败而不退却。但是，他居然又从第一家电影公司开始，重复自我推荐的经历，除了500次失败的教训，他还带来了自己写的剧本。在反复的失败与失望中，他始终不停地为自己打气："没有失败，只有暂时的不成功，我要改变命运！"当失败的次数累积到1555次时，终于有一家公司愿意采用他的剧本，并请他担纲影片的男主角。这个片子就是当年的奥斯卡最佳影片《洛奇》，这个男孩就是电影巨星西尔维斯特·史泰龙。史泰龙凭借此片一举成名，之后他又凭借《第一滴血》等系列影片，成为好莱坞新一代的动作明星。

为了扭转命运，史泰龙用了三年的"炼狱"生活，换来了改变命运的机会。世界上没有做不成的事，只有做不成事的人。我们熟悉的明星们，他们并不比我们更有运气，他们也许出生在更恶劣的环境下，也许父母就是不务正业的赌鬼和酒鬼，但是他们从不屈从于环境的摆布，而是牢牢掌控自己的命运，用巨大的毅力和改变出身的执著，克服了各种不利因素，从而功成名就，实现了自我价值。

家长要引导男孩在人生旅途上如果尽力奋斗、拼搏了，却依然屡遭挫折、连栽跟头，不必抱怨命运的不公和儿时的困窘，应该学会坦然接受和承认现实，找出失败和挫折的原因，继续为了改变现状而努力，这才是赢在未来的不二选择。

勇于与环境、出身和现实抗争的人，注定会遭遇血泪交织的艰苦磨难，可是，往往逆境更能造就男孩明天的卓越。在失败的路上不断锤炼，才能锻造出铁一样的品质。成长环境是人生的一部分，不管父母是否有心改变它，每个男孩都要具备改变它的决心。环境可以使强者更强、勇者更勇，也可使弱者更弱、怯者更怯，这一切完全取决于你怎么看待。

约翰·富勒的父亲是一个普通黑人奴隶，家里有7个男孩。奴隶的男孩大多在很小的时候就必须干活儿，富勒也不例外，他从5岁起开始工作，9岁时便学会了赶骡子。

富勒有一位优秀的母亲，她经常对儿子谈及自己的观点："我们不应该这么穷，不要说贫穷是上帝的旨意，只是因为你爸爸从来没想过追求富裕的生活，才导致家里的每个人都胸无大志。孩子，尽管现在家里很穷，但是你决不能怨天尤人！"

在母亲的鼓励下，富勒长大后开始自己创业。富勒认为推销东西是最快的致富捷径，于是便选择挨家挨户地推销肥皂。就这样，在坚持推销了12年后，富勒终于遇到了一次事业起步的机遇：一家供货公司即将拍卖，标价是15万美金。

富勒四处寻求亲友求助，但是亲友们大多是穷人，借来的资金非常有限。就在计划面临破产的时候，母亲给富勒点明了方向："你平日工作态

度认真，很受客户们的称赞。现在当你需要帮助的时候，直接去找他们吧。"于是富勒诚恳地向朋友、信托公司及投资集团借钱，终于依靠自己的努力和贵人的帮助，开启了创业之门。

在成功收购那家小公司后，富勒不但赢得了可观的利润，还将业务越做越大，成为著名的企业家。改变命运后的富勒自豪地说："我虽然不能成为富人的后代，却可以成为富人的祖先。"

是的，男孩们，也许改变不了现实环境，却能够改变自己，改变自身的能力和心态，稳稳地立足在社会上，不被挫折击倒。

著名的思想家梁漱溟说过："人类并不是渺小，而是悲惨。人类的悲惨，在于受制于自己！"是啊，许多人小时候由于环境的影响，长大后安于现状、懒于改变、不思进取，总想着求得暂时的安稳。然而，正是这种逃避现实，不求改变的态度，使得他们无法成功。在这个不断变化的时代里，男孩们只有一直想着改变不理想的环境，才能走向幸福的人生。

很多男孩由于环境的影响走上错误的道路：成天在社会上打架、斗殴，甚至走上坑、蒙、拐、骗、打、砸、抢、偷的犯罪道路，在不见阳光的地方出卖自己的灵魂。对于这些男孩，我们除了扼腕叹息，还要提醒他们：任何环境都不能成为你堕落的借口，你改变不了这个世界，但你可以改变自己，去选择一条正确的路一直走下去。

只有在强烈信念的刺激下，才能改变命运、改变环境。如果成功的欲望非常强烈．那么你就会努力改变一切。正如周星驰执导的影片《长江七号》里主人公小狄说的："爸爸说只要有骨气、不吹牛、好好读书，走到哪里都是受人尊敬的！"

所以，让你的男孩牢牢记住：命运是由自己决定的！

孩子正处在不断学习知识的过程中，他们也特别想显示自己的能力。但是在这个充满乐趣的学习过程中，他们也会因为遭受各种挫折而产生沮丧情绪。此时，该如何帮助孩子保持自信、学会坚持呢？

1. 告诉孩子：每个人的能力都有局限

4岁多的欣欣最喜欢看隔壁7岁的小哥哥打乒乓球，常常看得目不转睛。于是，欣欣的妈妈也给他买了球拍和小球，鼓励他学。可欣欣年纪太小了，手眼协调能力比较差，怎么也打不到自己扔起来的球，试了很多次也无法成功。

让孩子做自己实际能力还达不到的事情，他们所得到沮丧和失败的可能性会更大。父母可以告诉孩子每个人都有自己的特长和优势，并不是每个人都是无所不能的。父母不仅要了解孩子的能力和特点，还要帮助孩子了解自己的实际能力。父母不要因为看见别的孩子会什么，就要求自己的孩子也一定要会。

2. 告诉孩子：成功在每个步骤中

森森开始学写自己的名字"李森"。但让他沮丧的是，每次写到下面两个"水"的时候他就会犯晕，经常把自己的名字写错，招来同学和老师的哄笑，森森非常郁闷。

如果碰到这种情况，父母不妨将一个较难完成的任务分解成若干个小任务，这样孩子就不会因为不能圆满地完成任务而感到挫败了。

3. 告诉孩子：努力是成功的前提

莉莉想学洗手帕，可是她练习了很长时间，手帕上的那块小黑点仍没有褪去，她满脸愁容地问妈妈："我为什么怎么洗都洗不干净？"

当孩子学习一些新的技能或者是努力做一些并不太得要领的事情时，重要的是让他们体会做这件事的意义和过程，而不要引导他们只重视结果。不妨告诉孩子，做一件事情重要的不是结果，而是用心去努力，努力才是成功的前提。

4. 告诉孩子：每个人都有自己的优势

"我为什么不能像芸芸那样拍球拍得那么好"、"我多么希望自己能像小雪那样，也会骑自行车！"乐乐总是在羡慕别的小伙伴，希望小伙伴们的一切本领自己也都会。

对于乐乐这样的孩子，父母可以找一些生活中的例子来告诉他：虽然

爸爸不会弹钢琴也不会打网球，可是爸爸会滑冰还会修电器。当孩子意识到父母除了很多"会"和"能"外，也有很多"不会"时，他就会比较容易接受自己也有很多"不会"，这样就不会因为挫败而感到沮丧了。

4. 是男子汉就不怕丢脸出风头

有些家长很苦恼，因为儿子爱"出风头"，中国传统文化一向强调低调，在这种文化氛围中成长起来的家长觉得不妥，怕不招人待见。如果你的男孩爱"出风头"，请不要过于担心，因为这未必是件坏事。每个孩子都有自己的天性，你可以引导他，但不要强制他改变。

家长应该从小培养男孩的表现意识，让男孩什么活动都积极参加、什么台面都要敢上，要有成功者敢作敢为的风范。

1998 年的一天，河北省一个偏僻的小山村里，突然驶进来一辆漂亮的轿车。对祖祖辈辈生活在这里的村民来说，这可算是一件新鲜事。村里人于是纷纷走出家门，围在轿车四周，想知道究竟会发生什么事。

这时，车上走下来一个留着短发、身穿灰夹克的中年男子，他大声地询问："你们有谁想去拍电影？想拍电影的，就站出来报个名！"

虽然村民们都看过电影，但对于怎么拍电影却知之甚少。中年男子连问了几遍，村民们没有一个愿意搭腔。正在这时，一个十几岁的小女孩向前迈出了一步，大胆地说："我就想去拍。"小女孩一看就是个标准的农家女孩，长得也不漂亮，单眼皮儿，小眼睛，透出一股子倔强。"你会唱歌吗？"中年男子问。"会！"女孩儿毫无惧色，唱了起来，边唱还边跳，"我们的祖国是花园，花园的花朵真鲜艳……"

不过她唱得实在不怎么样，不仅跑调，唱到一半还忘了词儿，惹得村民们哄堂大笑。没想到中年男子却指着她说："好，就是你了！"

这名中年男子，就是国内大名鼎鼎的电影导演张艺谋，而那个勇敢向前迈出一步的女孩，就是在电影《一个都不能少》中出任女主角的魏敏芝。

魏敏芝，一个普通的乡村女孩，因为唱了一首跑调的歌而首次登上了大银幕。当地的村民中比她会唱歌且唱得好的人多得是，却没有第二个人敢于站出来。魏敏芝敢于"秀"出自己，于是赢得了这次出镜的机会。

一个在山村长大的小姑娘都能如此，更何况是男子汉呢？男孩爱"出风头"，从另一个角度来看，反而是他敢于"秀"出自己的表现。家长应该从小培养男孩敢于表现自己的意识，让男孩什么活动都积极参加，什么台面都要敢上，要有成功者敢作敢当的范儿，而不是失败者的怯懦。在男孩平时的说话和做事上，家长要多让他锻炼自己的胆量，把该说的话说出来，该做的事做到位。在每一次可以表现的机会面前，都要鼓励男孩不怕露怯地站出来。敢于表现自己，既是一种考验，也是男孩未来走向成功的敲门砖。

让男孩不要担心自己的说话水平以及说话的结果，这样男孩就会越来越有信心，一旦遭遇大场面就不会轻易怯场了。不管怎样，未来的好机会理应属于敢"秀"的男孩。

在这个社会里，要想成功就必须要学会展示自己。当然，不管是哪一种展示，孩子最大的障碍就是心理的恐惧感。这种感觉尤其以参加演讲最为突出，关于如何帮助男孩养成"不怯场"的习惯，著名的教育专家孙敬修老师提出了三点原则：

①让男孩讲话做到吸引人。如果男孩上场展示自己时，会场上乱哄哄的，父母要事先预料到这种情况，告诉男孩不要放在心上，可以沉默一会儿，等听众安静下来，再进行展示。或者先小声讲一个笑话、说几句开场白，既缓解了自己紧张的情绪，也能让台下的注意力集中。当场上安静之后，男孩就可以进入正题了。

②男孩在进行自我展示时，眼睛不必去看那些不注意听你表演、在一旁交头接耳的听众，这样会影响自己的情绪。选定一两个表情丰富、能与

你互动的人，这样你看着他笑他也会笑，你难过他也会掉泪，你激动他也会鼓掌，从而使男孩在台上的情绪始终保持良好。

③如果男孩一见到很多人就紧张，家长事先就不妨让男孩把台下的人全都抛开，视而不见，完全进入自己的状态，全神贯注地忘我展示，这样也能够引人入胜。

如此一来，男孩面对大场面的恐惧就会消失，取而代之的是完美的自我展示，以及赢得满堂彩。不仅课余的活动中男孩要积极展示，在平时的课堂上也该勇敢地"秀"出自己。比如，在老师提问的时候，你要积极地举手回答，即使答错了也不要觉得不好意思、没面子，毕竟你要比不举手的同学勇敢得多，老师也会因为你的踊跃回答而对你刮目相看。

尤其是性格比较内向、言语不多的男孩，父母更应该鼓励他积极展示自己，当男孩说话的时候，不要怕男孩说不好而替他去说，次数多了，男孩会越来越依赖你，性格和行为也会越来越自闭。

如果想让男孩多锻炼锻炼，不致让他自卑，觉得自己是个没有用的人，父母平时就应该培养男孩"想说就说，想做就做"的习惯，让他逐渐认识到自己的价值，学会以正确的方式出风头，在别人的掌声里意识到自己的存在，这样他的世界就会完全不同，未来的道路也会海阔天空。

5. 敢于自嘲的男孩才是真正自信的男子汉

一个敢于自嘲的男孩，往往也是一个富于智慧和勇气的人，一个坦诚和快乐的人。嘲笑他人是一种缺少德行的表现，嘲笑自己则是一种自信的表现。

心理学研究表明，自嘲可以提高人的幽默感和免疫力，使自己拥有较高的主观幸福感与乐观的人格。此外，它还能使自己变得胸襟豁达、善于思索，提高人际交往的亲和力，获得更多的人际支持。当然，自嘲更是制造心理快乐的良方，是反嘲别人的武器。学会了自嘲，男孩就会拥有一个健康的心理，自然也能在未来适应压力巨大的社会。

这是一次全市范围内的初中生演讲比赛，有25名选手参赛。参加过比赛的人都知道，抽到第1号的选手往往是运气最差的，因为他第一个被评委打分，并且没有其他选手的表现作为参照。所以，当小刚抽到第一个的"下下签"时，心里自然凉了半截，不过这样反倒让他轻松了许多，身上的压力也完全卸下了。小刚心想：既然这样，索性放开了展示自己吧。

于是，体型偏胖的他故意踩着重重的脚步声走上场，引起台下观众的注意，之后自嘲道："本来如果按照选手的体重排序，我应该是压轴的'镇场之宝'，因为我的吨位实在够大。不过现在抽到第一也好，来一次重量级的登场也很难得呀！"

台下观众听完小刚的话后哈哈大笑，场内的气氛一下子调动起来了，小刚的心情更加轻松，整个演讲几乎是一气呵成，堪称完美。在演讲结束后，他还不忘开玩笑："感谢大家对我重量级演出的掌声，看来下场时我得轻一点儿，省得接下来的同学一脚踩空！"

结果小刚获得二等奖，评委团主席点评小刚时是这样说的："再次感谢1号选手以他的体重和实力给本次演讲比赛带来一次重量级的开始！"台下随即又响起热烈的掌声。

现在的男孩，谁不希望自己被人夸奖"帅气"、"高大"和"阳光"呢？然而，体型稍显肥胖的小刚，在抽到"下下签"的情况下，不仅没有回避自己的缺点，反而用自嘲的方式夸大了自己的"缺点"，在观众和评委面前树立了一种乐观、自信的形象，无形中收获了大家的注意力和良好的印象分。

作为父母，我们其实就应该告诉男孩：嘲笑他人是一种缺少德行的表现，嘲笑自己则是一种自信的表现。一个会自嘲的男孩，往往就是一个富于智慧和勇气的人，也是一个坦诚和快乐的人，更是一个思想成熟的人。让男孩学会自嘲式的表达，可以帮助男孩正视自身的缺

点或不足。

自负的人为了遮饰自己的弱点，通常会自吹自擂，结果总让人不以为然；自嘲的人干脆将自己的弱处袒露无遗，或者处处谦虚，结果不仅自己坦然，也赢得了别人的尊重。自嘲是一种对困境或弱点的积极态度，是一剂自我减压和松弛心态的良药，它使原本沉重的负担刹那间变得轻松无比，也会让别人砸过来的重拳落在棉花上。其实，人人都要学会自嘲，将内心的不快迅速地发泄掉，将乐观作为一种符号在生活中不断延伸。做父母的应当在学会自嘲的同时，将这种乐观的种子植入男孩体内，让它生根发芽，这样男孩将来即使面对天大的困难，也会微笑着坦然处理。

美国总统亚布拉罕·林肯的一生，就是磨难的一生：出生贫寒，9岁时母亲去世，15岁才开始读书；24岁时与人合伙做生意，却因经营不善而倒闭，并因此负了15年的外债；25岁时初恋女友安妮因病去世，令他悲痛万分，此后林肯经常情绪抑郁；35岁时，他开始竞选公职，几乎输掉每次重大的竞选；直到52岁时当选美国总统，又爆发了美国历史上唯一的一次内战。你说，林肯的一生有多少磨难？

人生的艰难困苦并没有让林肯轻易屈服，反而令他学会了用自嘲这种武器来积极化解内心的郁闷和压抑。林肯竞选总统时，有一次与对手道格拉斯进行辩论，道格拉斯指责林肯说一套做一套，完全是一个有两张面孔的人。林肯回应说："道格拉斯指责我有两张脸，大家说说看，如果我有另一张脸的话，会带这张丑脸来见大家吗？"林肯的话逗得大家哄堂大笑，就连道格拉斯也跟着笑了。林肯的自嘲方式既不夸张也不庸俗，来源于机智的表现。

敢于嘲笑自己的弱点和缺陷，需要很大的勇气，成年人有时都难以做到这一点，更何况是男孩。但是，父母可以告诉男孩，一个真正勇敢的人是不会害怕面对自身的"阿喀琉斯之踵（指致命的弱点、要害）"。世界上最奇妙的体验，莫过于战胜内心恐惧和正视自身的缺陷后，迎来的某种安全感——这也是自嘲的心理保护所在。哪怕克服的只是小小的心理阴霾，也会增强你对自己的信心。反之，如果一味躲避，它们就会像疯狗一样对你穷追猛咬。生活中令你感到恐惧的事情，大多源于自身的缺点和不足，以及害怕失败、害怕被拒绝的心理。其实，很多事情一旦你真正有勇气自嘲和面对，也并非难于上青天。

父母可以引导男孩多向林肯总统这样的伟人、名人学习，以自嘲的方式稳定各种不良情况，在考试成绩一落千丈、生理缺陷遭别人嘲笑或者无端受人攻击时，调节一下失衡的心理，为幼小的心灵增加一层保护膜。

6. 把大理想分为小目标——增加前进的动力

每个男孩的成长都需要源源不断的强大的动力，而动力恰恰源自于理想的确定和目标的设立。家长要引导男孩正确规划自己的人生理想，放弃那些不切实际的理想。

一个地产商人的儿子对自己今后的人生感到困惑，为此他跑去公司询问父亲。地产商人没有正面回答儿子，而是领着儿子来到了建筑工地。

看见三个砌砖工人正在干活，地产商人走过去问了甲、乙、丙三个工人相同的问题："老弟，你们正在干什么呢？"

甲头也不抬地说："没看到我正在砌砖吗？"

乙叹了口气说："既在砌砖，也在养家糊口。"

丙回过头看了地产商人一眼，笑着说："我是为将来成为你这样的人而努力！"

"很好，加油干吧！"地产商人拍了拍工人丙的肩膀，离开了工地，开车将儿子送回学校。

在路上，父亲对儿子说："通过一个人说出的话，你就能够知道他是个怎样的人。那么，你觉得我刚才问过的三个工人都是什么样的人呢？"

儿子想了想，说道："我觉得甲的生活既没有理想也没有目标，只顾着埋头干活，仿佛行尸走肉一般；乙有目标但没理想，目标只是为了赚钱糊口，但没有更远大的想法，似乎能够一辈子靠砌砖赚钱就很满足了；跟前两个人相比，我更欣赏丙，我觉得他既有远大的理想也有具体的目标，尽管在做着一份微不足道的工作，却能胸怀大志，心底里渴望成功。我相信他以后一定会有所作为的！"

"你说得很对，"地产商人点点头，"用你喜欢的电影明星周星驰的话说，'人活着总要有点理想的，否则那跟咸鱼又有什么分别？'刚才你对于自己的人生有困惑，那说明你既没有远大理想也没有具体目标，跟甲没什么两样，将来只能是浑浑噩噩过一辈子。但是听完了你刚才的话，我心里倒是很高兴，因为我知道你已经清楚自己该做些什么了！"

当儿子走下车时，地产商人最后补充了一句："孩子，从现在起树立坚定的理想吧！"

每个男孩的成长都需要动力，而动力的源头恰恰来自理想的确定和目标的设立。每个家长都应该帮助迷茫的男孩树立远大的理想，并引导他制订多个小小的目标，以便将来实现自己的理想。

当然，家长不要让男孩去树立当"科学家"、"艺术家"那样脱离实际的理想了，家长需要给男孩灌输现实一点儿的东西，让男孩的理想"可望又可及"。当然，理想也分为很多种，比如将来去一个梦寐以求的地方，从事一份心仪的工作，学成一门语言，练就一身特长等都可以作为理想。总之，理想越现实、越具体，男孩们的动力就越大。有了可以实现的理想作为指引，男孩们会备感幸福，这会激发他们克服实现理想的障碍。

当然，理想不要太多，其数量不能超过3个，太多的理想无法让男孩专注下去。但理想又要有一定难度的，需要男孩经过一段长时间的努力方能实现，随随便便就实现的理想，只能让男孩产生骄傲和满足。

有了理想，还仅仅是第一步，接下来就要针对理想，分解出一个一个不同的目标，让男孩在实现目标的过程中，不忘最终的理想。有了目标和理想，男孩的进步会越来越大。

20世纪80年代日本最好的马拉松选手山田本一在他的自传中说："每次比赛之前，我都要乘车把比赛线路细看一遍，把沿途比较醒目的标志画下来，比如第一个标志是一家银行，第二个标志是一棵大树，第三个是一座红房子……这样一直画到赛程的终点。比赛开始后，我就以较快的速度奋力地向第一个目标冲去，等到达第一个目标后又以同样的速度向着第二个目标冲去。40多公里的赛程，就这样被我分解成了几个小目标轻松跑完了。起初，我并不懂得这样的道理，我把目标定在40多公里以外终点线上，结果我跑到十几公里时就早已疲惫不堪了，因为我被前面那段遥远的路程吓倒了！"

山田本一的做法告诉我们：看似遥不可及的一段路，只要你在沿途找到不同的目标，每天前进一点点，便能在不知不觉中走完。同理，人们做事半途而废的原因，往往不是因为其难度太大，而是感觉到太过遥远。只有把"大理想"分成若干个可以实现的"小目标"，然后集中精力想办法逐一实现这些小目标，当这些小目标全部实现时，大理想也就实现了。辉煌的人生不会一蹴而就，它都是由一个个并不起眼的小目标堆砌起来的。只有把目标化整为零，才能用一个个小胜利赢得最后的大成功。

当然，在给理想设定目标的过程中，一定要排除不合理因素，选择可以坚持做到的目标。人生也好，职业也罢，它们的构成都像一座精密的建筑，需要预先设计蓝图，按照计划去购买原材料，遵循进度去施工。没有理想照耀的航行，必将失去方向，找不到可以停泊的岸边，没有目标规划的人生，必定是混乱不堪。

理想也是要有变化的，家长一开始就应该委婉地让男孩明白什么东西要放弃，什么东西不能放弃。经过仔细分析后订立的理想无疑是明智的；

若不假思索就改变理想是一种幼稚的行为。一个认真订立目标和规划理想的人，知道自己想要什么，并且懂得坚持什么！

一个美国小男孩，跟母亲去公园游玩。母亲拿出精致的口琴，吹出一首动听的曲子，小男孩很高兴，喜欢上了那支"神奇的口琴"，却又舍不得放弃手中的气球。母亲发现男孩陷入两难之境，便停止了吹奏，微笑地看着他。

就在那一瞬间，小男孩作出了选择，松开了手里的气球，向母亲索要口琴。这个男孩后来不仅学会了吹口琴，也懂得了人生的一个道理：需要作出选择时，你总得要放弃一个。

后来，小男孩考上音乐学院，大家都觉得这个专业再适合他不过了，他却发现自己并不是那么喜爱音乐，而是更热衷经济学。于是，小男孩再次作出惊人的选择：放弃学习音乐，转而前往纽约大学的商学院，学习更感兴趣的经济学。

毕业后，他便去哥伦比亚大学继续深造，师从美国前联邦储备委员会主席亚瑟·博恩斯教授。此后，他将全部精力都投入在经济学的研究上，很快成为这个领域的专家。1987年，美国总统里根任命他为美国联邦储备委员会主席，他就是大名鼎鼎的艾伦·格林斯潘。

生命的过程就是一个不断制订目标、修正理想的过程。放弃我们所有不切实际的理想，抓住自己真正感兴趣、愿意为之付出精力的理想，只有这样才能收获最大的成果。这就好比下象棋，有的时候要以退为进，有的时候要弃卒保帅，目的都是为了赢得整盘棋的胜利。鱼和熊掌，多数情况下是难以兼得的。若家长能让男孩明白这点，相信你的男孩在成功路上，会自觉在不断选择和放弃中，渐渐走近自己最终的理想。

第六章 培养男孩的乐观心态，给他一盏人生的心灯

1. 给男孩一句承诺，一个精神支柱

点燃孩子的希望，擦亮孩子的心灯，让他们明确努力的方向，拥有前进的动力，看到前方艳丽的鲜花，成功的硕果，他们才会独立自主地迈开大步走向前方。

感受孩子纯真的童心，让情感在无障碍通道中流淌；走进孩子的心灵，让教育如丁香般悄悄绽放。孩子的心灵是一片肥沃的土壤，播下什么种子，就会开出什么花，结出什么果。为孩子点亮一盏希望的心灯，擦去他们心灵上的尘垢，孩子追求成功的渴望就不会熄灭。

一次8.2级的地震几乎铲平了一座城市，在不到四分钟的时间里，三万多人因此丧生。有位父亲安置好妻子后，立刻赶往儿子就读的学校，但触目所及的却是被夷为平地的校园。

看着这令人痛心的一幕，他想起自己曾经对儿子的承诺："不论发生什么事，我都会在你身边。"父亲一下子热泪盈眶，在令人绝望的瓦砾堆前，父亲的脑中回响着他对儿子的诺言。

他开始努力回想儿子每天上学的必经之路，终于记起儿子所在班级教室的位置。他跑过去，开始在瓦砾堆中挖掘搜寻儿子。

这时，其他学生的家长也赶到现场，悲伤地喊叫着："我的孩子呀！

……我的孩子呀!"有些好心人试着把这位父亲劝离现场,告诉他"一切都太迟了!""无济于事的!""算了吧!"……面对种种劝告,这位父亲只有一句话:"你们要帮助我吗?"然后继续进行挖掘工作,寻找被掩埋的儿子。

不久,消防队长出现了,也试着劝走这位父亲,"火灾频传,到处都有可能发生爆炸,你留在这里太危险了,这边的事我们会处理,你快点回家吧!"这位父亲依然只回答一句话:"你们要帮助我吗?"

警察赶到现场后,也劝说父亲离开。他依旧回答:"你们要帮助我吗?"然而,却没有一个人愿意帮助他作徒劳的努力。

为了明确心爱的儿子是生是死,父亲独自一人继续进行他的工作。时间一分一秒地流逝,挖掘的工作持续了38个小时之后,父亲推开了一块大石头,突然听到了儿子的声音。父亲大声喊:"儿子!"他听到了回音:"爸爸吗?是我,爸爸,我告诉其他同学说,如果你活着,你会来救我的。如果我获救了,他们也就获救了。你答应过我的,不论发生什么事,你都会在我身边,你做到了,爸爸!"

"你那里的情况怎样?"父亲问。

"我们这儿有33个人,其中只有14人还活着。爸爸,我们好害怕,又渴又饿,谢天谢地,你在这儿。"

"快出来吧!儿子!"

"不,爸爸,让其他同学先出去吧!因为我知道你会来接我的!不管发生什么事,我知道你都会在我身边!"

父亲曾经的承诺,带给了儿子活下去的希望,他不但鼓励自己等着爸爸来救援,也鼓励活着的同学一起坚持。孩子的心地纯洁,对父母的话往往深信不疑。孩子越是小的时候,给他们一些正面的暗示,越有利于激发他们的期待意识,并转化为促使他们进取的信念。在成长的过程中,如果孩子常常受到希望的鼓舞,他们就会充满信心地去进取,就会品尝到成功的滋味。

一位年老的盲人琴师，琴艺高超，远近闻名。他带着一个盲童，以弹唱为生，四处漂泊。他每弹断一根琴弦，就会在琴体上认真地刻下一道。终于有一天，老琴师弹断了第一百根琴弦，他泪流满面地刻下了第一百道。原来他的师傅在临终前曾叮嘱过他：当他弹断第一百根琴弦，刻到第一百道的时候，便可以打开遗嘱，按照遗嘱中的药方到药店去买药，用药后就会双目复明。

他带着盲童迫不及待地找到了药店。出乎意料的是，药店的伙计看过后告诉他："遗嘱中一个字也没有，只是一张白纸。"老琴师惊呆了，他几乎不敢相信自己的耳朵。尽管他明白了自己师傅的一片苦心，可是那根支撑着生命的精神支柱却彻底崩溃了。不久，老琴师便去世了。

老琴师去世前，用盲文在那张原来无字的遗嘱上给盲童写下了自己的遗嘱："我的生命可以告诉你：要战胜客观环境，首先要战胜自己。人的生命不仅需要物质力量的支持，更需要精神力量的支撑。"

光阴似箭，当年的盲童已是一位技艺更加高超、名声更加显赫的老者。他在珍藏了数十年的遗嘱上又用盲文补充道："希望、信念和目标引导着光明和生存，绝望和颓废引导着黑暗和死亡。"

老琴师怀着师傅留给自己复明的希望，度过了有追求的一生，这个希望成为他生存的寄托，化为他心中的一盏明灯，照亮了他前进的方向。当这盏明灯突然间熄灭后，老琴师生存的希望就化为泡影，生命便不复存在。可见，希望是每个人的心灯，它照亮了前程，指引了前进的方向。希望是孩子心灵的翅膀，孩子借助它展翅翱翔，理想一旦消亡，生命就像贫瘠的荒野，雪覆冰封，万物不再生长。

孩子的心是真挚的，需要父母慈爱的关怀；孩子的心是细腻的，需要明亮的心灯；孩子的心是五彩的，需要得到心灵的释放。父母教育男孩，应该走入孩子的世界，体会孩子内心的感受，多一些微笑、理解、宽容、尊重、耐心和等待；走进孩子的心灵，和他们一起感受喜怒哀乐。

生活永远不会十全十美，选择不同的心情去对待，就会产生不同的结

果。乐观者从一个灾难中看到一个希望，悲观者从一个希望中看到一个灾难。所以，父母要用乐观点亮男孩的心灯，给他们的心灵减掉些沉重，遗忘些痛苦，抛掉些烦恼，让他们远离忧郁、失落的心情，坦然面对生活中的任何情况，用积极的意念鼓励自己不断前进。

2. 好胜心是男孩的天性，但更需要父母正确地引导

正确引导男孩的好胜心，让每一个孩子都有宝贵的自信心、进取心，而不是贪图胜利、惧怕失败的虚荣心、嫉妒心。

男孩天性好胜好强，在好胜心的激发之下，往往表现出前所未有的热情，使得注意力集中到一个"焦点"之上。家长应及时抓住孩子关注的兴奋点，进行科学的引导，让孩子的好胜心转化为孩子健康全面发展的动力。

好胜心是指敢于竞争、力求取胜、积极向上的心理品质，它是孩子前进的动力。拿破仑说过："不想当元帅的士兵不是好士兵。"可见，孩子有好胜心是一件好事。男孩天生就有好胜心理，希望自己是优秀的，健康的好胜心理和竞争心理可以促进孩子全面健康地发展，让孩子更优秀。

汤姆一直被铁匠的儿子班尼视为竞争对象，因为汤姆的成绩在班里遥遥领先。

汤姆对这件事本来一直都不在意，直到有一次他在体育课上长跑输给了班尼，还被班尼和其他孩子奚落，汤姆才愤怒了，冲上去和班尼打到一起。但是班尼个子比他高，力气比他大，汤姆反而被推倒在地。

父亲了解了事情的整个过程后，对他说："孩子，你输给班尼是很自然的，"他安慰汤姆，"但这并不是你的错，而是我没有加强你平时的体育锻炼……现在弥补还来得及，你愿意吗？你还想赢他吗？"

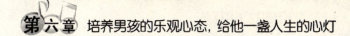

"想！"汤姆擦干脸上的泪水，精神马上足足的。

第二天，汤姆开始了锻炼，他要超越自己，在跑步上胜过班尼。

第二个学期的长跑比赛中，班尼和汤姆并列第一，汤姆对这个结果感到很满足。

好胜心带给汤姆竞争的动力，父亲通过引导儿子加强锻炼，激发汤姆发挥出自己的潜力，最终在比赛中赶上了班尼，这表明了好胜心的积极作用。有了好胜心，孩子就会不断地调整自己的竞技状态到最佳。以保持领先竞争对手的绝对优势，并在不断的调整过程中取得进步。同时，在好胜心驱动下的竞争，也促进了孩子的全面进步和全面发展，让他变得更加优秀。所以，父母应当注意培养男孩的好胜心，让孩子能以饱满的热情和积极进取的姿态处理各种事情。

男孩的好胜心需要父母的正确引导，才能成为正常的、健康的、有利于孩子全面发展的动力。

首先，家长应该正确对待男孩的好胜心，切忌一味地满足孩子的好胜心或是压制孩子的好胜心。如果家长不管任何场合，一味迁就满足孩子的好胜心，投其所好，为了孩子开心让他轻而易举地获得胜利，就丧失了锻炼孩子体力意志和开动脑筋的机会，不仅起不到对孩子的促进作用，还会助长孩子唯我独强、过分自负的不良心理。如果家长仅从自己的标准出发，不考虑孩子的实际水平，对孩子提出过高的要求，让他过多地感受失败的滋味，就会压制孩子的自信心和好胜心，让孩子怀疑自己的能力和力量，形成一种胆怯、退缩的性格，甚至会放弃与人竞争的愿望和机会。

其次，家长应该合理地调适男孩的好胜心，帮助孩子克服盲目好胜和盲目悲观的情绪，让好胜心在孩子的成长及成才过程中发挥积极的作用。

家长必须让孩子明白，努力学习是获胜的基础。要想在竞争中获胜，必须通过努力学习，掌握比别人更过硬的本领。对于能力较弱的孩子，家长可以耐心引导，鼓励孩子多学多练，及时肯定孩子的点滴进步，让他们体会到成功的喜悦。培养他们的自信心。

　　家长在培养和引导男孩的好胜心时，特别要注意避免孩子产生妒忌心理，告诉孩子把不伤害他人作为求胜的准则。家长不要经常拿自己孩子的长处与别人孩子的短处相比，以出人头地压倒别人为快乐。引导孩子远离消极的、不与人为善的暗示和态度；避免孩子产生嫉妒心和冷酷的性格；避免孩子心胸狭窄，容不得别人超过自己，甚至为了获胜而采取报复或伤害他人的手段。在鼓励孩子不甘落后的同时，家长应注意培养孩子对他人的爱心和友情，善于发现并学习他人身上的长处，在充分挖掘自身潜力的基础上参与竞争。

　　当男孩遇到挫折而沮丧、焦虑、自卑甚至哭鼻子时，教育的重点不在于怎样保护孩子今后不受挫折，而在于如何提高孩子抗挫折的能力。在日常生活中，家长应有意识地培养孩子做事的目的性和持久性，引导孩子通过克服困难来锻炼意志。

　　再次，竞争取得胜利的关键在于实力，提高实力的关键是超越自我。孩子要提高自己就得向别人学习，通过横向比较，发现自身的优势和不足，最后进行自我改变，自我超越。无法超越自我的男孩也无法超越别人，超越自我是超越别人的前提，超越别人只不过是超越自我的一种自然结果，是副产品。有些家长把超越自我和超越别人的关系颠倒了。他们总是进行横向比较，却忽视孩子相对于自己的进步。时间久了。孩子可能会形成眼睛盯着别人位置的不正常的"排队心理"，从而滑向嫉妒的泥坑。

　　另外，家长应该让男孩明白，好胜心主要是对事而不对人。所谓"胜"也只是说明某一件事比别人做得好，并不是说整个人比别人高一等。如别人的体育差，但钢琴可能弹得好。尺有所短，寸有所长。所谓的胜负只是对事而不对人，每个人都是平等的。这样的"好胜"和"竞争"就比较健康，不会造成孩子的妄自尊大或自卑。如果紧紧抓住孩子的考试成绩，非要分出"优等生"和"差等生"，那么竞争的结果就会导致孩子把注意力从学习的比赛转移到位置和竞争上去，造成孩子的嫉妒心理。

　　任何竞赛都有胜负和输赢，真正好胜的男孩，能够正确面对现实，不怕失败，勇于承认并接受失败的现实。所以，孩子失败后，家长不应责备讥笑孩子，而是引导他们从竞争中发现自己的进步和长处，帮助他们走出失败的阴影，让孩子懂得竞争不仅是展示自己的力量，更是检验自己的不足，以取得更大的进步。

3. 警惕男孩青春期抑郁症，及早预防是关键

如今，随着社会竞争的日益激烈，处于学龄期的青少年除了要承受学习的压力，还要承受来自社会方方面面的压力，因此青少年患心理疾病的病例显著增多。在研究中发现，我国青少年患抑郁症的人数正以 8%～10% 的速度递增。而且，很多人对抑郁的认识仍然模糊不清，一些抑郁症患者甚至不知道自己是生病。老师、家长也把患者的病理状态当成思想问题，进行轮番说服开导，结果越教育越严重。因此，家长应该注重孩子的心理问题，帮助孩子赶走抑郁，做一个快乐阳光的大男孩。

父母对孩子的学习要求应该适当，尽量给孩子一些自己的时间和空间，鼓励孩子参加各种业余活动，发展广泛的兴趣爱好，这是战胜抑郁的有效方式。

在青少年时期，孩子的身体发育急剧变化，但他们阅历浅，知识和经验不足，认识、理解、思维能力仍远远落后于成年人。这种生理发育与心理发展的不平衡造成青少年出现许多困惑、烦恼和躁动不安，容易产生心理问题。另外，由于升学的压力，学校和老师不得不使出浑身解数，打造高分学生，分数成为评价学生能力高低的唯一标准。学生情感的苦恼得不到释放和解脱，长期下来，就会造成心理压力，形成心理障碍。

鹏鹏10岁，近三个月来烦躁易怒，和同学关系不好，还常常哭，自认为很笨，上课时注意力不集中，最近小考成绩也略有下降。鹏鹏对参加活动缺乏兴趣。在家也经常发脾气，掀桌子摔碗，不好好吃饭。睡觉时常说

梦话，还早醒。鹏鹏父母经过多方打听斟酌之后，带他来到安定医院儿科。医生确诊鹏鹏患有抑郁症，父母不禁疑惑："这么小的孩子也会患抑郁症吗？"

医生告诉鹏鹏的父母，儿童也会患有抑郁症。儿童的心理和心智发育不成熟。面对新环境常常会产生不知所措的心理压力，如果得不到及时引导，就会积累成心理疾患。医生建议父母学做孩子最好的心理医生，因为家长更熟悉、了解自己的孩子，比起专业的医生，有与孩子相处的时间优势。发现孩子患病后，家长要尽量给孩子创造一个宽松和谐的成长环境。利用生活中的细节琐事，培养孩子的适应力，帮助孩子充分了解自己，恰当地估计自己的能力。

心理学家经研究发现，如果父母中有一人患有抑郁症，子女得病的概率为25％；若双亲都是抑郁症病人，子女患病率提高到50％～75％；但更多的还是由于后天原因造成的。

抑郁症是以情绪抑郁为主要表现，是一种不愉快、悲伤、痛苦的体验。患者表现为失去往日的兴趣和欢乐，言语和活动减少，常觉得没劲儿，高兴不起来，严重者有自杀念头，甚至采取自伤和自杀行为。同时表现为食欲下降，体重减轻，经常哭。不愿意接受安抚，还可能出现睡眠不安或尿床。但是孩子抑郁症的表现与成人有明显不同，家长不能照搬成人模式，在孩子身上套用。

有的孩子因为学习负担过重，导致心理压力过大，患上抑郁症。一些家长望子成龙，对孩子的生活大包大揽，极尽"关心"；对学习极其"重视"，密切关注孩子的学习成绩。孩子的分数稍有浮动，就当做大事来抓，导致孩子厌学，甚至想逃离学校和家庭。

有的孩子患抑郁症和家庭的不幸有关。中小学生是未成年人，生活直接建立在父母的抚养关爱之上。家庭突然发生的意外，会让孩子跌进深渊，茫然无措，且无力摆脱。

有的孩子意志薄弱、优柔寡断，在困难面前表现为消极退缩，逆来顺受，经历的失败多了，就容易产生自卑心理，形成抑郁情绪。

需要注意的是，每个人都会有心情不好、郁闷的时候，但不是所有的抑郁都是抑郁症。不良情绪和坏心情可能持续数小时、数天，几天后会自行消失，但不影响学习、生活和人际交往，这种情况就不是抑郁症。如果典型抑郁症状持续两周以上，严重影响日常生活和人际交往，才可能是患上抑郁症。

科学研究发现：运动能加强新陈代谢，疏泄负面心理能量，能防止抑郁症的发作。运动有助于增强体质，产生积极的心理感受，能较快地提高情绪，消除抑郁症的一系列症状。因此，家长应该根据孩子的具体情况，选择科学适宜的锻炼方法，让孩子多做运动，预防、减少抑郁症的发生。

下面几项运动在防治青少年抑郁症中具有普遍的作用。

1. 散步。它能改善心肺功能，提高摄氧效果。初次锻炼每天步行 1500 米，争取在 15 分钟内走完；以后逐渐增加距离，直到 45 分钟走完 4500 米。

2. 跳绳。它能增加身体的协调性，头部的上下快速移动可以有效加强前庭功能，产生良好的心理感受，提高自信心。速度保持在 30~60 次/分钟，隔天一次，每次持续 10 分钟。

3. 跑步。跑步时大脑分泌的内啡汰是一种类似于吗啡功能的生化物质，是天然的止痛剂，它能让人感觉轻松快乐，对减轻心理压力具有独特的作用。傍晚跑步比较适宜，速度为 120 步/分钟，每周至少三次，每次持续 15 分钟。

4. 健身操。在动感的音乐声中，让肢体得到尽情地舒展，注意力得到加强。每周三次，每次持续 20 分钟。

5. 集体运动。如传球活动、足球运动或体育游戏等。集体运动要求团体合作性，对提高抑郁症患者的人际关系有重要的意义。另外，带有一定的竞争性、情节性、趣味性的集体运动，能提高孩子的情绪，培养他们活泼愉快、开朗合群的个性，以及团结互助、勇敢顽强、机智果断的心理品

质，让孩子身心得到健康发展。建议每周至少参加一次集体运动，每次持续时间为 30 分钟。

美国杜克大学医学中心的研究证明，每周运动三次能够有效防治抑郁症，而且复发率很低。在日常生活中。家长可以根据孩子的身体状况，选择以上一个或多个项目，和孩子一起坚持锻炼。但要注意：防治抑郁症以有氧运动为主，不适宜做大强度的剧烈运动，如发现明显的身体和心理不适，应该同时进行心理和药物治疗。

4. 培养男孩的幽默感，给他受用一生的财富

给男孩足够的空间，让他们寻找自己的生活乐趣，才会培养出一个幽默健康的孩子。

幽默是一种人生的态度，也是一种生存的技巧，它是人类面对共同的生活困境而创造出来的一种文明。幽默能让人产生一种对抗周围不如意境况的力量，能使人心情放松，减轻压力。幽默以愉悦的表达方式表达了人的真诚，它拉近了人与人之间的距离，弥补了人与人之间的鸿沟，是人奋发向上或与人相处时不可缺少的东西，也是一个人具有不凡风度与教养的标志。

具有幽默感的人，通常在生活满意度、生产效率、创造力以及学习工作士气等方面都胜过那些没有幽默感的人。培养男孩的幽默感，不仅能让孩子感受到自己的力量，还会让孩子拥有独自应付任何困难的力量。莎士比亚说："幽默和风趣是智慧的闪光。幽默集中体现了一个人智慧、教养和道德优越感的高度。"

有一天，德国大诗人歌德在公园散步。在一条只能通过一个人的狭窄小路上，他遇到了一位反对他的作品并提过尖锐意见的批评家。

批评家傲慢地说："你知道吗？我这个人从来不给傻瓜让路！"

"而我则恰恰相反！"歌德边说边微笑着让在一旁。

本来批评家暗骂歌德是傻瓜，结果反而被歌德当成了傻瓜。可见，幽默不但可以让人摆脱尴尬的情境，还能让人收获轻松快乐的人生，它创造心灵的欢乐和精神的享受。幽默的男孩通常很乐观，不断地制造欢笑，让周围的人感到轻松愉快，也让自己富有成就感和自信。

爱迪生尝试改良灯泡使用的灯丝，做了 1200 次失败的实验。一个商人讽刺他是个毫无成就的人，爱迪生哈哈大笑说："我已经有很大的成就，我证明了 1200 种材料不适合做灯丝。"爱迪生的幽默如实地表明自己的努力没有白费。

丘吉尔在担任英国首相期间，一次，他的政治对手阿斯特夫人对他说："如果我是您夫人，我一定会在您的咖啡里放进毒药。"丘吉尔听了，笑着说："如果我是您丈夫，我一定会把这杯咖啡喝下去。"丘吉尔幽默地告诉对方如果假设成立，自己早就自杀，给予对手有力的反击。可见，幽默也是一种力量。

在美国，人们视幽默为一种可贵的品质，许多美国父母认为培养孩子的幽默感也是素质教育的一部分。美国的一些企业通过实验证明，幽默能够改善生产力，提升士气，有助于团队合作。某企业参加过幽默训练的 20 位中级主管，在九个月内生产量增加 15%，病假次数减少了一半。

幽默的人一定是个内心充满优越感的人。内心脆弱而枯萎的人极力想表现幽默，终究也会流于诙谐或滑稽。培养男孩的幽默感，可以帮助孩子拥有明朗、健康、向上、快乐的心情，让他们在人生路上充满阳光。孩子的幽默性格一旦形成，将是他一生中取之不尽的财富。具有幽默感的孩子性格开朗活泼，容易受到老师同学的喜欢，人际关系也会和谐融洽。幽默还能帮助孩子更好地应对生活和学习中的压力与痛苦，让孩子拥有一个乐天、愉悦的人生。

俄国文学家契诃夫说过："不懂得开玩笑的人，是没有希望的人。"在现实生活中，幽默可以淡化人的消极情绪，消除沮丧与痛苦，舒缓紧张气

氛，还会带来喜悦和希望。随着时代的发展，很多父母注意加强对孩子幽默感的培养。幽默与天生的性格有关，但也可以后天培养。

让男孩多看幽默轻松的故事。幽默有趣的小故事不仅能使孩子在轻松愉快的氛围中喜欢上阅读，还能潜移默化地培养孩子的幽默感。另外，很多儿童文学作品中的主人公都是乐天派，虽然遇到各种各样的困难，但他们总能化险为夷，继续乐观地对待人生。故事里主人公的乐观精神，也会让孩子对乐观的情绪产生向往、学习和模仿的兴趣。

引导男孩乐观宽容地面对各种事情。乐观、宽容是幽默的精髓，要学会幽默，就要学会乐观，学会宽容豁达，克服斤斤计较的狭隘思想。培养孩子的乐观心态，最重要的是在孩子遇到困难时，父母及时给予孩子积极的鼓励和支持，帮助孩子积极进取，只有这样，才能让孩子学会以正确的态度和方法保持乐观。

适当地自嘲也是幽默。真正幽默的人不怕被嘲笑，而且善于自嘲，并且这种自嘲是建立在自信的基础之上的。

热爱生活，用心去感悟生活。生活处处有幽默，只是缺乏发现幽默的眼睛。引导男孩用心观察、感悟生活，培养孩子对事物的洞察力，用自己的视角去看世界，不因循守旧，是提高幽默感的一个重要方面。只有迅速地抓住事物的本质，才能运用恰当的比喻、诙谐的语言，制造出让人轻松愉快的小幽默。

多鼓励男孩讲讲有趣的事。孩子对发生在自己身边的事情，很有表达的欲望。家长应该认真倾听孩子的话语，感受孩子的快乐，并发出会心的欢笑。如果孩子有足够的幽默感，家长还可以引导他们编一些幽默故事，对课本、电影或电视剧进行改编，或是给它们添加一个令人捧腹大笑的结局。

另外，父母应该具有幽默感。孩子是父母生命的延续，是父母最真实的镜子，潜移默化中，父母的许多特点在孩子身上都会得到再现。所以，培养孩子的幽默感，父母首先要看看自己是否也需要培养幽默感，最起码要学会欣赏幽默。

但是，培养孩子的幽默感是一个过程，不是结果，切忌操之过急。让孩子们在学习幽默的过程中，学会用心去感悟生活，乐观、宽容地面对生活，才是最重要的。

5. 苦与乐，取决于生活的态度

人生处处是选择，用消极的心态去迎接每一天，沉溺于痛苦之中，未来就会是痛苦的；用乐观向上的心态去积极面对每一天，未来就永远是快乐的。

乐观是每个人都该拥有的好心态，面对困难时的不同心态是决定成败的关键。任何事情都有其两面性，乐观和悲观两种不同的心态，会产生不同的结果。父母应注意培养男孩乐观的心态，让孩子在将来遭遇不幸或意想不到的困难时，也能勇敢面对并乐观地"享受"其中的滋味。

一对双胞胎兄弟的父亲想对儿子们进行性格改造，因为其中一个过分乐观，而另一个则过分悲观。一天，父亲买了许多颜色鲜艳的新玩具给悲观的孩子，又把乐观的孩子送进了一间堆满马粪的车房里。

第二天清晨。父亲看到悲观的孩子正泣不成声，便问："为什么不玩那些新玩具呢？"

孩子悲伤地说："玩了就会坏的。"

父亲叹叹气，走进车房，却发现乐观的孩子兴高采烈地正从马粪里掏着什么。

父亲好奇地问："你在做什么呢？"

"告诉你，爸爸！"乐观的孩子得意洋洋地向父亲宣称，"我想马粪堆里一定还藏着一匹小马呢！"

父亲给两个孩子每人半瓶饮料，悲观的孩子没有喝，因为他看到只剩

下半瓶饮料了。乐观的孩子拿起来高兴地说："太好了，还有半瓶呢！"

面对困境时的心态决定了成功或失败两种不同的结果。乐观的孩子在马粪堆中找出希望，悲观的孩子面对着很多新玩具却只有焦虑，甚至在相同的情形下，乐观的孩子看到半瓶饮料的感觉是高兴——"还有呢"，悲观的孩子看到半瓶饮料的感觉却是失望——"只剩半瓶了"。

由此可见，乐观的心态有助于改变现状，摆脱困境；悲观的心态于事无补，使结果更加恶化。在困难和挫折面前，只有以乐观的心态分析问题，运用自己的智慧，采取行动来改变现实，才是真正明智的做法。

我们还以美国总统林肯为例。美国总统林肯终其一生都在面对挫败，八次竞选落败，两次经商失败，甚至还精神崩溃过一次。每次他都以乐观的心态坚持下来，没有放弃。1860年，林肯当选为美国总统。在竞选参议员落败后他对自己说："此路艰辛而泥泞。我一只脚滑了一下，另一只脚也因此站不稳，但我缓口气，告诉自己：这不过是滑一跤，并不是死去而爬不起来。"

体操运动员桑兰，在进行跳马比赛前的热身时，意外从高空栽倒地上，不幸瘫痪，但她以"桑兰式微笑"征服了无数人，并在轮椅上创造了一个又一个人生奇迹。她在坚持康复训练的同时，还在进修着学业，做星空卫视《桑兰2008》节目的主持，为多家媒体写体育评述的专栏。2008年奥运会，她用自己的手完成了雅典奥运会火炬在北京的传递活动。命运的多舛没有让她低头，面对人生的境遇，乐观顽强的桑兰坚定地开辟着新的人生道路，用行动和事迹感染着世界，感染着每个人。

乐观是心胸豁达的表现，乐观的人能够应付人生路上的险境，掌握自己的命运。当年，德国总理科尔问起80岁高龄的邓小平长寿的秘诀是什么，邓小平说："天塌下来我也不怕，有大个的顶着。"乐观的人能够在困难来临时，迅速作出积极的反应，找出解决的办法。乐观的人能激发希望，乐观主义是一种积极的生活状态。

乐观是人生路上永远携带的加油站，但乐观也不是天生就有，乐观是一种阳光向上的心态。它需要父母对孩子进行培养，并给予精神上的支持。

1. 父母不要压抑男孩的快乐。人本性中就有快乐的成分，快乐是一种基本的情绪。新生儿在两个月左右，就有了社会性的微笑。对于孩子的想法、兴趣和爱好，做家长的不要管得太多，以免压抑孩子的天性。尤其是在学龄前，应尽量给孩子一个自由成长的空间。

2. 对男孩不要感情冷淡。尽管比起女孩来，男孩的心理很简单，但这并不代表男孩不需要爱和关怀。从小没有感情体验和感情依恋的男孩，长大后也不会对别人施予爱和同情。因为性格冷漠，他很少能体验快乐，更难以与人相处，当然也不会具有乐观的精神。无论工作有多忙，父母都要抽出一些时间陪陪孩子，让孩子感受到父母的爱；而不是把孩子完全交给祖父母和保姆，或是干脆把教育孩子的责任推卸给老师。

3. 快乐来源于成就。孩子通过完成有意义的活动，或是自己的努力创造，能感受到成功的快乐。在成功的快乐中，孩子还体验到了力量和信心，有助于他对自己的肯定。让孩子多参加各类活动，通过在活动中的学习和实践，建立起对社会、对人的信心和自信，学会宽容和忍耐。

4. 养育孩子的过程也是父母不断充实完善的过程，快乐的父母会造就快乐的孩子。父母不仅要以身作则，对待任何事情都表现出乐观的心态，营造快乐的气氛，还要拥有一颗真正乐观豁达的心。父母乐观处世的表现是孩子学习的最好教科书。

5. 引导男孩保持一颗平常心。平静的心态下，孩子可以坦然面对成功与失败、痛苦与幸福。拥有平常心并不是消极地对待世事，而是让孩子以平常的心态多接触各类事物。见多识广了，心胸自然就开阔，悲观思想便不容易产生了。

6. 用不断的激励坚定男孩成功的信念

一个人的出身不能决定他的将来，一个人的天赋不能决定他的最终成功，一个人的起点不能决定他一生的发展。在男孩成长的过程中，需要父母给予充分的肯定和信任，激发他们不断追求、勇于进取的坚定信念。

在生活中，常常见到有些父母用分数的高低来衡量孩子的才华。其实，在知识和能力的学习中，只要让孩子正确地认识自己，坚信"天生我材必有用"，并尽力把自身的潜力发挥到极致，所有的孩子都可以成为天才。只要孩子肯努力，有信心，努力克服各种困难，就会拥抱成功。

罗纳尔读中学的时候成绩很差，每次考试都在倒数第几名徘徊。老师一直说他无可救药，就连他自己也觉得这辈子不可能成功。因此，他一直很沮丧。

有一天，老师兴奋地宣布，著名的学者罗森·索索尔要来班上做实验。

罗森是研究人才学的专家，据说他有一种神奇的仪器，能预测出谁在未来会获得成功。班里的几个尖子生为此激动不已。

"这和我没有关系。"罗纳尔肯定地告诉自己，出门玩去了。

罗森·索索尔终于来了，他是个大胡子的中年人，和蔼可亲，但看不出有什么别的特别之处。令那几个尖子生失望的是，罗森·索索尔只是在班上转了几圈便没了踪影，甚至没机会认识哪个尖子生。罗森的几位助手为大家做了一次例行体检，除了体重计、血压计、听诊器之类也没有什么神秘的东西。体检和学校平日组织的没有任何两样，只是助手多和孩子们拉了几句家常，如住哪儿，父母是干什么的，希望将来干什么，等等。

也许罗森有特异功能吧。尖子生们安慰着自己。

一天，老师神秘地点了包括罗纳尔在内的五个同学的名字，请他们到办公室去一下。罗纳尔紧张得很，以为自己又要去挨训。但是，杰比也在场，他可是数一数二的尖子生。罗纳尔很纳闷，其余四人也莫名其妙。办公室里坐满了老师，还有久违了的罗森·索索尔以及他的助手们。"孩子们！"罗森和蔼可亲地说，"我仔细地研究了你们的档案、家庭以及现在的学习情况，我认为你们五个人将来会成大器的，好好努力吧！"

罗纳尔以为自己听错了，可是看看在场其他四人的表情，他知道这是真的。

从办公室出来后，罗纳尔的脚步轻松了许多，"原来我还有希望，罗森是这么说的，他的预测一向是准确的，我要好好努力！"

"罗森说我会成大器的。"罗纳尔一直这么激励自己。很快，他的成绩跃居班级前几名，当然被罗森点的几位同学也都名列前茅。

15年之后，罗纳尔顺利地取得了哈佛大学数学系的博士学位，在毕业典礼上，他见到了久违的罗森教授。罗森头发白了，但罗纳尔还是一眼认出了这个他生命中最重要的人物。罗森竟然还记得罗纳尔，热烈地向罗纳尔表示祝贺。

"可是，"罗纳尔终于还是忍不住问了起来，"您是凭着哪一点确信我一定会成功的？当时连我自己都绝望了。"

"孩子，我给你看一样东西。"罗森请罗纳尔到自己的电脑室去，在那里，他调出了罗纳尔的全部资料。包括从他们那次实验后的每次考试成绩记录以及就读的大学的情况。不仅有他的，也有其余四个人的……罗纳尔一点儿也不明白是怎么回事。

"那次实验到现在才结束，实验的题目是《语言的激励作用对人的影响》，我们一直对你们五人进行跟测，实验大获成功。实际上，我并不知道你们都会成功，但除了出了车祸而亡的丽达，你们都成功了。当年，我只是从花名册上随便勾出五个人名，在此之前我对你一点儿也不了解。这项实验表明，帮助孩子培养对自己能力的信心，更能发挥孩子的潜力，因为人类会被自己心中的信心所引导，小孩也不例外。"

罗森·索索尔的这个实验是心理学上著名的实验。它说明语言的暗示功效可以培养人的自信心。罗森教授通过暗示罗纳尔"将来一定会成大器"，激发了罗纳尔的潜力，让他从一个对自己毫无希望的差等生，变成后来毕业于哈佛大学的数学博士。可见，让孩子相信自己的能力，可以帮助孩子树立学习的信心和决心，坚持刻苦努力并获得成功。

父母平常在教育男孩时，同样需要多使用鼓励、表扬的机制，培养孩子的自信心，千万不能用"你真笨"、"没救了"之类的话来打击孩子。当然，鼓励也不仅仅限于语言，鼓励的方式有很多，可以是一个赞赏的眼神，可以是拍拍肩、握握手，也可以是一个拥抱……无论采取哪一种，都会让父母看到鼓励所创造的奇迹的。

每个人都有独特的创新思维，见人所不能见，想人所不能想。有些孩子在很多人看来，没有任何优秀之处，可是就在这种平淡无奇的后面，或许就潜藏着独特的天赋。

牛顿在小学时的成绩一团糟，还被老师和同学称为呆子，但他却发现了万有引力定律。达尔文上学时，所有的老师都认为他资质平庸，与聪明不沾边，但他一摸到植物就灵光焕发，最后成为进化论的奠基人。爱因斯坦被老师评价为反应迟钝，满脑子不切实际的幻想，甚至遭到退学的命运，但他却成为现代物理学的开创者和奠基人，在他死后，很多科学家还在研究他的大脑与常人的不同之处。爱迪生8岁时才上学，被老师当做反应迟钝的学生，屡次被斥为"糊涂虫"、"低能儿"，但他却成为世界上最著名的发明大王，为人类的文明和进步作出了巨大的贡献。

由此可见，一个人的成功绝非单一的智力可以决定的。只要父母根据孩子的追求和梦想，因材施教，激发出孩子的潜能，就能让孩子找到人生的定位。

第七章 让男孩成为敢负责敢担当的男子汉

1. 让男孩敢于承认错误，好汉做事好汉当

当男孩做了损害别人利益的事情时，一定要让他自己去道歉，赔偿损失，以取得别人的原谅，从而切身体会自己的责任，并学会对自己的言行负责。

有句古话"好汉做事好汉当"，每位家长都希望自己的儿子能够负责任、有担当，尤其是做了损害别人利益的事时，能够自己取得别人的原谅。但生活中常常听到的是家长发出这样的感叹：现在的孩子，真不会负责任！很多孩子吃完东西就随手一扔；做了错事，不想也不敢于承认；甚至连自己的作业都不能负责。问题出在哪？是孩子不同了吗？

日本著名人类学者高桥敷在《丑陋的日本人》一书中，详细记述了这样一个故事：

高桥敷先生在秘鲁的一所大学任客座教授时，曾与一对来自美国的教授夫妇比邻而居。有一天，这对夫妇的小儿子不小心将足球踢到了高桥先生家的门上，一块花玻璃被打碎了。

发生了这样的事情，高桥先生和他的夫人按照东方人的思维习惯，估计那对美国夫妇很快会登门赔礼道歉。然而，他们想错了。那对美国教授在儿子闯祸之后，根本就没有出现。

第二天一大早，是那个孩子自己，在出租车司机的帮助下，送来了一块玻璃。小家伙彬彬有礼地说："叔叔，对不起。昨天我不留神儿打碎了您家的玻璃，因为商店已经关门了，所以没能及时赔偿。今天商店一开门，我就去买了这块玻璃。请您收下它，也希望您能原谅我的过失。这种事情再也不会发生了，请您相信我。"

理所当然地，高桥夫妇不仅原谅，而且还喜欢上了这个通情达理的孩子，他们款待孩子吃了早饭，还送他一袋日本糖果。

事情本来可以画上句号了。然而，出人意料的是，当孩子拿着那袋糖果回家之后，那对美国教授却出面了。他们将那袋还没有开封的糖果还给了高桥夫妇，并且解释了不能接受的理由：一个孩子在闯了祸的时候，不应该得到奖励。

在他们看来，这个小"男子汉"应当学会对自己的行为后果负担起他能负的责任了。这个孩子打碎了邻居家的玻璃，为了赔偿这块玻璃，他几乎花掉了自己存折上所有的零花钱。但是，他决不会因此得到家长一分钱的"财政补贴"。如果钱不够的话，父母可以考虑借钱给他，但他必须有自己的还款计划。比如，早晨为附近的邻居送牛奶、取报纸，周末为别人修剪草坪。节约自己每周的零花钱，等等。之所以这样做，是让他为自己的过失付出代价。只有付出这种代价之后，他才能接受这个宝贵的人生教训。

儿子做出没礼貌或是损害别人利益的事，要不要自己向别人赔礼道歉，这对美国教授夫妇用自己的行动表明了态度，儿子应该为自己的行为后果负担起他能负的责任，好让他深刻地记住这个宝贵的教训。

在中国，孩子做了错事，有些家长认为"孩子懂什么，非要道歉不可的话，由家长替孩子道歉就行了"。家长代替孩子认错、道歉的用心是出于疼爱孩子，但这种"疼爱"不是真正的疼爱，而是在袒护孩子的过错，让孩子不能获得应有的教训，也不能建立起对自己言行的责任感。在以后的生活中，孩子仍然不知谨慎自己的言行，很有可能还会重犯过去的错误。

让男孩学会负责任是一个循序渐进的过程。刚出生的孩子不必负责，因为他还小。但是随着年龄的增长，能力增强，孩子也要承担相应的责任。如果家长此时不对孩子进行责任训练，如不让孩子自己穿衣、吃饭等，自己代替孩子做事，认为孩子大了自然就好了。这样做的结果就会给孩子一个暗示：责任可以由父母来承担。孩子成长的一点一滴中，会有无数个这样的细节，最终一起构成了孩子不负责任的品格。

责任不会凭空飞来，也需要播种与培育。10 岁的孩子不会开飞机没有家长对此进行埋怨，因为大家都知道他没受过相应的教育和训练。但是埋怨孩子不负责的却很多，这是家长需要改变的一个思维方式。

小孩子很少做出太出格的事，但如果家长总是代替孩子认错、道歉。久而久之，孩子就会放任自己的言行，认为有家长兜着，逐步变得肆无忌惮、为所欲为。因此，家长应该从小就教育儿子对自己的言行负责，等到将来就追悔莫及了。

很多家长已经面临一些现实的困难，比如从小和孩子一起养成了陪读的习惯。家长不看着写作业，作业就写不完，或是写得一团糟，形成家长和孩子之间不良的责任互动。孩子不能为自己的学习负责，家长就不敢放手；家长越不放手，孩子就越不能负责。让儿子对自己的学习负责，家长可以有计划地逐步放手，一点点地训练。家长首先要克服自己的焦虑感和无能感，承担起家长的责任，既可以让孩子安心，也是对孩子的示范。事实上，只要家长静下心反思自己的教育行为，勇敢地承担起教育责任，多想想办法，一定会找到适合自己孩子的教育策略。

如果家长从内心尊重孩子，能够看到他们不断成长的知识和能力，相信他们会做事情而且会把事情做好，放手让他们去做，孩子带给家长的可能就不仅仅是惊喜了。

让男孩认识到自己的错误，并学会改正错误，才是道歉的真正目的。

人非圣贤，孰能无过。每个人在生活中，都免不了伤害别人或被别人

伤害，尽管大多数伤害是无意的，但学会道歉和接受道歉，是一种很重要的习惯。敢于道歉是一种勇气，接受道歉是一种宽容，都是有教养的表现。

让男孩为自己的疏忽、失误、错误，给别人造成的不快或伤害而道歉，是对别人的一种弥补，一种心理慰藉，也是对别人的尊重，同时也是自己悔过的表现。道歉是人际交往中挽回过错的最直接也是最好的办法。学会道歉，并且真正地改过自新，体现的是人的品性。当男孩学会真心诚意地道歉时，他就从内心深处担负起了自己的责任。

一个小镇上，生活着来自世界各地的人们：白人、黑人和黄种人。镇上的学校里，白人小孩子总是喜欢嘲笑比利，因为他是黑人。他们说："如果你掉进煤堆，我们肯定找不到你，因为你跟煤一样黑。"比利从未还击，因为父母告诉他，如果和同学发生冲突，自己可能会失学的。

每次比利都静静地保持沉默，可这时，白人孩子总会变本加厉。有一次，一个叫乔治的白人孩子，大声地说："黑人都是垃圾，那些小偷、抢劫犯都是黑人。"

比利这次真的生气了："你说的不是实话，那些小偷、抢劫犯里也有白人。"

"那也是因为有了你们这些垃圾，在你们没来之前，这里是没有垃圾的。"乔治恶毒地回应。

比利睁圆了眼睛，但慢慢地又平静了下来。他没有再说什么，转身离开了。

比利的家紧靠着河边，每到夏天他都喜欢去河里游泳。他一边走一边说："我不是垃圾，我不是垃圾！"就快到家时，他听到有人呼救，是从河里传来的。

善良的比利赶快跑过去，一个白人男孩在河里挣扎着——那是汤姆，乔治的弟弟。比利认出了小男孩，但是救人要紧，他毫不犹豫地跳进河里。快入冬的河水水凉透骨，比利奋力游到汤姆身边，把他救了上来。

这时，乔治和父母一起赶了过来。他的父母感激地问比利："谢谢你，孩子，能告诉我你的名字吗？"

"他叫比利，是我的同学。"乔治告诉父母。然后，他走到比利面前，眼里满是羞愧地说："谢谢你救了汤姆。同时，我要为自己说过伤害你的话，向你道歉，希望你可以原谅我。"乔治垂下了高傲的头，他为自己的偏见与粗鲁默默地忏悔。

比利慢慢地说："我接受你的道歉。"

乔治高兴地抬起头，小心地问比利："我们能做朋友吗？我很想跟你学游泳。"

"当然可以，我也想知道你的弹弓是怎么做的呢！"比利微笑着说。

乔治伸出双手，和比利的手紧紧地握在了一起。

比利不计较乔治对自己的羞辱，见到汤姆落水，仍然义无反顾地救他出来。比利的行为让乔治深深明白自己的错误，他很后悔自己说的话，因此向比利真诚地道歉，希望对方能够原谅自己。乔治的诚恳打动了善良的比利，他不但原谅了乔治，还答应和他做朋友。可见，在真诚地向别人道歉后，不仅会得到对方的谅解，还能让自己受到尊重。

在复杂的社会生活中，每个人都难免做错事，说错话，如果不想与别人的关系僵化，就要学会认错和道歉。用真诚的态度和宽容的心对待他人，才能得到他人的原谅和宽恕。那么，父母应该如何教男孩学会道歉呢？

1. 父母以身作则，为男孩作出榜样。在家庭生活中，父母也应该学会以道歉来承担责任。比如误解孩子，错误地对孩子发脾气后，一定不要忘记向孩子道歉，真诚地告诉孩子："我为自己向你喊叫感到非常抱歉，我想让你明白更多的道理，结果自己却失去了耐心。"

2. 利用日常生活中的事情，引导男孩学会道歉，并让孩子明白道歉对他的帮助。聪聪抢了明明的玩具，明明重重地打了聪聪的手一下，聪聪哇的一声哭了起来。明明妈妈走过来，对明明说："聪聪抢了你的玩具，你

就打了聪聪，是吗？"嗯！""聪聪抢玩具确实不对，他应该和你好好说，大家一起玩。但是你打聪聪的做法也不对，你看，聪聪的手都被打红了，跟聪聪说对不起好吗？"明明看着满脸是泪的聪聪，老老实实地说："对不起，我不该打你。"聪聪也不好意思地说："没关系。是我不对，我不该抢你的玩具，请你原谅。"明明高兴地说："没关系，我们一起玩吧！"就这样，明明和聪聪又高兴地玩了起来。明明和聪聪也从中学会了一课，做错事一定要学会道歉，取得别人的原谅。

3. 警惕男孩随口而说出的道歉。有时，孩子为了尽快结束麻烦，一旦发现自己做错事，可能"对不起"就会脱口而出。但是过不了多久，他又会重复同样的错误。这样的情况说明，孩子并没有理解道歉的真正含义。对于这类情况，父母要告诉孩子：只有争取今天不再犯同样的错误，道歉才是有意义的。

男孩通常需要一个漫长的学习过程，才能真正明白道歉的含义。一旦孩子能够发自肺腑地说出"对不起"时，表明他不仅掌握了一项社会技能，也学到了如何去补救自己的过失。如何对自己的行为负责，如何照顾他人的感情，让男孩学会道歉，是帮助他们树立是非意识，逐渐在意别人的感受，学习弥补错误的成长过程。

2. 让男孩改掉找借口逃避责任的毛病

在我们的身边，经常可以看到这样的情景，一个三四岁的孩子在玩耍，一不小心，被身边的椅子绊了一下，大哭不已。这时，他的妈妈匆匆跑来，一边抱起孩子，一边说："宝宝不哭，椅子坏，椅子拌了宝宝，妈妈打椅子。"

这位母亲的行为，在中国家庭看来，可以说是司空见惯的。似乎，从来就是这样，每当幼小的孩子与周围的世界发生矛盾时，慈爱的母亲都会用这种"不讲道理"的方式呵护孩子，也正是在这种情况下，孩子接受了最初的责任教育。

事实上，孩子被身边的椅子绊倒了，这不是椅子的过错，是他自己的原因。但是，妈妈们认为孩子还小，什么都不懂，觉得只要他不哭了就好，于是错过了最初的、也是最合适的培养责任心的时机，让他们长大以后学会了逃避自己的责任。比如，听不得批评，受到批评时往往狡辩、较真，把错误都推到别人身上，或者找别人犯的错来"垫背"，等等。因此，一定要尽早纠正孩子逃避责任的现象。

小男孩坤坤今年6岁了，这天哭着回到了家，送他回来的是学校里的一个阿姨。坤坤的妈妈问学校里的阿姨，这到底是怎么回事？

这位阿姨说，放学前小朋友们排队，可坤坤根本就不好好站，总是窜来窜去的，结果不知怎么的，就和一个同学起了冲突。老师批评了坤坤几句，他就开始哇哇地哭个不停，还跟老师嚷嚷："我没错！我没有打他！"

坤坤的妈妈向这位阿姨道了谢，然后拉着坤坤进了门。

"怎么回事？"妈妈看着两眼红红的坤坤问道。

"我不小心和肖钰撞了一下，结果肖钰就使劲儿地推我，我踢了他一脚，肖钰哭了，老师就说我了。"坤坤的脸上挂着两行泪珠，补充说道："是他先推我的！"

听到这里，妈妈基本上把事情的来龙去脉搞清楚了，她语气平和地问坤坤："难道你一点儿责任都没有吗？"

"没有！不是我的错！是肖钰先推我的！"

"好，现在我问你，如果你好好按照老师的要求排队，不乱跑，你能不小心撞到别人吗？你没有撞到肖钰，肖钰会推你吗？"

坤坤默不作声了。

"现在你再仔细想想，你一点儿责任都没有吗？你是男子汉，记住，不要把什么责任都推到别人的身上！遇事仔细想一想，为什么别人会这样对你，你是不是做了什么不对的事情。"

坤坤这才微微地点了点头。

当你的孩子回来向你诉说在外受到的"委屈"时，你会怎么做？是劈头盖脸地责备孩子一番，还是气愤地要带孩子找那个孩子"算账"？坤坤妈妈的做法，相信会对我们有所启发。她首先帮助孩子分析自己身上存在的问题，让孩子明白每个人都要对自己的行为负责，发生事情时，不能一味地抱怨别人，进而逃避自己身上的责任。

在所有的教育孩子富有责任心的方法中，父母的言传身教可能是最重要的，要想让孩子遇到了事情不逃避责任，父母首先要勇于承担责任，不逃避自己的责任。教育家陶行知说："我要儿子自立立人，我自己就得自立立人；我要儿子自助助人，我自己就得自助助人。"同样，要培养子女的责任感、事业心，家长首先就要敬业爱岗，有强烈的责任感、事业心，因为父母是孩子的第一位启蒙教师。

"人无信不立"，为了培养孩子的诚信习惯，在日常生活中，父母对待孩子一定要有诚信，不要说话不算话。有位母亲经常警告孩子，如果撒谎，就用针把他的嘴缝起来。有人问这位母亲："如果孩子真的撒谎了，你真会缝上他的嘴吗？"显然，这位妈妈对孩子说的话本身就是不现实的，用这种方式来教导孩子不要撒谎是非常不可取的。要纠正孩子的不守信用，家长首先要做到言行一致。孩子的模仿能力很强，很容易受到某种行为的暗示。如果父母言行不一，不履行承诺，孩子就会受到暗示，跟着模仿。

此外，赞美如春雨，能无声无息地滋润孩子的心田。在孩子们的心中，父母、老师都是他们"崇拜"的人，当他们做错了一件事情时，老师的一句话，一个动作，乃至一个微笑都能激起他们极大的热情，鼓励他们从失败中走出来，激发他们的潜能。因此，对于孩子勇于承担责任的做法，父母和老师还需要给予孩子适度的赞美。

总之，从小到大，孩子都是一个"大写的人"，需要平等对待和尊重。他们的人生经验少，像一张白纸，需要历经世事的父母适时点拨，才能培养出他们的责任心。

根据孩子的实际，研究、分析造成孩子找借口的根源，并对症下药，是帮助孩子改正为自己找借口的习惯的关键。

失败者总是为自己的失败寻找各种借口，而成功者大都不善于也不需要编造任何借口。因为成功者能为自己的行为和目标负责，也能享受到自己努力的成果。男孩大都淘气，做错事的机会多，因此容易养成找借口的习惯。对此，家长一定要帮儿子克服，尤其是让他们明白：借口用多了，就会成为一种潜意识里的"理智的声音"，在耳边告诉自己因为某种原因不能做某事。只有抛弃所有的借口，找出解决问题的办法，才不会让借口淹没了自己的潜力和才能。

一个人要想成功，就不能找任何借口，而是对自己毫不留情，像猎豹一样盯住猎物并擒住它。有些人在做事之前习惯于先找借口，这不能做，那也不能做，实际上就是不能做自己。借口像瘟疫一样毒害着他们的灵魂，并且互相感染和影响，极大地阻碍了他们潜能的正常发挥，使他们丧失斗志，消极处世。对于这些人，借口已经吞掉了他们做事的希望。

一位妈妈讲述了这样一段教育儿子的经历：

当儿子开始蹒跚学步时，每次跌倒在地，妈妈就使劲儿用手拍地说："都是地不好，把我的宝贝跌倒了。"儿子撞到桌子上磕痛了，妈妈就使劲儿用手打桌角说："桌子不好，把我的宝贝碰疼了。"久而久之，儿子一受委屈，就眼泪汪汪地等着妈妈找出"罪魁祸首"来给他出气。

转眼间，儿子已上幼儿园大班了，也明白自己跌倒却怪地不平是很可笑的事情。但是，他做错任何事，都会习惯性地找理由为自己开脱。如"妈妈，今天我跌了一跤，是爷爷不好，他没有拉住我的手。""妈妈，今天我没拿到五角星，是老师不好，我帮小朋友收拾铅笔，老师没看见。""妈妈，今天我去游泳班迟到了，是爸爸不好，他没有按时叫醒我。"反正，只要犯了错误，都是别人的不好，他自己永远没什么不好。

夏天时，儿子喜欢光脚在地板上跑。天气凉了，妈妈让他穿上拖鞋，

他跑着跑着就把拖鞋跑丢了。妈妈给他穿上，但用不了5分钟，拖鞋又不知被他扔到哪儿去了。妈妈没办法，只好在地板上铺上地毯，让儿子在地毯上玩。但是，儿子习惯性地光着脚去厕所，结果着凉了，发起了高烧。

医生说要输液，儿子吓坏了，他一边用小拳头拼命捶打妈妈，一边大哭大叫："是妈妈不好，没有在厕所里铺地毯。"妈妈看着儿子含泪的双眼中射出的怨恨，彻底惊呆了！这样下去，当儿子长大了，找不到一个理想的工作时，他会不会说："都是妈妈不好，没给我安排一个好工作。"这样推测下去，儿子岂不要怨恨自己一辈子！

妈妈知道，再也不能让儿子找借口了，他应该承担起自己的责任。否则，等他长大了，他就会埋怨："都是妈妈不好，从小没有教给我承担责任的勇气。"

从医院回家后，妈妈做的第一件事就是把地毯全部收起来，然后一字一顿地告诉儿子："你要把拖鞋穿好，再穿丢了，着了凉，那就是你自己不好！"

人生之路可以找出各种各样的借口为自己开脱：如运气不好、健康状况差、家里没有资本，等等。拿破仑·希尔说："找借口解释失败是人类的习惯。这个习惯同人类历史一样源远流长，但对成功却是致命的破坏。"上例中的儿子对于任何事情都习惯于为自己找借口，甚至自己着凉生病也要埋怨妈妈不好。好在妈妈猛然惊醒以前教育的失误，及时改正错误，以免儿子将来会用更多的借口来对付失利。

富兰克林·罗斯福患小儿麻痹症下身瘫痪，他最有资格为自己找借口。可是他从来不去找任何借口，而是以坚定的信心和顽强的意志向一切困难挑战，最终冲破传统的束缚，连任四届美国总统，在美国历史上写下了光辉灿烂的成功篇章。

男孩都有为自己找借口的习惯，这一缺点是其走向成功之路的绊脚石。如果男孩经常用借口来应付父母的督促和检查，就会养成说谎的习惯，把借口作为一种自我保护的工具。如何克服孩子找借口的习惯，是家长必须认真对待和思考的问题。

克服孩子找借口的最好方法是消除孩子找借口的理由。如孩子说生病了不去上学，家长可以带他去看医生等。平时注意避免发生误解，经常和孩子进行沟通，当孩子有烦恼无法自我排解时，做好孩子的疏导工作，往往可以避免孩子找借口。

在家庭生活中，家长要注意激发孩子的学习兴趣，引导孩子养成良好的生活、学习习惯。兴趣是最好的老师，良好的习惯是成功的基础，学习和生活都顺心如意，孩子自然不再有找借口的动机。

很多孩子对家长不信任，不愿意把事情的真正原因告诉家长，所以采取说谎、找借口的方式。这种不信任感的产生大多是因为家长较少关注孩子的感受和需要导致的，它是家长与孩子沟通的障碍。此时，家长应注意多倾听儿子对人、对事的感受和看法，同孩子一起寻找解决问题的办法。

3. 懂得信任和尊重才会有责任感

有一次，一位16岁的少年找到卡尔·威特，向他倾诉了他内心的苦恼。他说他的父亲酗酒，经常打他的母亲和妹妹们。有一天，他实在无法忍受了，就去问父亲为什么这样。可父亲说："你还有脸问我？你早该去挣钱养活自己和妹妹们了！"当时他很难过，因为他从来没有考虑过这个问题，小时候父母没有教育他应该怎样做。

这位少年告诉卡尔·威特，在这之前，他只知道和别的孩子到处去玩，只是吃饭的时候才回家，从没有考虑过父母和妹妹们的事。那天，父亲对他说的话令他吃惊。他说，如果早有人教他应该怎么做的话，他可能现在会把母亲和妹妹照顾得非常好。此时，少年觉得自己是个罪人。

听了他的话，卡尔·威特感到很难过，多么好的孩子啊！他的天性是

多么的纯良，只不过是因为没有得到好的早期教育，而白白地浪费了大好时光。后来，这个少年经常去找卡尔·威特先生，诉说他的内心世界，而卡尔·威特也尽力帮助他学习知识，教他做人的道理。后来，这个少年成了一个很棒的小伙子——他结了婚，用自己的勤奋劳动拯救了一个快要破败的家庭。他的努力促使父亲改掉了酗酒的习惯，让他的母亲过上了幸福的生活，并把两个妹妹送进了学校。

这个故事讲的便是一个想要承担责任、却不被信任的男孩。要培养孩子的责任心，就必须信任他们。无论是大人还是小孩，受到别人的信任就能自我尊重。所以，家长与其管束孩子不许干这个，不许干那个，不如信任他们，耐心地鼓励、支持他们。

心理学上的期望效应告诉我们：我们如果把孩子当坏人对待，他就可能成为坏人；我们如果把孩子当笨蛋看待，他就可能成为笨蛋。孩子的内心是希望别人信任和尊重的，所以父母应该多和孩子说"我相信你一定会把事情做完、做好"之类的话，使孩子相信自己有能力、有责任承担。

英国教育家斯宾塞曾说："当孩子感到被爱、被信任，奇迹不久就会出现在你眼前。"如果父母信任孩子，孩子就会对父母的信任表示感激，并全力以赴，为父母的信任负责。孩子的责任感，往往就是在信任中被唤醒的。

方法一：信任孩子，给孩子犯错误的权利

佳佳有一次因出于好奇，想"鉴定"一下瓷碗究竟会不会破碎，竟当着妈妈的面拿起一只碗往地上摔。面对满地的碎片，佳佳马上意识到自己犯了错误，以为将受到责骂和惩罚，但妈妈只是让他自己清理好碎片，并告诉他瓷器易碎的知识。后来，佳佳从易碎的瓷器联想到同样易碎的玻璃窗、镜子、瓶子、眼镜等，自觉地学会保护和使用它们，再也没有弄碎过任何东西。

生活中，我们时常发现有的孩子什么都不敢做，就是因为害怕犯错误受责罚，不敢承担责任；还有的孩子不敢面对错误，而把责任转嫁给别人，出了问题就说是别人的过错。

我们家长应该检讨一下自己对待孩子犯错误的态度了。没有一个家长希望自己的孩子犯错，可是不犯错误，孩子就不能深刻体会责任的重大意义。如果孩子总是因为害怕犯错误，不敢去面对和尝试一些新鲜事物，等着别人推一步走一步，就会丧失了很多自主学习的机会和体会成功的快乐。

其实，人生是一个积累经验的过程。成长，就应该允许孩子犯错误。责任感，就意味着孩子要面临错误。父母要给孩子一个宽容的空间，让他跌倒之后，学会自己爬起来；让他敢于面对挑战，并敢于承担错误，能够为自己的行为负责。

父母应给孩子犯错误的权利和自由，告诉孩子犯错误没关系，重要的是面对错误的态度——犯了错误不要紧，只要勇敢面对，坦白承认，就是好孩子。

方法二：尊重孩子的意见

著名文学家鲁迅就是在对孩子的教育上持平等尊重态度的典范。

有一天，鲁迅从饭馆里买来几个菜，在家里请朋友吃饭。桌上摆了一盘鱼丸子，儿子海婴面前也放了一小碟，他好动，先夹了一个尝尝，觉得味道不新鲜，就嚷说菜坏了。大家从盘中夹来尝了尝，都说是新鲜的，以为是孩子胡闹就不去理他。但鲁迅却认真地对待孩子的意见，他说："孩子说不新鲜，一定有他的道理，不加以查看就抹杀是不对的。"然后他把海婴碟子里的菜夹来尝了尝，果然味道变了，赶紧吐了出来。

父母应该尊重孩子的意见，不仅是因为孩子有作为一名家庭成员的知情权，更是因为这种尊重也是对孩子的分析和判断能力的肯定与赏识，是父母对孩子的一种信任——相信孩子有能力分析和决定家庭中的事务。

4. 劳动，培养男孩责任感最简单的方式

社会学家戴维斯说："放弃了自己对社会的责任，就意味着放弃了自身在这个社会中更好的生存机会。"其实，每个人都肩负着很多不同的责任，对社会、对工作、对家庭、对亲人、对朋友，我们都有一定的责任。

责任感是我们战胜工作中诸多困难的强大精神力量，使我们有勇气排除万难，甚至可以把"不可能完成"的任务做得相当出色。

一个人正是因为身上有责任，才能对自己的行为有所约束。如果失去了责任感，即使是做我们最擅长的工作，也会做得一塌糊涂。责任感，将影响到一个人一生的成就与价值。

作为一种对待人生、对待工作、对待他人、对待社会的积极态度，责任感应该从小就开始培养，这是父母不可推卸的职责，但很多父母却忘记了这个职责，想把孩子的事情尽量都包办代替了。

一位教师说他教学这么多年，每年开学初总能看到这样的场面：每当轮到孩子做值日，家长们总是很主动地接过孩子手中的扫帚，帮孩子完成本该他们自己完成的劳动任务，而孩子则在教室外面玩耍。

这位教师感叹说："家长不能理解，难道学校让学生劳动仅仅是为了学校的清洁吗？一个不爱劳动的孩子又怎能积极主动地做其他事情？而学校里那些从一年级就开始主动打扫卫生的孩子，在参加班级及校内外活动方面都表现出了高度的责任感。我们的孩子不光要学习好、身体好，更重要的是要从小让他们具有承担责任的良好素质，长大后才能承担起对家庭、对社会的责任。这才是劳动的真正意义啊！"

从现在开始，父母就用劳动这种最简单的形式来培养男孩的责任感吧！

方法一：垂范法

父母是男孩品质修养、作风习惯乃至兴趣爱好、言谈举止的榜样。

父母在平时的工作中应从小事做起，从自身做起，凡是要男孩做到的，自己首先要做到；凡是禁止男孩做的，自己首先禁止做。比如，父母要求男孩不要乱扔臭袜子，自己就应该先做到。

方法二：目标法

有位哲人曾说过："目标越高，责任感越强，成就越大。"父母可以用目标激发引导男孩。

男孩有无责任感，和父母有没有给他们提出具体要求有关。有的男孩连拖地都不会，主要就是因为父母从来没有要求他怎么去做。

在确立目标时，父母要注意因人而异。可以依据男孩的兴趣，让其在家中种一株草、养一条鱼，让他写好观察日记；可以给男孩布置一项或多项劳动（或其他活动），让男孩做好活动记录，父母验收，然后集体评估。

方法三：监督法

为了让男孩懂得所有的人都应该承担责任，父母可以把家务各项劳动进行平均分配，实行"承包制"，大到各个房间的卫生，小到每一块玻璃、每一处墙壁的擦洗，每天都要检查评比。

遇到那些责任感差的男孩，父母应该既要严格要求，还要坚持耐心地说服教育，最终督促其完成。哪怕是极细小的如扫地、擦桌子也一定要监督他到干完、干好为止，干不好就坚决重来。

5. 提醒男孩做一名合格的家庭成员

生活中有很多男孩不会关心别人，甚至不会关心父母。他们对家庭的态度似乎很冷漠，比如，妈妈生病了，他不知道询问病情、端水送药，却自顾自玩得开心；父母过生日了，他从来想不到送一份礼物，甚至连问候都忘记；家里来客人，父母即使很忙，他也不会帮助招待，甚至招呼都不

打就回到自己的房间……

这些孩子只知道自己吃好、穿好、玩好，对其他事一律是"事不关己，高高挂起"的态度，难道他们的天性就是如此冷漠吗？不，孩子的天性其实都是善良热情的，原因就是：父母从没让他们这么做过，甚至孩子主动做事时还遭到过反对和阻止，因此，他们从来不认为那是属于自己的责任。或者说，他们只认为自己对这个家庭有权利，却不认为自己对家庭有任何义务。

天下父母都是爱孩子的，虽然他们的爱都是无私、不图回报的，但谁都不愿意培养出一个冷漠的孩子。爱的付出应该有爱的回报，父母要提醒孩子做一名合格的家庭成员，为家庭尽自己的一份力量！

方法一：鼓励孩子参与家事

巴基斯坦历史上第一位女总理贝娜齐尔·布托8岁时就为家里做账目记录了。

有一天，父母要去参加一个国际会议。临行前，父亲给贝娜齐尔留下购买食品和家庭生活开支的钱，要她和管家一起担负起管理家庭的责任。那时，贝娜齐尔只有8岁，虽然年纪小，但对父母交代的工作十分负责。每晚照顾弟妹们睡觉后，她就爬上小凳子，煞有介事地在厨房里和忠诚的老管家一起认真地核对一天的账目。

虽然这近乎孩提时代的一种游戏，但这对把它看得极为认真的贝娜齐尔来说，却是一种增强责任感的极好的锻炼。

培养孩子的责任感，应首先从教孩子关心自己的事、家里的事、身边的事开始。让孩子参与到家庭生活中来。教孩子学会关心和照顾自己的父母和亲人；当父母生病时，别忘记嘘寒问暖、端水送药，甚至给父母做一顿饭；别忘记父母的生日时，为他们送上一份惊喜的礼物；平时帮父母做一做家务，替父母分担一下烦恼。

父母要充分给予孩子信任和支持，让孩子知道自己其实可以做很多事，知道自己也是家庭的成员。

136

方法二：教导孩子关心、照顾家人

有一名中学生每天只知道做自己喜欢的事，家里的什么事都不关心，也不懂得爱护体贴爸爸妈妈。这一点让他的爸爸妈妈觉得很伤心。有一天，他的爸爸——一位在中央机关担任多年领导职务的干部，被组织派到另外一个城市当市长。上任离家那天，爸爸十分郑重地对儿子说："你妈妈身体不好，我走后就全靠你照顾了！每天晚上睡觉前请你关好门、关好窗、关好煤气……拜托了！"爸爸郑重其事的"拜托"让儿子十分诧异，但儿子还是认真地点了点头。一年后，当爸爸从外地回到家时，妻子激动地告诉他："你走后儿子突然长大了，懂事了，对我十分关心，尽职尽责，每天晚上按时关门、关窗、关煤气……"

其实，孩子的责任感有时比大人还强，但前提是你需要告诉他哪些是他应该关心和参与的，而不是什么事情都把孩子置身其外。

方法三：多听听孩子的意见

孩子也是家庭的一员，和父母在家庭中的地位是平等的。当家里遇到一些事情时，父母应不忘征求孩子的意见，让孩子帮着出谋划策，并尽量尊重孩子的意愿。不要认为孩子太小，没有思考问题的能力。其实，孩子的观察很细致，而且也有独到的思考。有时候，孩子的意见能对整个事情产生重大的影响。

当遇到诸如选择特长班、升学等与孩子密切相关的事情时，应该主动征求孩子的意见。父母可以对孩子说："孩子，有件事和你密切相关，我们想听听你自己的看法和意见。"

当遇到关系到整个家庭的大事时，比如搬家、买房子等，应该让孩子知道，并鼓励孩子发表自己的意见。父母可以问孩子："这件事非常重要，你有什么想法吗？"

尊重孩子的意愿，允许孩子实施自己的知情权和参与权，这样才能让孩子感觉到他在家庭中的重要性，从而建立起对家庭的责任感，培养他的主人翁意识和大局观。

6.别让诚实毁于责骂

给做错事的孩子改正错误的机会,家长应本着尊重信任的原则,告诉孩子父母相信他今后会做得更好。

当发现男孩做错事时,很多父母都会着急、气恼,甚至不分青红皂白地训斥孩子。他们希望严厉的惩罚能够让孩子吸取教训,遏制孩子的行为,却忽略了严厉的惩罚会增强孩子的恐惧感,这种做法不但可能解决不了问题,还可能迫使孩子产生防卫心理,在下一次做错事后,会想办法编造谎言以躲避严厉的惩罚。

如果一个孩子做错事,向父母老老实实地讲明情况后,父母却大发雷霆,把孩子痛打一顿,他以后还敢说实话吗?这种说实话的后果是让孩子恐惧的,孩子感到害怕,因此以后再做错事,可能就会用说谎来逃避责任,躲避父母的打骂。可见,父母发现孩子有过失行为时,要本着关心爱护的原则,采取细致、耐心的方法,冷静地听听孩子的想法,帮助孩子找出错误的根源,再改正错误。而急躁、粗暴地对待孩子,甚至进行打骂、体罚等,只会适得其反,让孩子的诚实毁于责骂。

《羊城晚报》曾报道过一篇题为《小孩说谎引起的屠杀》的文章:

1946年7月4日,德国法西斯已经灭亡了一年零两个月。这一天,离华沙170公里的凯尔采市的几百名群情激奋的市民冲向街头,见犹太人就打、就抓、就杀,有的犹太人被抓到帕兰蒂大街7号的一幢房子里活活打死。这场肆无忌惮的屠杀从早上10点持续到下午4点,有42人被杀害,其中2人是被误当成犹太人打死的。

说来令人难以置信,这次屠杀竟是由于小孩说谎而引起的。赫里安——波兰一个鞋匠的儿子,当时他和父母从20公里外的乡村搬到凯尔采市，才住了几个星期，对城里的生活很不习惯。7 月 1 日，他偷偷搭车回到乡村小朋友之中，三天后又溜回城里。见儿子回来，父亲不禁恼恨交加，拿起鞭子就揍他，并大声责问："你这顽皮鬼，这几天跑到哪儿去了？是不是给犹太人拐去了？"孩子见爸爸凶神恶煞般，非常害怕，于是顺水推舟地"承认"这几天是被犹太人拐了去，还谎称犹太人把他拐到帕兰蒂大街 7 号的一个地窖里虐待他。

第二天上午，愤怒的父亲带着赫里安到警察局去报案。在回家的路上，很多路人好奇地问父子俩发生了什么事，父子俩绘声绘色地讲述赫里安被犹太人拐去折腾了几天。当时，虽然"二战"已经结束了，但德国法西斯的排犹思潮阴云未散，几个路人听信了谎言，异常愤怒，声言要对犹太人报复，而捏造的"事实"在几小时内一传十，十传百，越传越走样（甚至传说赫里安被犹太人杀害了）。于是，酿成了这一天对犹太人的屠杀悲剧。

转眼间几十年过去了，帕兰蒂大街 7 号这幢房子早已重新修葺，改为纪念馆，让世人不忘过去，珍惜今天。但是，每当赫里安回想起这段历史，他都会有一种负罪感。

一个孩子的谎言竟然引起了 42 人被屠杀，可见谎言的危害性。赫里安离家出走三天后回家时，见到凶神恶煞般的爸爸，非常害怕，因此顺应爸爸说是被犹太人拐了去，还谎称受到虐待。赫里安为了摆脱困境而撒谎，他担心讲真话受到惩罚。但是，说谎的结果是让他一生都不能脱离负罪感。如果当初赫里安的爸爸换一种态度，怎么会导致这 42 人被摧残致死呢？

可见，对待做错事的孩子，父母不能武断地否定或责备孩子，引起孩子用谎言为自己辩护；而应该鼓励孩子说实话，父母了解事情的原委后，在让孩子明是非、辨善恶的基础上，对孩子进行正面的教育，加以引导，让孩子吃一堑长一智，下次别再犯类似的错误。另外，父母不能在孩子承认过错后对孩子加重责罚，而应该对孩子老实认错的行为给予表扬，借以

巩固孩子诚实的美德，让孩子养成勇于承认错误、改正错误的好品质。哲人罗素曾说："孩子不诚实几乎总是恐惧的结果。"

　　心理学家们经过研究发现，孩子说谎有时是因为讲了真话后受到了惩罚，所以不敢再说真话。另外，家长处理不当也容易造成孩子说谎。如有时孩子并不想说谎，但又不能说出事实真相的时候，家长却非要孩子交代，他只好选择说谎。为了避免孩子的诚实被父母的责骂吓跑，在生活中，家长要注意以下几点：

　　1. 家长以身作则，不"教"孩子说谎。在孩子心目中父母有很高的威信，他们一般都认为父母说的或是做的都是对的。如果家长自己"说谎"，孩子会自然而然地模仿。如：家里有客来访时，家长不能因为不喜欢接待来访者，就让孩子撒谎说父母不在家。父母给孩子的承诺，父母一定要及时兑现。

　　2. 当孩子诚实地说出事实时，不能因对孩子的不满而惩罚说真话的孩子。如果孩子告诉父母在学校挨批评或者考试不及格，受到父母劈头盖脸的一通严厉批评或体罚时，孩子慢慢地就会认为说真话要受到惩罚，不说真话倒能平安无事。再碰到类似的情形，孩子可能就会想尽办法说谎、隐瞒，以逃避惩罚。所以，当男孩第一次告诉父母他在外面闯了祸，或学习成绩不好时，家长应首先表扬孩子的诚实和承认错误的勇气，然后对孩子的错误进行批评，最后帮助孩子分析犯错的原凶，一起找出解决问题的办法。久而久之，孩子就会养成诚实的习惯，有了困难也愿意求助于家长。

　　3. 父母要尊重、信任孩子。受到家人尊重，能够发泄牢骚的孩子一般都比较诚实；而在过分严格管教下的孩子，对父母有较多的恐惧感，常常为了逃避责骂而说谎。发现孩子不诚实时，父母切忌当众揭发和批评孩子，可以把他悄悄叫到一边，单独和他谈话。在指出孩子的谎言后，告诉孩子愿意给他一次改正的机会，不当众揭发批评他。同时，向孩子阐明说谎和欺骗的危害性，警告他下不为例。

第八章 让男孩成为一个品德高尚、举止优雅的小绅士

1. 有绅士风度的男孩首先要学会正直

在一次国际乒乓球比赛中，我国的刘国正和德国的名将波尔在对垒。到了决定胜负的关键时刻，刘国正以 12：13 落后。如果再输一球，那胜利就是对方了。

就在这个关键时刻，刘国正的一个回球"出界"了，波尔的教练见状后立即起身狂呼，正准备冲入场拥抱自己的弟子庆祝胜利。

然而，戏剧性的一幕出现，波尔举手示意这一球是刘国正得分，因为是擦边球。教练很惊讶，裁判很惊讶，所有的观众都很惊讶。因为他们都看不出这一球是擦边球，其实刘国正更看不到这一个球是擦边球，因为这个擦边球只有一毫米的距离之差，但是波尔看到了。正因为波尔的这种高贵的品格，这种对公平和正义的绝对尊重，使得刘国正反败为胜了。记者在采访他时，波尔的回答是："公正让我别无选择。"

尽管波尔输了比赛，但是全世界的人都不得不对他肃然起敬。其实，在某种程度上，他才是真正的胜利者，他赢得光明磊落，赢得无私坦荡，赢得无愧良心，赢得公平正直，并赢得了所有人的尊敬。

很多时候，许多人都无法做到真正的公平、完全的正直，尤其是在竞争的道路上，在触及到大的利益时，我们心中的那架天平总会情不自禁地

偏向于己有利的一边。

子曰："人之生也直，罔之生也幸而免。"意思是说，人的生存要靠正直，不正直的人虽然也能生存，但那不过是侥幸免于祸害罢了。

就拿精忠报国的岳飞与奸臣秦桧来说，虽然岳飞被"莫须有"的罪名陷害而屈死风波亭，秦桧飞黄腾达享受高官厚禄，但最终后人的评说却是："青山有幸埋忠骨，白铁无辜铸佞臣；人从宋后少名桧，我到坟前愧姓秦"。正直的人流芳千古，不正直的人遗臭万年，这就是直与罔的最终结局。

正直虽然是让人在天地间站立的脊梁，是一个人的立身之本，是每个男孩必须具备的一种基本道德品质。但现实却是，贪图小利、任"钱"唯亲、撒谎成性、虚伪狡诈、欺凌弱小等现象屡见不鲜，有些男孩思想幼稚、是非不分、重才轻德，竟糊涂地崇拜一些历史上的大奸大恶之徒，甚至佩服秦桧、希特勒一流。

社会需要正直、良知和道德做养分，才会绽放浩然正气的花朵；男孩需要正直、良知和道德的教育，才能变得铁骨铮铮、刚正不阿！父母引导和教育自己的男孩成为正直的人，责无旁贷。那么，怎样培养男孩做个正直的人呢？

方法一：教给男孩公平、公正的原则

正直的人绝不是一个心口不一的人，他不会心里想一套，口里说一套，实际行动中做的又是另一套。他是内心有原则的人，所以很少撒谎，也不会表里不一。就像波尔那样，即使是一毫米也不能忽略，即使是在冠军争夺的关键时刻也不能丧失操守，这就是一颗公正的心，一个正直无私的人。

方法二：鼓励男孩敢说敢为

有些人这也害怕、那也小心，唯恐引火烧身，担心得罪人遭报复打击，所以纵然路见不平也绕而行之。男孩应该像唐太宗身边的名臣魏征一样正直刚强，做一个敢作敢为的人。

方法三：鼓励和支持男孩勇敢承认错误

正直不是不犯错误，敢作敢为也不见得事事都做得对，但正直者一旦认识到自己的错误，就会勇敢承认，勇于改正。父母应该告诉孩子：怕犯错误而不为，明知是错也不承认，怕认了错便毁了自己的形象，这些都不是正直之举。

2. 男子汉要有大海一样宽广的胸怀

"海纳百川，有容乃大。"宽容、豁达是绅士风度的内在的品性，我们培养男孩就要培养这种具有宽厚的品性的真正绅士。然而，现在的很多男孩大多都鲁莽武断，总是习惯于高高在上，对别人发号施令，得理不饶人，心眼儿小，嫉妒心强，不懂得以宽容之心去善待别人。

当同学不经意间冲撞了他，他就会恶语相讥、挥拳相向；当伙伴因为不满而向他大发雷霆时，他就会怀恨在心，伺机报复；当听到父母苦口婆心的说教时，便赌气地拂袖而去；当面对老师的良言相劝时，更是无动于衷。

这样做的结果，不仅会让他失去宝贵的友情，也会在不经意中辜负老师的期望，深深地伤害到父母的爱子之心，更会影响自身健全人格的形成和发展。

因此，父母应该给予男孩正确的引导，让男孩拥有一种宽厚的品性，像绅士一样为人处世，给人们带来美好，为人们所信赖和敬佩。

著名的文学家海明威就给我们树立了一个很好的榜样。

1918年，青年海明威加入美国红十字会战地服务队，到了意大利战场。

在一次突围战中，为了照顾受伤的战友安德森，他和主力部队失散了。他们饥饿难忍，可仅剩下一点儿鹿肉了。

这天傍晚，两人在森林中艰难跋涉。只听一声枪响，走在前面的海明威肩膀上中了一枪。后面的安德森惶恐地跑了过来，他害怕得语无伦次，抱着海明威的身体泪流不止，并把自己的衬衣撕下来包扎战友的伤口。

他们都以为他们熬不过这一关了，幸运的是，第二天他们得救了。

30年后，海明威说："我当时就知道是谁开的枪，当他抱住我时，我碰到了他发热的枪管。那些鹿肉对谁都很重要……那一天，他跪下来，请求我原谅他，我没让他说下去。我们又做了几十年的朋友。"

作为著名的"硬汉作家"，海明威的男子气概应该是很多男孩效仿的榜样，但这个真男人的宽大胸怀更是应该令我们钦佩和学习的。他以德报怨，不计前嫌，用行动诠释了雨果的名言"世界上最广阔的是海洋，比海洋更广阔的是天空，比天空更广阔的是人的胸怀"。

一日，著名书法家启功和几个朋友路过一个专营名人字画的铺子，正碰上一人在卖模仿他的字画，并称启功是他的老师。

一个朋友问启功："启老，你有这个学生吗？"

作伪者一看启功，非常尴尬和恐慌，哀求道："实在是因为生活困难才出此下策，还望老先生高抬贵手。"

启功宽厚地笑道："既然是为生计所迫，仿就仿吧，可不能模仿我的笔迹写反动标语啊！"

那人低着头说："不敢！不敢！"说罢，一溜烟地跑了。

同来的人说："启老，你怎么让他走了？"

启功幽默地说："不让他走，还送人家上公安局啊？人家用我的名字，是看得起我，再者，他一定是生活困难缺钱，他要是找我借，我不是也得借给他吗？当年的文徵明、唐寅等人，听说有人仿造他们的书画，不但不加辩驳，甚至还在赝品上题字，使穷朋友多卖几个钱。人家古人都那么大度，我何必那么小家子气呢？"

我们每个父母都希望自己的孩子生活得开开心心、顺顺利利的，可是既然是生活，就总会有那么一些小波澜。如果孩子不能选择豁达地面对，就会离快乐越来越远。所以，父母应该在生活中引导孩子营造一种豁达的心境，世界最伟大也最难得的就是宽容。

那么，父母应该如何培养孩子的宽容豁达的心境呢？

第一，父母为孩子树立榜样

据报道，两位家长因双方的小孩互掷稀泥一事发生纠纷，相互争吵、谩骂。在争吵中，一人回家取了一根扁担，另一位也不甘示弱，也回家取来扁担和菜刀，双方继续互相谩骂。没吵多久，后者就用所持的菜刀砍前者，前者立即用扁担打在后者头部，造成后者头部 7.2cm 挫裂创口。最终，法院判处伤人者有期徒刑一年，缓刑一年，并赔偿受伤者 1750 元。

小孩间互掷稀泥，玩耍打闹，作为家长的本来应该各教育各自的孩子，但这两位却非要为自己的孩子"鸣不平"、"讨公道"，相互间由争吵、谩骂升级到打斗，真是荒唐可悲！试问，孩子在这样的榜样下，怎么可能懂得宽容呢？

孩子的宽容之心最主要的来源就是父母。孩子最初是从父母那里学习待人接物的方式的。父母宽容、大度、遇事不斤斤计较，与邻里、同事之间融洽相处，孩子就会学着父母的样子处理同学之间的关系，也会变得宽容、乐于与人相处。

第二，让孩子不去钻牛角尖

告诉儿子：遇事可以"糊涂"一些，不要事事都太在意。一个人的精力毕竟有限，假如事事斤斤计较，会活得很累。

具体来说，就是别事事"较真"，不要把那些微不足道的鸡毛蒜皮的小事放在心上；别去钻牛角尖，为一点儿小事而着急上火，动不动就大喊大叫；别太要面子，面子思想害死人；别"小心眼"，总是多疑敏感，曲解别人的意思；别过于看重名与利的得失，最终只会因小失大。当然，这并不是让男孩变得粗心，而是一种洒脱、豁达、飘逸的气度。

第三，教孩子控制欲望

有一些孩子也常常不由自主地陷入了一些不必要的物质、精神欲望之

中，在得与失之间痛苦地挣扎，比如，一定要吃好、穿好、过舒适的生活，一定要做第一名……

人的生活固然离不开物质，可若是把自己的生活与一些不可及的欲望捆绑在一起时，就难免会做一些冒险甚至是违法违纪的事。

父母应该告诉孩子：要懂得放弃，懂得挣脱欲望的束缚，抛弃欲望的牵绊。比如，如果孩子好胜心特别强，你可以开导孩子，每个人都期望得第一，可第一只能有一个。但你若愿意换个角度来看，做个"另起一行"的第一，那每个人就都是第一了。当然，这样的开导，前提是父母必须先要有豁达的观点，能"想得开"，然后才能开导孩子"想得开"。

第四，教孩子学会换位思考

我们要让孩子学会换位思考，唯有这样，才能感受到别人的处境，从而引起同情和宽容。

所谓换位思考，就是指当双方产生矛盾时，能够站在对方的角度上思考问题。如果能够做到这一点的话，就能减少很多不必要的矛盾。

许多孩子只习惯于从自己的角度思考问题，而很少为别人着想。要消除这种现象，办法就是换位思考——站在父母的角度上考虑，就会理解父母的良苦用心；站在祖父母或外祖父母的角度上考虑，就会理解老人的那份关爱和唠叨；站在老师的角度上思考，就会理解老师的艰辛；站在同学的角度上思考，就会觉得大多数同学是可爱可亲的。所以，教孩子学会换位思考是非常必要的。

第五，教孩子学会运用幽默和自嘲

小鹏是个胖孩子，在学校总有调皮的同学拿他的这个特点开玩笑。每到这时，小鹏总觉得很尴尬，不知道说什么好。小鹏的爸爸也是一个胖子。有一次，爸爸带着小鹏去饭店吃饭。宽敞豪华的大饭店里，地面被擦得像镜子似的。爸爸一不小心滑倒了，重重地摔在了地上。饭店里很多人都看到了这一幕，都憋着想笑，又不好意思笑出来。小鹏不觉脸红了，很为爸爸觉得难堪。可爸爸却站起来，一边轻松地拍打裤子，一边说："亏

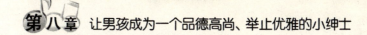

得我有一身肉垫着，否则还不把骨头摔坏了！"旁边的人听了都哈哈一笑。聪明的小鹏马上想到：看来遇到这种事时，自己开自己的玩笑还是挺不错的方法。

学会幽默和自嘲，可以让孩子解开窘迫和尴尬的枷锁，生活会变得轻松和有趣许多。父母可以告诉孩子记住林语堂先生的这句话："人生在世，还不是有时笑笑人家，有时给人笑笑？"

第六，鼓励孩子接受新观点和新事物

宽容不仅体现在对"人"的态度上，也表现在对"物"和"事"的态度上。父母要引导孩子见识新生事物，让孩子喜欢并乐意接受它们，与时俱进，如让孩子了解各种奇观奇迹，观察生活日新月异的变化，允许孩子独辟蹊径地解决问题。孩子一旦习惯于"纳新"和"应变"，他们对世间的万事万物也就具备了宽容之心。

第七，教孩子宽容别人的缺点和无心过失

星期天，东东在小区里跟一个小伙伴玩。不知是什么原因，他很不高兴地回来了。妈妈一问才知道，原来是小伙伴给他起了个绰号，东东觉得那是在取笑他。

妈妈对东东说："小伙伴给你起的这个绰号并没有恶意，我觉得你不应该生气。"

"可是，老师说了，随便给别人起绰号是不礼貌的，是不尊重别人。"东东还是不高兴。

妈妈于是继续开导他说："小伙伴也不是十全十美的人，他也有缺点，他给你起绰号固然不够礼貌，但也是无心冒犯，是和你开玩笑。你应该大度一些，而且我觉得这个绰号还有表扬你的意思呢！"

听了妈妈的话，东东的嘴角露出了笑容。

谁都有缺点和无心而犯的过失，如果一定要斤斤计较就很难有真心的好朋友。而且，犯了错误的人心里也会有惶恐和愧疚，需要别人的原谅，所以我们应该给予对方一个改正的机会。交际广泛、朋友众多的男孩，通

常都不会太计较别人的冒犯。

第八，教孩子对不同的观点、行为予以理解和尊重

父母应该告诉孩子，这个世界每个人的喜好和个性都是不一样的，求大同、存小异就可以了，不用过于计较。即使自己有理，也不能咄咄逼人，得理不让人，更不能把自己的观点和行为强加给别人，要尊重他人的自由选择。

3. 让男孩学会宽容，学会原谅他人

宽容是一种美德，具有这种美德的男孩将会避免很多不必要的精神困扰，始终怀有愉悦的心情去生活。宽容是一种境界，能够达到这种境界的男孩将看到更广阔的前景，感觉世界上所有人都冲他微笑。爱默生说："宽容不仅是一种雅量、文明、胸怀，更是一种人生的境界。宽容了别人就等于宽容了自己，宽容的同时，也创造了生命的美丽。"

霸道、蛮横、自私、无情、难以原谅别人的男孩，容易被孤立，将来走入社会可能要吃大亏。利用男孩犯错的契机，让孩子明白人人都有可能犯错误，谁都难免会有过失，在帮助孩子改正错误的同时，引导孩子学会原谅、容忍他人的过失，学会宽容待人。

男孩在交往的过程中经常遇到一些矛盾和冲突。正确引导孩子进行恰当的处理，能促使他们慢慢地了解"自我"与"他人"的关系，知道蛮横、不讲理、任性和霸道在社会上是行不通的，并从中学会与人相处、妥善处理问题的方法。男孩学会原谅别人，对孩子形成良好的性格有着独特的作用。每个人都会犯错误，如果不会原谅别人，也得不到别人的原谅。宽容是一种仁爱的光芒，是对别人的释怀，也是对自己的善待。一个人的胸怀能容得下多少人，才能够赢得多少人。因此，父母应该教育男孩学会宽容。

一次考试，嘟嘟发现老师在算分数时，给自己少算了两分，因此他排到了第五名，本来他应该是第三名的，为此，他很生气。回到家后，他不满地向爸爸抱怨老师的粗心大意。爸爸听后，对儿子说："老师有那么多试卷要改，难免丢了两分，这有什么关系？你那道题做对了，只是老师漏记了那两分，但这并不影响你对知识的掌握。至于名次，爸爸觉得不重要。没有必要计较，以后有的是机会。下次你考好，不仅可以得第三，还有可能拿第一呢，你说是不是这样？"嘟嘟听了爸爸的教导，自己仔细想想，也就心平气和了。下一次考试时，他果然得了第一名。

嘟嘟的妈妈同样重视对儿子进行宽容的教育。一次，同桌不小心弄坏了嘟嘟心爱的自动铅笔。嘟嘟很生气，发誓再也不跟他说话了。妈妈知道后，对嘟嘟说："这样的事难免会发生，你不是也曾经把别的小朋友的皮球踢坏了吗？那都不是有意的。同学弄坏你的铅笔，你自己动手修理一下，不是照样可以用吗？"嘟嘟听了妈妈的话，主动原谅了同桌，两人和好如初。

后来，有一次嘟嘟不小心划破了同桌的衣服，同桌也笑笑说没关系。两个人就这样变成了很要好的朋友，嘟嘟也明白了与人交往时宽容的重要性。

爸爸妈妈抓住每一次机会，引导嘟嘟学会宽容待人。生活中每个人都不可避免地要与他人打交道，宽容待人，能够让敌人成为朋友；斤斤计较，能够让朋友变成敌人。宽容是一种风度，一种力量，掌握并运用这种力量的男孩会变得自信、强大、坚韧不拔。

宽容别人就是善待自己。将心比心，多给人一些关怀、尊重和理解，也会得到对方的关怀、尊重和理解。宽容就是对别人的缺点不幸灾乐祸，而是善意指出；宽容就是对别人的危难不袖手旁观，落井下石，而是尽力相助；宽容就是在人生得意马蹄疾时，也不会得意忘形，居功自傲，而是多想想别人对自己的帮助和恩惠，让三分功给别人。

蔺相如因"完璧归赵"立了大功，被封为上卿，位在大将军廉颇之

上。廉颇自恃功高，很不服气，扬言要羞辱他。蔺相如听到后，尽量回避、忍让，不和廉颇发生冲突。门客以为他胆小怕事，蔺相如说："秦王那么厉害，我都不怕，难道还怕廉颇？我考虑，强大的秦国之所以不入侵赵国，就是因为有我们两人在。如今二虎相斗，必有一伤，势必削弱抵御外敌的力量。我之所以躲避廉将军，是先国家之急而后私仇啊！"廉颇听到这话后，感觉很惭愧，于是负荆登门请罪，将相重归于好，成了生死之交。蔺相如的宽容不仅得到了廉颇的尊重，还使两人成为生死之交，可见宽容的力量是无穷的。

现在的家庭中，每一个孩子在父母的心目中都是宝贝，而且是无价之宝。父母不希望自己的儿子成为受气包，也不希望他成为一个到处惹是生非的小霸王。所以，对男孩进行宽容教育时，让孩子把握好这个"度"，显得尤其重要。

教育孩子学会宽容，父母先要摆清认识。把孩子当做家庭里的一个普通成员，不溺爱娇惯，不会无限度地满足他的愿望，也不能给他特殊权力或是让他高高在上；必须让他正确认识自己在家庭中的位置，心中有他人，而不是以自我为中心，一切只顾自己。适当让孩子体验一下吃亏让步的感受，以锻炼孩子的克制能力。鼓励孩子与同伴交往，让他从中得到锻炼，在解决处理矛盾的过程中认识到：只有团结友爱，宽容谦让，才能享受共同玩耍的快乐。教育孩子尊老爱幼，体谅他人的辛苦，珍惜他人的劳动成果。在家庭中，家长要作出友爱宽容的典范，让孩子成长在一个温馨和谐、友爱宽容的家庭环境中，在潜移默化的影响中形成宽容忍让的好品质。

5岁的毛毛辛辛苦苦地用积木搭了一座大房子，没想到被3岁的阳阳一不小心碰倒了。自己的劳动成果被破坏了，毛毛很恼怒。面对阳阳双眼含泪的道歉，毛毛坚决不肯原谅，不但手脚并用地打阳阳，还哭着喊："不行，我要你赔！"

妈妈对毛毛说："你很伤心，也很生气，妈妈能理解你的心情，所以妈妈不会因为你今天的表现而责备你。妈妈知道你搭好这个房子很辛苦，十分不容易，但阳阳不是故意要碰倒你的房子的，这只是一个意外。阳阳还小，她才3岁，还不能像毛毛一样那么小心翼翼地做事情。"

毛毛听了妈妈的话，仍然不肯原谅阳阳，固执地认为阳阳是故意碰倒的。妈妈说："那么，毛毛昨天早上把牛奶倒在了桌子上，还把杯子打破了，是不是也是故意的呢？妈妈昨天看到牛奶洒了也很生气，但后来妈妈听毛毛说对不起的时候，就已经明白你不是故意的。只是因为不小心，所以妈妈就原谅了毛毛。你要不要试试原谅一下别人是什么感觉呢？阳阳已经诚恳地向你道歉了，毛毛也应该有一点风度，原谅阳阳，才能说明毛毛真的长成男子汉啦！"

在妈妈的劝说下，毛毛最终原谅了阳阳，两个人又在一起高兴地玩玩具了。

本例中，妈妈从三点竭力劝说毛毛正确看待问题，第一，阳阳不是故意的，她还小，做不到小心翼翼；第二，毛毛曾经不小心洒了牛奶，妈妈原谅了他；第三，原谅别人是一种不同的感受。尽管毛毛才5岁，但这件事肯定会对他的成长起到重要的作用。从这件事情中，他学会心胸开阔，学会原谅别人。

学会原谅别人，有利于克服男孩"自我中心"的意识，了解"自我"与"他人"的含义；有利于男孩将来建立和谐的人际关系，培养良好的社会适应能力和合作精神；有利于男孩学会宽容、忍让，处处为别人着想。

目前，"421"家庭结构造成男孩"自我中心"意识较为严重，作为家长应该如何教育儿子学会原谅别人呢？

1. 创造机会让孩子接触更多的同龄人。通过在交往中取长补短，提高男孩的人际交往能力及社会适应能力，养成良好的性格。

2. 当男孩在交往中遇到矛盾和纠纷时，家长首先应当给予孩子抚慰，之后帮助孩子分析事情发生的原因，找出自己或别人的不对之处，让孩子明辨是非后再妥善处理。

3. 告诉男孩对朋友要以诚相待，对其错误要帮助改正。让孩子知道，原谅他人就是给对方改正的机会，更有利于增进友谊。

4. 疏导、转移孩子对矛盾结果的注意力。引导孩子反思发生矛盾的起因，检讨自己的过失，宽容伙伴的缺点与失误行为。

5. 父母要给儿子作出榜样，遇到矛盾或冲突时能宽宏大量，不怕吃亏，不计较得失。得饶人处且饶人，让孩子受到熏陶与教育，他才能逐渐学会原谅别人。

6. 帮助男孩掌握原谅的标准，正确处理所发生的问题，哪些可以原谅，哪些不可以原谅。原谅、忍让不等于没有原则，不是放弃批评与反抗。对于小是小非，没有严重后果的个人冲突，无意的损伤等不要太计较，要加以忍让和原谅。对于影响友谊与集体荣誉，故意做出的破坏行为等，绝对不可以忍让和原谅。告诉孩子可以采取灵活的方式，诚恳的态度，对其加以批评、制止，切忌不注意场合分寸，言词过激，盛气凌人。这样有可能增加对方的抵抗情绪，起相反的作用。

7. 让男孩体验一下不原谅别人的害处，总是斤斤计较，毫不容人，大家就会害怕并且不喜欢与他做朋友。

宽容不仅是男孩应有的一种风度，还会让男孩在社会里生活得更快乐，更从容。一个宽宏大量的人，常常主动为他人着想，积极关心和帮助他人，与人为善，因为计较得少，人生就会处处充满幸福与美好。原谅别人，给别人机会也是给自己机会。谁也不能保证一辈子不犯错误，现在原谅了别人，等以后自己不小心给别人造成伤害时，他也一定会原谅自己。做人一定要心胸开阔，能容人处且容人，不要斤斤计较于细小方面，只有心胸开阔才会得到别人的欢迎与尊重，才会有更多的朋友，才会有绚丽多彩的人生。

4. 成大事者必先磨掉棱角，学会忍让
谦和的处世态度

男孩的天性是好斗、冲动的，但父母不能任由孩子的这种天性自由发展。每个人都有自己的脾气和禀性，若谁也不容让，世界上就不会太平；如果男孩不懂得忍耐谦让，就很难受人欢迎，无法适应集体和社会。所以，男孩一定要严于律己，宽以待人，磨掉棱角，方可成大器。

谦让是一种美德，如果每个人都不谦让，社会就会变得没有礼仪，没有道德。但是，男孩一般都霸道、野蛮，缺乏节制和谦让的品质。因为周围没有兄弟姐妹，家长的宠爱都集中在一个孩子身上，造成男孩缺乏与别人分享食物、玩具的愉快体验，滋生了唯我独尊、独占一切的思想。

随着家庭经济收入的普遍提高，很多父母不惜投入巨资用于儿子的智力开发，一切以孩子为先，让儿子得到最优先、最可靠的保证，却忽略了对孩子道德品质的培养。也有些父母总担心孩子吃亏，无论发生什么事都把自己的孩子放在第一位。如孩子之间发生了矛盾，父母总感觉自己孩子吃了亏，于是横加指责、训斥别人的孩子，并告诉孩子不再与他玩，无形间损害了孩子良好性格与品质的形成。

这种环境下成长的男孩处处以自我为中心，争强好胜，自私自利，不懂得谦让，在交往中常常与他人发生矛盾。卡耐基说："在人生的道路上能谦让三分，即能天宽地阔，消除一切困难，解除一切纠葛。"

梵高在成为画家之前，曾到一个矿区当牧师。有一次他和工人一起下井，在升降机中，锈迹斑斑的铁索轧轧作响，箱板在左右摇晃，所有的人都沉默着，任凭这机器把他们运进一个深不见底的黑洞。这是一种进地狱的感觉，梵高非常害怕。事后，梵高问一个神态自若的老工人："你们是不是习惯了，不再感到恐惧了？"这位坐了几十年升降机的老工人答道：

"不，我们永远不习惯，永远感到害怕，只不过我们学会了忍耐。"

忍耐是一种理智，是一种美德，是一种成熟。父母应该对儿子加强道德修养的教育，让儿子达到"君子忍人所不能忍，容人所不能容，处人所不能处，为人所不能为"的境界。学会冷静、理智地处理问题，在一些非原则的是非面前，坚持"忍让哲学"，容人让人。

能在各种困境中忍受屈辱是一种能力，而能在屈辱中忍辱拼搏更是一种本领。小不忍则乱大谋，凡成就大业者莫不如此——

春秋战国时期，越王勾践被吴王夫差降服，勾践佯装称臣吴国，为吴王夫差养马，并鞍前马后地侍候吴王，终于获得了吴王的信任，被放回国。而后，他为了报仇雪恨，卧薪尝胆，经过十多年的艰苦磨炼，终于一举灭吴，杀死夫差。

三国时期的诸葛亮出祁山时，驻扎五丈原，向司马懿送去一套女人服装，并递信说："你如果不敢出战，便应恭敬地跪拜投降，如果你羞耻之心还没有泯灭，还有点儿男子气概，便立即批回，定期作战。"但司马懿却忍受侮辱，坚守不战。不久诸葛亮因积劳成疾而死，司马懿没伤一兵一将，不战而胜。

唐宣宗李忱在宦官当权的时候，装疯卖傻36年，终于坐上了皇位，迎来了唐朝后期难得的中兴，人称"小太宗"。

英国哲学家罗素说过："希望是坚忍的拐杖，忍耐是旅行袋，携带它们，人可以登上永恒之旅。"坚忍，是男孩的一种宝贵品德，更是父母应教给孩子的一种生存智慧。

方法一：和孩子评论一些同学、朋友的优点

孩子在学习和生活中总会和别人发生摩擦，若不能接纳不同观点，忍受不同待遇，就很容易令自己心态失衡，和别人发生矛盾。冲动的男孩甚至会对对方拳脚相加，造成不应有的后果。

所以，平时父母就应该时常告诉儿子：在学习、生活、工作中，不要太骄傲自大，无论是谁都有值得学习的地方。尤其是遇到比自己强的人，不要嫉妒或怀有敌意，而要懂得虚心请教。

妈妈发现涛涛刚上二年级，却总是和同学发生矛盾，一回家就说同学的不是。这可不是好现象，必须要让他懂得谦让和接受别人才行。

于是，妈妈和涛涛说："我想考察一下你的观察能力，看你是不是像法布尔一样善于观察。"

涛涛很有兴趣地说："怎么考察？让我也去看昆虫吗？"

妈妈说："不，我让你去观察同学。找出每个同学的好习惯和优点，找得越多越好。找到后记到本子上，一周后给我答案。"

一周后，涛涛交给妈妈一个本子，上面写着："李悦不随便吃人家的东西，张强有很强的自我保护意识，庆东喜欢学习新东西，王凯从来不迟到，费明能做到按时睡觉……"

妈妈夸奖说："看来，你的观察能力还真不错。如果你能吸取所有同学的优点，相信你一定是最棒的一个。"

就这样，涛涛在寻找别人的优点的过程中不知不觉地改掉了自己的不少缺点，同时交往能力和观察能力也有了很大的提高。

当人们称颂科学家牛顿的光辉成就时，他却认为自己好像是一个在海滨玩耍的孩子，只不过捡到了几片贝壳而已。谦虚的人总是既看到自己的优点和长处，又能看到自己的缺点和短处；既看到已取得的成绩，又懂得事业是永无止境的。

所以，父母要引导孩子做个谦虚的人，能够主动地取别人之长，补自己之短，不断地从集体中汲取养料，充实自己，为自己的进步和成功创造良好的条件。

方法二：要告诉孩子学会忍耐，能忍人之所不能忍

父母应告诉孩子：在受到别人的侮辱时，不要动辄愤怒，尤其是受到老师的严厉批评时，不要太情绪化，要有则改之、无则加勉。当然如果遇到别人毫无理由地辱骂时，则应义正词严，确保自己的尊严不受侵犯。

世界上没有过不了的关，没有过不去的坎儿，对待困境，最笨也最有

效的方法就是忍耐。只有能忍人之所不能忍，才能为人之所不能为。

现实生活中，谁也离不开人与人之间的交往，因此，父母应该从小引导男孩了解谦让、懂得谦让、学会谦让，让孩子学会与他人和睦相处，快乐交往。只有学会谦让，孩子将来才能和别人进行成功而持久的合作，并最终达到"双赢"的目的。

孔融小时候聪明好学，才思敏捷，巧言妙答，大家都夸他是奇童。他4岁时，已经可以背诵许多诗赋，并且懂得礼节，深受父母的喜爱。

一天，父亲的朋友带来了一盘梨子，父亲叫孔融他们七兄弟从最小的小弟开始自己挑。小弟首先挑走了一个最大的，而孔融却拣了一个最小的梨子说："我年纪最小，应该吃小的梨，剩下的大梨就给哥哥们吧。"父亲听后十分惊喜，又问："那弟弟也比你小啊？"孔融说："因为我是哥哥，弟弟比我小，所以我也应该让着他。"孔融让梨的故事，很快传遍了曲阜，并且一直流传下来，成了许多父母教育子女的好例子。

"孔融让梨"是每位父母教育孩子学会谦让最常用的故事。它告诉孩子并不只是别人让自己，也要自己让别人，不光要想到自己，还要想到别人。并引导孩子关心他人，学会理解他人，懂得先人后己。父母从小对孩子进行理智的引导，让孩子学会理解、学会善良、学会谦让，将会使孩子一生都受益无穷。

谦让是中华民族的美德，它是做人的基本素质，是文明礼貌的一种表现。谦让是社会生活中人与人之间和睦相处的一项道德规范，具有谦让品质的人在群体中更受欢迎，能够与人融洽相处。相反，骄横、唯我独尊、处处以个人利益为先、不懂谦让的人只能成为孤家寡人。

谦让是孩子优良品质的重要组成部分，也是对孩子进行德育教育的重要内容。即使在现今强调竞争的社会中，谦让仍然是一种美德，同样要求孩子全面发展，善于谦让，善于与人合作。所以，教男孩学会谦让，是让孩子学会做事、学会与人交往合作、学会生存的重要因素之一。

父母的言传身教对男孩影响很大，培养孩子谦让的品质，父母不仅要作好榜样，还要在家庭中创造一种谦让、和谐的气氛。让孩子在一个充满礼貌、谦让、和谐气氛的家庭里，自觉养成尊老爱幼、文明礼貌、恭敬谦让的品质。家里来客时，父母也要一视同仁，不能给孩子造成礼貌有差别的错觉。相反，如果家庭成员之间经常吵架、互不相让，在这种火药味极浓的环境中，孩子不仅不会懂得谦让，还会对家庭生活产生厌倦情绪，使性格变得乖僻。可见，良好的家庭氛围是使孩子懂得谦让的关键一环。

男孩活泼好动，喜欢游戏玩耍，可以引导他们在游戏中学会谦让，学会与其他孩子相处。如今的男孩大多是家里的独生子，一旦有小客人来访，都会给孩子带来乐趣。孩子们在一起玩耍、游戏的同时，他们之间也会产生矛盾和纠纷。这时，父母应该用主人的身份激发孩子的责任心，让孩子礼貌、谦让地对待小客人，热情地招待、照顾小客人，让孩子从中体会谦让对于人际交往的重要性。

谦让是以双方相互友好，互敬互让为前提的，要让男孩正确理解和发扬谦让的品格。谦让绝不是无原则的让步，也不是妥协退让。教育孩子学会谦让，绝不是要把孩子变成不辨是非不分善恶的和事佬，或是无原则退让、胆小怕事的懦弱之人。学习谦让的美德也要掌握个"度"，什么事情都不能过分，过度的谦让就不再是谦让，而是一种软弱的表现。尽管孩子可能还难以把握其中的界限，但适时地提出来，让孩子在生活实践中有所警惕，并学会妥善处理各种事情，也是很有必要的。

另外，还要帮助男孩分清谦让和竞争的意义。如今的时代变了，生活节奏不断加快，激烈残酷的竞争不断加剧，物欲的不断膨胀，导致很多人困惑：谦让和竞争哪个更重要？谦让是不是软弱无能的表现？谦让是不是就是吃亏？事实上，教育孩子谦让，是让孩子在交往中学会互助，在矛盾中学会谦让。让孩子学会有条件、有立场地让，当让则让，不当让则不让；而不能由于一味地强调谦让，让孩子失去向上的情感，失去责任感，失去创新和个性。

5. 让男孩懂得尊重别人才能赢得
别人对自己的尊重

　　尊重他人是一种爱心的付出，是一种情感的交流和互动。爱是基础，尊重是表现形式。没有广阔真诚的爱做基础，就不能表现出对他人的尊重；没有对他人的尊重，人与人之间的友爱也无从谈起。只有让男孩学会尊重他人，奉献出真诚的爱心，才会得到他人的尊重和爱心的回报。

　　尊重别人是人与人之间相处的一个法宝，也是男孩应该具备的一种美德。只有懂得尊重别人，自己才能得到别人同样的尊重。不懂尊重别人的人，也不会得到别人的尊重。尊重是人际关系的起点，获得别人的尊重的前提是尊重别人。不知道尊重别人的男孩，在人际交往中就会有许多摩擦，会失去很多朋友，将来的人生路上，就会失去许多帮助和支持。因此，父母应该从小教育孩子学会尊重别人。

　　巨象集团的总部设在纽约曼哈顿，是一幢70多层的大厦，大厦周围环绕着一片郁郁葱葱的花园绿地。

　　一天，一个妇人领着一个男孩走进这个花园，妇人好像很生气。坐在长椅上不停地和男孩说着什么。距他们不远处，一位头发花白的老人正在园中修剪灌木。

　　妇人突然从包里揪出一把纸巾揉成一团，甩手扔到老人刚剪过的灌木上，白花花的一团纸巾在翠绿的灌木丛中十分显眼。老人看了看妇人，妇人也满不在乎地看着他。老人没有说话，捡起那团纸扔到不远处的一个筐子里。

　　老人拿起剪刀继续剪枝，不料妇人又将一团纸扔了过来。"妈妈，你要干什么？"男孩奇怪地问妇人，妇人示意孩子不要做声。

　　老人过去把这团纸也捡起来扔到筐子里。老人刚拾起剪刀，妇人扔过来的第三团纸又落在他跟前的树顶上。

就这样，老人不厌其烦地捡起了妇人扔过来的六七团纸，始终没有露出不满和厌烦的神色。

"看到了吧！"妇人指着老人对男孩说，"我希望你明白，你现在不好好上学，以后就跟这个老园工一样没出息，只能做些低贱的下等工作！"

原来，这个男孩学习成绩不好，妈妈在教训他，眼前的老人成了她的"活教材"。

老人听到了妇人的话，放下剪刀走过来说："夫人，这是集团的私家花园，好像只有集团员工才能进来。"

"那当然，我是巨象集团所属一家公司的部门经理，就在大厦里工作！"妇人高傲地说着，拿出一张工作卡冲老人一晃。

"我能借你的手机用一下吗？"老人突然问。

妇人不情愿地把自己的手机递给老人，一边仍不忘借机教导儿子："你瞧这些穷人，都这么大年纪了连部手机也没有。你今后可要长出息哟！"

老人打完一个电话将手机还给妇人。不一会儿，一个人急匆匆地走过来，恭敬地站在老人面前。老人对他说："我现在提议免去这位女士在巨象集团的职务！"

"是，我马上按您吩咐的去办！"那人大声应道。

妇人大吃一惊，她认出这个人是巨象集团人力资源部的高层人员。"你……你怎么会对这个老园工那么毕恭毕敬呢？"她惊诧莫名地问道。

"什么？老园工？他是集团总裁詹姆斯先生！"

妇人颓然坐到椅子上，老人走过来抚了抚那男孩的头，说："我希望你明白，在这个世界上最重要的是要学会尊重每一个人……"

这个故事中的妇人只知道教育儿子学习，却不知道教育儿子学会尊重，甚至故意扔纸让老人捡，以示自己的高贵，没想到老人正是集团总裁，结果因为不懂得尊重而受到了惩罚。只有真正学会尊重他人，尊重身

边的每一个人，才能得到他人的尊重，最终才不会使自己受到损失。

人都有一定的自尊心，想要别人尊重自己，就必须先尊重别人。一个不懂得尊重他人的人，也不会得到他人的尊重。尊重别人的品德不是天生就有的，而是良好教育的结果。父母一定要认真培养，孩子才能学会尊重别人。

教男孩尊重别人最好的方法，就是父母在日常生活中以身作则，尊敬长辈，遵守公共秩序，对他人礼让……父母的表现就是孩子的一面镜子，孩子不仅在看，也在学。父母之间的尊重，对长辈的尊重，都会在潜移默化中影响教育孩子。有的父母经常当着孩子的面互相谩骂，揭对方的短处；有的父母喜欢在背后议论、嘲笑别人的短处；有的父母不尊重残疾人，带着鄙视的神情用对方的缺陷来称呼人家，这些不尊重别人的行为只会给孩子带来恶劣的影响。

另外，还要让男孩学会尊重别人的思想和理论。尊重父母，即使不满意父母的某些做法，也要礼貌地提出请求，而不是恶言相向；尊重老师，即使不赞同老师的观点和看法，也要等老师讲完，再举手示意说出自己的想法；尊重朋友，即使与朋友意见不统一，也要耐心地听对方讲述他的理由；尊重身边的每一个人，每个人都是社会的一分子，即使对某人反感厌恶，也不能侮辱他们。

尊重是相互的，不是单向的。中国有句古语：人敬我一尺，我敬人一丈。在与人相识、相交的过程中，只有学会尊重，坦诚相待，才会得到别人的尊重。尊重别人是一种素质、一种修养、一种智慧、一种胸怀，它体现了人与人之间的理解、信任、团结和平等。尊重别人可以给对方以自信、力量和温暖。尊重他人，是男孩必修的一堂课。是中华民族的传统美德。尊重别人不是同情，不是怜悯，也不是赏赐，尊重别人就是尊重自己。

我们经常可以看到一些青少年不懂得尊重别人，以自我为中心，总认为自己受别人的尊重是理所当然的，总是以为旁人友好的语调是虚情假意，总是以为叛逆地做着自认为很有个性的事才是个性和另类……

因此，无论外出或归家，他们从不记得与父母长辈打声招呼；

上课时，他们毫不介意地东张西望、窃窃私语，乱搞小动作；

在公共场合时，他们旁若无人地随地吐痰、乱扔废弃物；

和同学打招呼时，他们总会"喂喂……"地喊个不停；

喜欢胡乱给他人起绰号，并喜欢揭别人的伤疤取乐；

和朋友交谈时，因为观点不同，他们或是不耐烦地打断对方的谈话或是与别人争论不休，甚至人身攻击；

当看见沿街乞讨的落难者或辛劳奔波的民工时，他们往往会嗤之以鼻，避之不及……

如此行为，不仅会严重伤害他人的自尊，同时也将为自身完美品格的塑造设下障碍，严重影响人际关系，使自己在学习、生活、工作的道路上处处碰壁。

要让别人尊重你，你首先就要尊重他人。"如果你握紧一双拳头来见我。"美国前总统威尔逊说，"我想，我可以保证，我的拳头会握得比你更紧。但是如果你来找我说：'我们坐下，好好商量，看看彼此意见相异的原因是什么。'我们就会发觉，彼此的距离并不那么大。"所以，父母应教会男孩尊重他人. 这样才能获得别人的尊重。

方法一：从小树立父母的权威，让儿子尊重父母

孩子不懂得尊重别人，父母应负有很大责任——很多父母在孩子小的时候就没有教会孩子如何尊重他人，甚至没教会孩子如何尊重父母。

一个周末的下午，爸爸带志强去参加一个老同学的聚会。整个下午，这个5岁的孩子都让爸爸劳神儿费力。当爸爸和老同学们聊天时，志强不断嚷着要喝芒果汁，爸爸让他稍等一会儿，但志强一分钟也不能等待，马上大喊大叫起来。爸爸轻声制止他的无理乱叫，他却叫喊着要爸爸"闭嘴"。对儿子的这种行为，爸爸深感吃惊。事实上，平时在家里，志强也会偶尔对爸爸表现出不尊重，但儿子这次在聚会上的表现，让爸爸感到事态极为严重。

小孩子不尊重父母，往往是因为父母没有树立权威。他们片面地认

为，在家里对孩子限制太多，会让孩子以后难以适应社会。于是，对孩子的言行不加约束，久而久之，孩子连父母的权威都不放在眼里，当然就更不懂得尊重别人了。

父母应建立自己的权威，对于不愿意服从指示的孩子，父母应坚持自己的立场，因为多数孩子一旦发现争吵没有作用，他们就会自我约束了。

方法二：给儿子示范尊重人的方式

父母应让孩子懂得，表现出感激之情是显示对他人尊重的一种方式。例如，当着孩子的面，称赞他的班主任老师工作尽职尽责，业务水平高；还可以联合其他父母一起为生病的老师制作问候卡，并让孩子签上名。这些小小的表示和认可，向孩子传达的是：这些人是值得尊重的。

方法三：告诉儿子尊重都是相互的

父母应该告诉儿子：无论你有多么出众，也无论你有多么尊贵，都没有理由用骄傲的目光去审视别人，也没有资格用不屑一顾的神情去嘲笑别人。尤其是对弱者和失败者，更要尊重他们的人格、权利和劳动成果。

懂得尊重别人的男孩，在生活的方方面面中，都会展示出一种不凡的风度。

在课堂上，全神贯注地听老师的讲解；当听到同学回答问题出错时，不会嘲笑，也不会讥讽；到食堂用餐时，不会把餐桌上搞得一片狼藉；和长辈交谈时，会彬彬有礼，而绝不会跷起"二郎腿"；吃到可口的饭菜时，会对妈妈说出心中的感激；得到别人的帮助时，从不会忘记对提供帮助的人说声"谢谢"；和朋友交往时，从不刺探对方的隐私，更不在背后搬弄是非；无意中妨碍到别人时，总会真诚地说声"抱歉"……

尊重必须是相互的，只有这样才能领会到尊重的快乐，才能获得被人尊重的自豪感，才能塑造完美的道德品质，才能处处都有好人缘，才能使人生更臻完美！

方法四：把尊重的概念具体化

尊重的含义很广泛，孩子可能不知道具体要怎么做，父母可以把尊重的概念具体化，这样告诉孩子：

1. 要给人留面子

比如，不要当众指出对方的错误，尤其是当他人遇到挫折、情绪低落的时候，最好不要以成功者的姿态去教训，然后告诉对方应该如何去做。

2. 尊重他人的意见

当别人和自己的意见不同时，应允许对方表达自己的思想、观点以及看法，而不要把自己的意见强加给对方。

3. 尊重他人的隐私

朋友之间虽然应该真诚相待，但每个人都有他不愿公开的秘密。所以，我们应对他人的隐私给予尊重。否则，过分"关心"他人的隐私，不仅是不道德的，还有可能让你失去难得的友谊。

4. 尊重所有的人

不但要尊重你身边的熟人，而且还要尊重你不认识的人。所以，当你坐公交车时，要主动把座位让给身边的老人；在街上遇到有人向你求助时，应该耐心、热情地予以帮助，而不要漠然置之、敷衍了事。

6. 从小培养男孩的人际交往能力

在教育孩子的过程中，家长一定要注意的是：不能为了避免孩子与他人发生冲突，就把孩子关在家里，不让孩子与他人交往。

现在大部分家庭只有一个孩子，在几个大人照顾之下成长起来的孩子容易出现自我意识强烈的问题。作为家长，要有意识地在生活中培养孩子与人交往的能力。

心理学研究表明，对任何人来说，正常的人际交往和良好的人际关系都是其心理正常发展、个性健康发展的必要前提。成功学大师戴尔·卡耐基说过，一个人的成功，15％靠专业知识，85％靠人际关系。

心理学家曾对一年级学生进行调查，发现只有10％的学生能大胆地、完整地回答老师的问题和进行自我介绍。许多孩子在家里是"百灵鸟"、"小喇叭"，在学校却不愿过多与同学、老师说话。对高年级学生调查发现，相当一部分学生在与同伴交往中存在胆怯、任性、孤独等问题。有40％的孩子在家里不愿对大人说真话，有时对家长的劝告和教育只是应付而已。

可见，引导孩子学会交朋友，善于交际是一个重要的社会问题。任何人，要想取得成功都离不开别人，离不开稳定而良好的人际关系。所以，家长一定要注意正确引导孩子与人交往。

发掘孩子的特长

如果孩子在某方面擅长，他的信心便可以建立起来，并利用这种专长结交朋友。有位专家说："友谊是以共同爱好为基础的。如果你的孩子朋友不多，你可帮助他培养某些爱好，从而认识更多的朋友。"家长可以为孩子制造机会，帮助他发掘自己的专长。

为孩子树立榜样

家长是孩子心中的榜样，家长的一言一行都会给孩子留下深刻的印象。如果家长在家能够注意营造和谐的家庭气氛，和孩子平等相处，遇事能多为别人着想。孩子不但会尊重家长，也会懂得克制和谦让，遇事与人商量。

创造机会提高孩子的交往能力

安排孩子和不同年龄的小朋友交往。如和同年龄的孩子玩，他可以学会与同伴相沟通和配合的技能；与比自己大的孩子交往，他可以学到更多的知识，掌握更多的技能技巧和解决问题的方法；与比自己小的孩子一起活动，他们又会变成活动的带头人，锻炼他怎样说服下级，取得对自己的信任。在日常交往中也要培养孩子的交往能力。如在商场，让孩子试着购买自己喜欢的东西；在马路上，让孩子有礼貌地向别人问路；在家里，让孩子帮助妈妈洗菜、扫地；做客时，让孩子与不同的亲戚朋友交流、玩耍等。

培养孩子与人交往的技能

这主要从礼貌、交谈、合作、助人和仪表修饰方面进行指导。在礼貌方面，教育孩子面带微笑，主动向别人问好，用商量的口吻与别人说话，在生活中正确地使用礼貌用语；在交往技能方面，教他主动热情地把自己的玩具给小伙伴玩，相互拉拉手表示友好；在合作技能方面，强调轮换角色，分享快乐，做到胜不骄、败不馁；在帮助别人方面，培养孩子的同情心，对别人的正当请求和困难提供帮助，从而获得伙伴的喜爱，以结交更多的朋友，在友情中体会到交友的乐趣；在仪表修饰方面，强调整洁大方，增强自信心。

帮助孩子克服以自我为中心的坏毛病

以自我为中心是学前阶段孩子心理发展的一个特点，了解孩子的发展特点，才能解决在交往过程中出现的问题。孩子思考的方式都是从自己出发，自己想要的东西，就会认为别人也想要；自己想做的事情，就会认为别人也想做。别人表现出不愿意，孩子就会想不通，可能就会采取强迫别人的方法满足自己的需要。帮助孩子多区分一下，哪些是自己的想法，哪些是别人的想法，自己的想法会与别人的想法不一样，自己想做的事，别人可能不想做等。帮助孩子分清自己和别人，帮助孩子了解每个人的想法都会不一样，不能强迫别人和自己玩。孩子只有了解自己和别人的区别，克服"自我中心"，才能在与小朋友的交往中少一些矛盾，多一份和谐。

指导孩子与朋友相处

在孩子交朋友的过程中，家长要不断地进行指导：对待朋友要真诚坦率，以诚相待，严于律己，宽以待人。每个人的性格、情趣各有不同，交往中就要尽量尊重朋友的意愿，主动寻找双方都感兴趣的事物进行交谈。另外，由于每个朋友都有心理敏感区，那就要在平时说话、玩笑里，尽量避免刺激朋友的心理敏感点，不要刺痛他心灵的"疮疤"。

家长要尽可能做孩子的朋友，培养孩子敢说话、爱说话的性格。家庭

大事，尽可能让孩子参与讨论，尤其是涉及孩子的问题，应当从孩子的正当权益和今后发展考虑，多听听孩子的意见，这样有利于孩子树立信心，大胆地与人交往。

培养孩子的交往能力对孩子的健康成长，特别是社会性发展具有重要的作用。

孩子的人际交往能力主要体现在以下方面：能够安静地听别人讲话，理解、安慰和关心别人，喜欢和小伙伴玩耍等。这些能力都是需要家长用耐心来培养的。家长不能错误地认为孩子天生性格内向，不爱说话。其实，每个孩子都具有可塑性，如果家长不对孩子进行交往能力的培养，孩子难免会发展成为独来独往、唯我独尊的人，长此以往，孩子的心理就会扭曲，并影响其他方面的成长。因此，家长要正确认识孩子的交往能力并加以培养。具体来说，可以从以下几个方面做起。

鼓励孩子参加各种体育活动

体育是一种直接与人正面接触和竞争的群体活动。不论是棋类还是球类，不论是田赛还是径赛，它总是要有两个以上的人参与才有意义。更重要的是，体育活动不但需要智慧和力量，而且需要胆量。胆量，正是人际交往所必需的一种要素。鼓励孩子经常参加各种体育活动，既有利于提高孩子的身体素质，有利于培养兴趣，也有利于提高交往能力。孩子一旦爱上体育，就会主动寻找对手，这种寻找，就是交际。合适的对手，往往就是友谊的伙伴。

有意识地让孩子独自做客、待客

让孩子独自到同学或邻居家去串门，到亲戚家去做客，这都是锻炼孩子交往能力的机会。串门做客，需要寒暄和问候，也需要交谈和有关礼物的收送。与家长一道去，孩子是附带的，不用应付，没有压力，应酬的主角是家长。让孩子一个人去，自己成了主角，与对方的一切接触都得由自己来应酬。这无疑把孩子推到了前线，促使其考虑如何交际，家里来了客人，有时不妨让孩子去接待，特别是与孩子年龄相仿的客人或朋友，家长千万不要包办代替。

多为孩子提供社交的机会

家长应鼓励孩子多参加各种活动，并在这些活动中教他们一些最简单的社交礼节。一般来说，孩子从 4 岁开始，就会喜欢社交活动，如参加小朋友的生日聚会或幼儿园的游艺会等，而且他们中不少人很喜欢在社交活动中自我表现。家长应提供各种机会，让孩子亲身实践社交行为。如当孩子过生日时，家长可以帮助孩子策划一个生日会。生日会上，孩子作为主人，以谦让、有礼的态度去招待客人，是最好的社交活动的实践。家长也可带孩子参加亲友的茶会或去探访朋友，让孩子学习做客人应有的礼貌，取得良好的社交经验。

鼓励孩子跟小伙伴交往

孩子有自己的交往范围。相互之间的社会生活是孩子健康发展不可缺少的因素，所以家长应该多鼓励孩子与小伙伴接触。

"让孩子教育孩子"，使他们在相互交往中获取社会生活的经验，学会如何控制和调节自己的行为，发展社会交往能力。一些家长总觉得孩子小，担心他在与人发生冲突时吃亏，于是在孩子进行户外活动时，时刻不离孩子左右，限制了的社交能力的发展。殊不知，孩子正是在相互摩擦中"吃一堑，长一智"。同时要积极引导孩子和不同年龄层次的伙伴一起玩，以积累更丰富的交往经验，从而提高其自制能力、抗挫折能力和交往水平。

创造良好的家庭交往环境

在家庭中应创造一种民主平等、亲切和谐的交往氛围，以家长为中心和以孩子为中心的家庭都是不可取的，家长应当成为孩子的朋友，要让孩子敢说、爱说，有机会说话。家庭中的大小事，孩子能理解的，应该让孩子知道。适当地让孩子参与成人的某些议论，有利于树立孩子的自信心，使孩子敢于与成人交往。家庭中有关孩子的一些问题，更应该听听孩子的意见，看看孩子的想法，不要一味地只是家长说了

才算。

    在交往中，遇到与自己意愿相悖的事，家长应教育孩子学会忍让，与同伴友好合作，暂时克制自己的愿望，服从多数人的意见。例如，几个孩子在一起商量做什么游戏，大家都说玩丢手绢，而自己却想玩捉迷藏，此时，就要克制自己的愿望，和同伴一起高高兴兴地玩丢手绢的游戏。这样才能使交往顺利进行。

第九章　懂得爱和感恩的男孩才有出息

1. 从小对男孩进行爱心教育，让爱心陪伴男孩一生

爱心教育可以让孩子警觉别人的困难，唤醒孩子的良知与感情，让孩子变得宽容并具有同情心，能够理解别人的需要，去帮助那些受到伤害和需要帮助的人。爱心的培养属于德育的范畴，而德育是一个循环反复长期发展的过程。家长必须牢牢抓住孩子这一时期身心发展的特点，精心培育，言传身教，让孩子由被动不自觉的模仿行为变成主动自觉的行为，让爱心在每个独生子女身上发扬下去，永不泯灭。

奉献一点儿爱心，去爱身边的人，是每个人都能做到的事。一句话，一个微笑，一束鲜花就足够了，对于自己没有任何损失，但却给别人带来温暖。同时也会让自己的人生更加美丽绚烂。爱心能使人生更有意义，爱的反面不是恨，而是漠然。一个人如果失去了爱的能力，他的人生也会异常黯淡。

教育男孩要建立在爱的基础之上，让孩子充分感受到父母之爱，并对他们产生影响，让他们置身于爱的海洋中，学会"爱"。爱父母、爱朋友、爱老师、爱他人、爱集体、爱国家……

现在的孩子每天面对的是一个令人不安的世界，它充斥着暴力、毒品、残酷和不公正，所有这些都有可能让男孩丧失爱心，变得冷酷无情。孩子观看暴力演出越多，他们容忍恶行的可能性就越大。长期下去，孩子就会形成具有侵略性的价值观和行为，变得麻木不仁。对整个世界失去信心。云南大

学生马加爵残忍地杀死同学的例子，在每一个人的心中敲响了警钟，提醒父母对男孩加强心理健康教育的同时，还要加强对孩子的爱心教育。

毛泽东的母亲毛文氏忠厚贤惠，心地善良，对贫苦人富有同情心，常常瞒着丈夫给贫苦乡亲接济粮食。她的这种美德对毛泽东的影响很大。

毛泽东有个堂叔生活非常困难，父亲想趁机买下他的水田，遭到母亲的强烈反对。不仅如此，母亲还常常带着毛泽东去偷偷接济这个亲戚。母亲的言行深深地影响了毛泽东，耳濡目染。他从小就对弱者具有同情心，并像母亲一样经常去帮助别人。

毛泽东读书后，一天，他向母亲提出要带着午饭到学校里去吃。母亲以为他是为了节省往返的时间和精力，同意了儿子的要求。但是以后连续几天，母亲发现儿子带的午餐一次比一次量多，晚上放学回家后仍旧是一副很饥饿的样子，不由担心儿子得了什么怪病。在母亲的询问下，毛泽东老老实实地告诉母亲，他们班上新来了一个同学，家里很穷，每天都没有午餐吃，总是挨饿，于是，他把自己的饭和这个同学匀着一起吃。母亲听了儿子的解释很欣慰，此后，每天都给儿子准备两个人的午饭，饭菜也越来越丰盛。

母亲这种乐于助人的品行，影响了毛泽东的思想和性格。一直到他成为伟人后，他仍旧继承和发扬着这些美德。

母亲对少年毛泽东的德育教育和熏陶让他一生都受益无穷。毛泽东幼年时就知道热心助人，懂得爱的奉献；解放后，他仍然多次给生活困难的父老乡亲和师友寄钱，而自己则节衣缩食，吃穿很普通，生活相当俭朴。送人玫瑰，手有余香，毛泽东为所有人作了一个榜样。

现在家庭里大多是独生子女，孩子在家中如众星捧月，父母更要警惕在这种环境下成长的孩子产生自私的倾向。常常可以看到，很多男孩面对一个跌倒的老人无动于衷；公共汽车上，看到孕妇不知道让座；看到路边的流浪狗捡起石头就砸；还有几个男孩子一起欺负一个弱小的孩子……爱心、同情心是一个人品德端正最可靠的保证，一个没有爱心、同情心的男孩不会去宽容、帮助他人，将来也无法在竞争日益激烈的社会中生存。因此，家长有责任为孩子营造一个有爱心的氛围，把孩子培养成有爱心、同情心的男子汉。

"爱人者，人恒爱之"。先伸出自己的手，才能握住别人的手；有过被爱的深切感受，才能有爱别人的能力。家长想要培养出一个富有爱心的孩子，就要教孩子从小学会爱！

1. 在生活中培养孩子的爱心、同情心。如带孩子去敬老院看望孤寡老人；带孩子乘坐公共汽车时，给老人和孕妇让座，让孩子逐渐建立起爱心。缺乏爱心和同情心的孩子，只知关心自己的快乐，无视别人的痛苦，甚至把自己的快乐建立在别人的痛苦之上，很容易形成人格缺陷。

2. 爱心、同情心的培养还需要家长对孩子进行移情训练。如让孩子把自己痛苦时的感受与别人在同样情境下的体验加以对比，换位思考，体会别人的心情，让孩子学会理解别人、体谅别人。

3. 培养孩子对万物生命的尊重。引导孩子把关爱的情绪扩展到人以外的事物，可以通过在家中养宠物，像猫、狗、鸟、鱼等，或是种几盆花草等植物，让孩子负责去饲养、换水、清理。在照顾动植物的过程中，孩子逐渐了解生命的意义，明白万物都需要受尊重的道理。

4. 家长给孩子作出榜样。家庭是孩子成长的沃土，父母是孩子的一面镜子，孩子的性格、品行首先是在家庭中养成的，家长的言行都会给孩子留下深刻的印象。因此，要培养孩子的爱心和同情心，父母要注意和别人融洽相处，与亲友、邻里之间互相帮助，互相关心。

总之，爱心需要从小培养，爱心教育是一个长期的潜移默化的教育过程。给男孩的心灵插上爱心的翅膀，让他成为一个有爱心、会关心、会生活、会学习的全面发展的人，将来才能更好地立足于社会。

2. 让男孩从小有颗感恩的心

"谁言寸草心，报得三春晖"，是父母给了孩子生命，是父母养育孩子

长大成人；是父母给了孩子世界上最伟大而崇高的亲情，是父母让孩子真正懂得了什么是骨肉至亲。"打虎要靠亲兄弟，上阵还须父子兵"，当你遇到生命的挫折，人生的艰难，生活的不幸时，第一时间赶到你的身边，和你分担痛苦的人是谁？那一定是我们的父亲、母亲。

孩子的感恩心态不是天生就有的，而是在日常生活的点滴中逐渐培养起来的。

感恩是一种品德，也是一种生活态度。如果人与人之间缺乏感恩之心，必然会导致人际关系的冷漠。所以，每个人都应该学会感恩，而感恩教育对现在的孩子来说尤其重要。

一个连感恩都不知晓的人必定是拥有一颗冷酷绝情的心。在人生的道路上，随时都会产生令人动容的感恩之事。且不说家庭中的，就是日常生活中、工作中、学习中所遇之事所遇之人给予的点点滴滴的关心与帮助，都值得我们用心去感恩，铭记那无私的人性之美和不图回报的惠助之恩。感恩不仅仅是为了报恩，因为有些恩泽是我们无法回报的，有些恩情更不是等量回报就能一笔还清的，唯有用纯真的心灵去感动去铭刻去永记，才能真正对得起给你恩惠的人。

当前，以独生子女为主的家庭中普遍存在以下不良倾向：孩子只知受惠，不知感恩；只知索取，不知奉献；只知攀比，不知回报；只知被爱，不知责任。在独生子女家庭中，孩子是家中的小太阳，爸爸妈妈宠，外公外婆爱，爷爷奶奶亲，"所有人只为他一人而动"。家长把养育孩子当成自我情感的满足，给孩子处处创造优厚的生活条件。他们认为自己所做的一切都是应该的，从来没有想过，也不想得到孩子的回报，其实，这种做法非常不利于孩子的成长。

久而久之，孩子会认为得到的东西似乎是理所当然的，爸爸妈妈所做的事情当然也是他们应该做的。这样，孩子就会形成只要求他人关心、爱护、谦让自己，不会想着去关心他人、感激他人的坏毛病。

家长培养孩子的感激之心可以从以下几个方面着手。

在用餐时对孩子进行教育

用餐时间是教育孩子的最佳时机，也是家长和孩子沟通的好时机。家长在用餐时，可以借此机会谈谈农民或厨师、服务员的辛苦，表示对他们的感激，不要让孩子误以为他们的劳动是理所当然的而心安理得。在日本，一些家长教育孩子用餐时，一定会双手合十，说声："我领受了。"然后才动筷，吃完后，要说：感谢妈妈，今天的饭菜真好吃"之后才离开餐桌。

不要过分屈从孩子的要求

有些家长满心希望孩子产生这样的想法："爸爸妈妈真是太爱我了，我好感动，我一定要好好学习，长大后报答爸爸妈妈，我真感激爸爸妈妈!"其实溺爱孩子，并不能让孩子萌生感激之情。对孩子的关爱是重要的，但更重要的是要培养他的责任感。没有责任感的人，通常也没有感激之心。不会感激的人总是以自我为中心，没有受到良好教育的独生子女之所以被称为"小皇帝"，是因为他"自我膨胀"，对周围的人过度的爱心视为天经地义，不知道心怀感激。

教会孩子说"谢谢"

要教会孩子真诚地对他人说："谢谢!"孩子学会感激他人，让孩子在谦虚和真诚中得到朋友的帮助，从而一步步走向成功。

引导孩子向周围的人表达感激之情

引导孩子热爱自己的爸爸妈妈等长辈，喜欢老师和班里的同学；感谢爸爸妈妈和老师对自己的爱，对自己的教育和帮助。并采取一些方法来表达自己的感激之情，比如说，鼓励孩子在家人生日、教师节等时刻自己画一些画，或者写一些字，做一些表达谢意和祝福的卡片送给家人或老师。既让孩子表达了自己的心意，也让整个过程充满了创意和快乐。

为孩子作榜样

孩子的学习过程就是一个不断模仿的过程，而模仿的对象往往就是自己的爸爸妈妈。所以，想让孩子成为一个懂得感恩的孩子，家长就要给孩子作榜样，无论什么时候，都别忘了说一声"谢谢"或者做一些动作，如

拥抱等来表达自己的感激之情。

让孩子关心那些不幸的人

家长不要指望可以通过诸如"快点吃饭，知道不知道在非洲，很多小孩是吃不上饭的"等等，来让孩子明白，在世界的某个角落还生存着许多不幸的人，从而培养他们对弱者的怜悯，让他们学会去关心那些生活不幸的人。

让孩子远离暴力

经验表明，孩子如果经常接受残酷的、令人堕落的画面、事情，就会使内心的美好愿望遭到侵蚀，降低对世界的美好想象，自己的爱心也会遭到损毁。比如，家长经常吵架，孩子观看充满暴力的动画片、小说，孩子经常打架等，都不利于培养孩子的爱心。

让孩子在行为上得到陶冶

家长要针对孩子的情况，从日常生活中的小事着手，让孩子在行为上得到陶冶。例如，给孩子吃东西时，教育他应先给长辈吃，再自己吃；懂得大的给别人，小的给自己；与同伴交往活动时，教育他照顾好比自己小的同伴，能将玩具给别人玩，对同伴要谦让、关心、友爱，在孩子的心灵播下关心别人、与人分担苦痛和分享快乐的种子。

著名教育家夸美纽斯说过："一切存在的东西都是在娇弱时候最容易屈服、最容易形成，到大以后就不容易改变了。"家长一定要抓住孩子心理发展的关键时期，对孩子进行爱心教育，促进孩子心理的健康发展。

有时候，家长却由于工作忙或其他原因，对孩子表现出来的爱心视而不见，或训斥一番，把孩子的爱心扼杀在了萌芽之中。

比如，有个小女孩为刚下班的妈妈倒了一杯茶，妈妈却着急地说："去去去，快去写作业，谁用你倒茶！"再如，有个孩子蹲在地上帮一只受伤的小鸡包扎，孩子的妈妈生气地说："谁让你摸它了，小鸡多脏呀！"孩子的爱心就这样被家长抹杀了。事实上，在很多情况下家长并不知道自己的行为会在不经意间伤害或抹杀孩子的爱心。

3. 善良不代表脆弱——让善良的男孩学会坚强

父母既要对孩子的善举积极肯定，还要引导孩子理解什么是真正的善良，而不是一味地忍让。因为善良不等于懦弱，而且做一个好人，仅有善良是不够的。

善良对于任何人来说都是优点，拥有善良的同情心和仁慈品质的男孩，将来才能成为富有道德情感的正直的人。一个根本不知道关心人、同情人的男孩必定会产生阴暗的心理，心理也不会健全。因此，父母必须要从小培养男孩的爱心，在孩子的心中播撒善良的种子。

但是，善良也是有原则的。真正善良的人会保护弱者，打击坏人，而一味无原则的善良则是一种迂腐、懦弱的表现。家长在教育男孩善良的同时，要让孩子认清，善良的实质是同情弱者、匡扶正义，毫无原则地忍让则是懦弱的表现。维特根斯坦说："勇气通往天堂之途，懦弱往往叩开地狱之门。"懦弱是人性中勇敢品质的"腐蚀剂"，时时侵蚀着孩子的心灵。

在教育儿子谦让、善良时，聪聪的妈妈感到迷茫了，不知孩子的行为是善良，还是懦弱？

聪聪5岁了，聪明伶俐，热情善良，但是说起儿子的善良时，妈妈心里总不是滋味。从儿子很小的时候，妈妈就教他有礼貌，聪聪一直以来也都是别人眼中的乖孩子，人人都夸他："这孩子心地真好。"可是妈妈总觉得这都是儿子用忍让换来的，这种称赞让妈妈为儿子的忍让有些心疼。

聪聪第一次打人时，妈妈说"弟弟小，你要让着他"或"哥哥大，你要跟哥哥友好"。有小朋友来家里玩，要聪聪的小火车，聪聪不肯给时，妈妈说："他是客人，让他玩吧！"儿子不明白了，问妈妈："为什么弟弟小，我就要让；哥哥比我大，他却不让我呢？"妈妈不知怎么回答。只好说："因为你最懂事。"为了做妈妈喜欢的懂事的孩子，聪聪渐渐地养成了

事事都让的习惯。

当别的孩子动手打聪聪时，他既不跑也不还手，只是愣愣地看着。碍于大人之间的情面，妈妈只好违心地说"没关系"。但妈妈的心里还是很气恼，有时她也会对儿子说："他打你，你也可以打他。"但聪聪可怜兮兮地望着生气的妈妈说："那他妈妈就不高兴了。"儿子的话让妈妈有些心酸。

聪聪带着玩具到楼下玩沙子。一个孩子拿走了聪聪的运沙车，另外一个孩子拎走了他的小铲子，其他的孩子也纷纷过来拿聪聪的玩具，最后，聪聪只好用手挖沙子。妈妈看着别的孩子拿走儿子的玩具，提醒儿子："他们拿走你的玩具，你玩什么？"聪聪却安慰妈妈："不要紧的。"

聪聪的妈妈开始反省，自己对聪聪的教育是不是错了？妈妈的本意是希望孩子有礼貌、有修养，可儿子如此消极，不知道争取自己的利益，将来怎能应对激烈的社会竞争呢？聪聪虽然善良，但他的做法也存在问题。他在忍让的尺度上似乎有点儿过头，尽管是出于善良的本意，但无原则的一味忍让，只能产生一些消极的后果。

美国著名法官艾文·班·库柏小时候很懦弱。因为家中贫穷，他小时候必须到附近的铁道捡拾碎煤块回家取暖，他为此觉得很难堪。但是，有一群恶少，专门守在他回家的路上，等着取笑他并打他，为此，班·库柏一直难以摆脱恐惧、自卑的阴影。当他看了哈瑞特·亚格写的《罗勃特·卡夫迪的奋斗》一书之后，他决定效法书中的主人公，勇敢抵制横逆。再遇到那几个恶少时，班与他们进行了激烈的打斗。尽管他的鼻子流血了，身上也布满了淤紫的伤痕，但他把几个恶少打跑了，而且，他从此克服了恐惧懦弱心理。从那一天开始，他改变了自己的世界。不再害怕邪恶的班长大后，成了一名让罪犯害怕的法官。可见，无原则地忍让是懦弱的代名词，它只会让邪恶势力的气焰升高。当自己的利益受到无端侵害时，采取合适的方式反击，让对方认识错误并改正，才是善良的真义。

父母平时有意识地给孩子展现一些善良与忍让的不同情境，并点明情境的特点，帮助孩子认识不同情境下的忍让行为可能带来的结果，让孩子通过分析和判断，逐渐地懂得善良，学会有限度地忍让。

忍让不同于退让，适度地忍让是大度，是宽容，而无原则、一味地忍让则是懦弱与无能。无谓地忍让其实就是对规则的破坏，虽然自己吃亏也未必能达到杜绝恶行的效果。在不同的情境、不同的场合下，忍让有着不同的含义。长者对待幼儿成长过程中的无礼包容大度，强者对待弱者的过失宽大为怀，有理者对待无理者一时的挑衅置之一笑，师者对待学者的错误和特立独行提供方便之门，这些忍让都是一种大度的品性，是一种朴素的修养和美德，是人的善良本性的自然流露。如果一再忍让反而助长其嚣张气焰，该出手时不出手，不去勇敢地制止恶行，这就是懦弱的表现。不但自己走不出受人欺负的困境，还有可能帮助一个即将犯更大错误的人，从而让自己的善良之举变成他人的私利。

家庭对男孩的成长、个性的形成，往往有其特定的影响和作用。父母要共同承担起教育的责任，父亲培养儿子勇敢、刚毅、乐于交往的品质，母亲则不能专制，不要试图控制一切，把孩子管得过死。对孩子干预、禁止太多，就会造成男孩胆怯、懦弱，不敢大声说话，不敢与人竞争。培养善良的男孩还要赋予他们勇气，在被欺侮压迫时敢于进行反击、保护自己，而不是等待老师或父母替他出头，永远把希望寄托在别人身上。

4. 让男孩从小学会付出和给予

让孩子从一个表情、一句问候、一个眼神、一件小事开始，学会付出和给予，善意地看待这个世界，快乐就会与他时时相伴。

父母要让男孩学会给予。越是不肯给予，越不让他占到便宜；越是肯给予，越让他得到，这样孩子就能够学会付出，学会奉献，学会去爱，而不是一个只知被爱、得到和索取的人。

有一年的圣诞节，哥哥送给杰瑞一辆新车作为圣诞礼物。圣诞节的前一天，杰瑞从办公室走出来时，看到一个小男孩正在他闪亮的新车旁走来走去，并不时触摸它，满脸美慕的神情。

杰瑞饶有兴趣地看着这个小男孩。从他的衣着来看，他的家庭显然不属于自己这个阶层。就在这时，小男孩抬起头，问道："先生，这是你的车吗？"

"是啊。"杰瑞说，"这是我哥哥送给我的圣诞礼物。"

小男孩睁大了眼睛说："你是说，这是你哥哥送给你的，而你不用花1角钱？"

杰瑞点点头。小男孩说："哇！我希望……"

杰瑞以为小男孩肯定是希望也能有一个这样的哥哥，但小男孩说出的却是："我希望自己也能当这样的哥哥。"

杰瑞十分感动地看着这个小男孩，然后问他："要不要坐我的新车去兜风？"

小男孩惊喜万分地答应了。

逛了一会儿之后，小男孩转身向杰瑞说："先生，能不能麻烦你把车开到我家门前？"

杰瑞微微一笑，他觉得他理解小男孩的想法：坐一辆大而漂亮的车子回家，在小朋友的面前是很神气的事儿。但是，他又错了。

"麻烦你停在两个台阶那里，等我一下好吗？"

小男孩跳下车，三步并作两步地跑上台阶，进入屋内。不一会儿他出来了，并带着一个显然是他弟弟的孩子，这个孩子因患小儿麻痹症跛着一只脚。他扶着弟弟坐在下边的台阶上，自己紧靠着坐在旁边，然后指着杰瑞的车子说："看见了吗？就像我在楼上跟你讲的一样，很漂亮对不对？这是他哥哥送给他的圣诞礼物，他不用花1角钱！将来有一天我也要送你一部和这一样的车子，这样你就可以看到我一直跟你讲的橱窗里那些好看的圣诞礼物了。"

杰瑞的眼睛湿润了，他走下车子，将小弟弟抱到车子前排座位上。他的哥哥眼睛里闪着喜悦的光芒，也爬了上来。于是三个人开始了一次令人难忘的假日之旅。

在这个圣诞节，杰瑞明白了一个道理：给予真的比接受更令人快乐。

杰瑞沉浸在接受圣诞礼物的快乐中，自然而然地认为男孩也会希望得到同样的礼物，可是，当他看到男孩认真地对弟弟说，将来也要送一辆同样的车做礼物时，他发现了给予的快乐。罗曼·罗兰说："快乐不能靠外来的物质和虚荣，而要靠自己内心的高贵和正直。"

教男孩学会给予和付出，可以让他感受到舍己为人、不求任何回报的快乐和满足。赠人玫瑰，手留余香。给予是一种快乐，它能传播快乐，让爱和快乐传递给父母、朋友以及身边的一切人。

生活中，男孩比较霸道，不肯给予别人。与人分享是很常见的现象，更有孩子认为：凡是他能够得到的东西都是属于他的。所以，对于每位家长来说，应该从小让男孩学会付出和给予。

首先，家长在孩子眼中应该是一个有爱心、会与他人分享的人。父母的行为对男孩有着最直接、最持久的影响作用，为孩子树立学习和模仿的榜样，是父母的首要任务。在生活中，父母应该慷慨待人，如主动把好吃的食物拿出来让别人吃，肯把东西借给邻居使用，乐意把自己的物品转让给别人等。

其次，要为男孩提供给予、与人分享、与人交往的机会。如买回的食品不要全部给孩子吃，鼓励孩子把糖果分发给每个家庭成员，和家人共同分享。引导孩子把玩具拿出来，和小朋友一起玩。让孩子和小朋友交换玩具玩耍，从而让孩子明白礼尚往来的必要性，以及互相帮助的重要性。对于孩子主动给予、互换的行为，家长要及时进行肯定和鼓励，让孩子体验给予的快乐和成就感。

再有，用身边给予的例子感染男孩。鼓励孩子和慷慨给予的人交往，在长期交往过程中，孩子就会不知不觉地学会付出和给予。父母也可以利

用电影、电视、儿童读物中的榜样来教育、熏陶孩子。在各种各样的给予行为的影响下，孩子就会逐渐产生给予的意识，体会到给予的乐趣。

最后，家长在日常生活中，可以带男孩一起关心帮助贫困者和受难者。鼓励孩子解囊相助，把自己的玩具或食物送给贫困家庭的孩子，把自己的零花钱积攒下来，捐给灾区或急需用钱治病的人，也可以带男孩去孤儿院做一些力所能及的事情。他们在体会到助人的乐趣后，逐渐就会把这种乐趣作为一种强烈的精神需要，最终养成宽厚待人、乐善好施的性格。

5. 让男孩克服自私心理，走出自我中心

自私是现在的独生子普遍存在的问题，一方面因为家里没有兄弟姐妹，吃的玩的没有人和他分享；另一方面，还由于家长的教育态度和方法不当，过度关心，过于迁就孩子，把孩子放到最高的位置上，让他养成了以自我为中心，只顾自己不顾他人的自私心理。家长要教孩子学会考虑别人的感受，在孩子表现出爱心的时候，及时加以表扬。

有时候，孩子会把家里的音响声音、电视声音调得很大，或者把家里的空调温度开得很低，他觉得只要自己舒服就好。出现这样的状况就是因为孩子多半只会考虑到自己，而不会顾及别人的感受，总是喜欢以自我为中心。

在现实生活中，有些家长对孩子关心过度、照顾过度、宠爱过度、迁就过度。这样会使孩子在不知不觉中加重自我意识，形成以自我为中心的心理定势，只顾自己，不考虑他人。纠正孩子的这种心理定势，不是一件容易的事，家长要耐心、细致。

克服孩子自私心理，父母一定要与爷爷奶奶一起坚守原则，保持统一战线，对于孩子的自私表现不妥协，不退让，有狠心，有恒心，有耐心，有坚持到底的决心。

但是，自私的孩子往往得不到同伴的欢迎，交不到好朋友。因为缺少与同伴之间的分享，孩子更难以纠正在家庭中形成的自我中心状态。所以，一旦发现男孩的自私自利苗头时，家长就要想办法加以引导，帮助孩子摆脱自我中心的束缚，防止孩子独占意识的膨胀，让孩子逐渐地养成利他行为。

童童四岁了，他是个喜欢笑的孩子，总是笑眯眯的，非常招人喜欢。在爷爷奶奶眼里，童童就是宝贝。爸爸妈妈也很喜欢童童，每次出门回来都会给他带回好吃的、好玩的，还总是把好吃的东西留给他一个人吃，做了好吃的饭菜也让他先尝。

童童对于别人的关心和疼爱渐渐习以为常。每次吃饭时，他总是等着爷爷帮他把小椅子、小勺子、小碗摆好，一切都准备就绪之后，他才肯坐下来吃饭。每次饿了或是渴了，自己也不会去找东西吃、去找水喝，而是站在屋子中央大声喊。这时，爷爷奶奶就会赶紧给他拿来吃的、喝的。四岁还是长身体的时候，全家人都巴不得他多吃点儿，吃得胖胖的，健健康康的。如果说童童是家里的"小皇帝"、"小太阳"，好像一点儿也不过分。

慢慢地，童童养成了很多坏习惯。吃饭时，他只知道坐下来吃，却从不知道关心他人。在妈妈的不断提醒下，偶尔心血来潮，帮爷爷拿一下椅子，帮奶奶拿一个苹果，爷爷奶奶就已经笑得合不拢嘴了。

有一次，爸爸出差带回了南京特产"桂花鸭"，妈妈把鸭子切好放在盘子里摆到饭桌上，喊大家一起品尝。童童第一个跑过来，妈妈笑着告诉他："这可是南京的鸭子，很好吃哦！"童童看着桌上的鸭肉，突然用两只胳膊盖住盘子，大声说："这是我的，不许你们吃！"

妈妈对童童的行为非常惊讶，尽管平时都让着他、宠着他，有好吃的也总是希望他多吃点儿，可是童童从来没有像今天这样冷漠自私。妈妈希望能够心平气和地给儿子讲明道理，于是蹲下来说："童童是个好孩子，赶快把鸭子拿过来，让大家都尝尝。爷爷奶奶都没吃过呢！鸭子这么大，你自己也吃不完啊！"

可是无论妈妈怎么说，童童就是不听，还是使劲儿地捂着盘子。到后来，他干脆端着盘子跑到另一间屋子，关起门自己一个人躲在里面吃。妈妈边敲门边劝说，但是他就像没听见一样，连句话也不回。爷爷走过来对妈妈说："算了，就让他吃吧，难得他这么喜欢吃。"妈妈只好作罢。过了好一会儿，童童才把门打开了，把吃剩的骨头端给妈妈，说了一句："你们吃吧……"

爸爸妈妈都意识到问题越来越严重了，儿子的这种行为再也不能不管，他根本不懂得要尊敬长辈，更不懂得与别人分享。另外，尽管孩子有错误，但主要的问题还是家长的教养方式存在偏差。作为家长，爸爸妈妈觉得应该好好反省反省了。

接下来的日子，每次吃饭的时候，妈妈都会有意识地鼓励童童帮爷爷奶奶摆好凳子，帮大家拿筷子。平常也会给童童讲一些关心别人、孝敬父母的故事，自己做家务的时候也叫上儿子一起干，如扫地、擦桌子等。但是，可能妈妈坚持得不够彻底，想法和做法不太一致，结果收效甚微。尽管童童不会再独自占有某一种好吃的东西了，但仍然不会主动帮助家人做些力所能及的事情。

童童的自私很明显是家长长期过分溺爱、娇纵的结果。心理学研究表明：孩子在两岁左右，自我意识开始萌生，与此同时，孩子的自私心理也开始逐渐形成。当孩子能够分辨自己与外界的关系时，便不再愿意将手里的东西送给别人。孩子的性格是在一定的家庭和社会环境中形成的。童童的爸爸妈妈意识到了儿子的贪婪自私，及时改进了教育方式，但因为不能坚持原则，想法和做法不一致，效果并不明显。

其实，对于已经形成自私倾向的孩子，父母能够发现孩子的问题就是教育的契机。只要父母认真对待，方法得当，孩子慢慢也会养成一种利他行为，处处为别人着想，少一些自私，多一些无私。克服孩子的自私心理，家长可以从以下几个方面入手。

1. 父母不要一味迁就孩子。孩子的自私不是天生的，都是后天形成的。要克服孩子的自私心理，还要父母改变对孩子过分支持、过分保护和对孩子唯命是从的习惯。正确的家庭教育应该是有原则的，对于孩子的不合理要求一定不能予以满足。在生活中，对所有的家庭成员平等对待，让孩子明白自己在家庭中不是"霸王"，只是其中平等的一员，没有什么特殊待遇。

2. 创造分享的家庭气氛，让孩子在家庭生活中扮演合适的角色。自私的孩子在家庭生活中常常表现为：不关心父母和爷爷奶奶，不做或很少做家务劳动，霸占好吃好玩的东西，不断提出更高的要求，总是感到自己得到的好东西太少。要改变孩子这些行为，家长可以通过让孩子分担一些家务劳动，使孩子感到每个家庭成员都是相互依存的，应当互相关心、互相爱护。对于孩子经常独占的食物，可以把食物平均分开，每个家庭成员一份，即使孩子大哭大闹，家长也要坚持到底。只有这样，才能逐渐改变孩子的自私心理。

3. 引导孩子学会体谅他人。在生活中，有意给孩子制造一些挫折，让孩子适当碰碰钉子，家长再适时地给予孩子一定的帮助，让孩子明白在困境中被帮助的快乐。同时，帮助孩子认识到自私是不受欢迎的行为，只有友善和互助才能赢得大家的喜欢。当孩子有好的表现，如吃东西时，孩子主动地让长辈先吃，最后自己再吃，父母就要及时表扬和鼓励孩子，让孩子感受到体谅别人的乐趣。

4. 孩子的自私往往是因为不能从他人的角度看问题，父母不妨创造机会让孩子与他人合作。鼓励孩子与同龄人结交朋友，从儿童心理发展的规律看，5～6岁以上的孩子是需要友情、需要伙伴的。但是很多孩子都是家中的独生子，没有兄弟姐妹，只能一个人学习、玩耍，孩子很难考虑到别人，孤僻的环境带来以自我中心是必然的。改善这种情况，家长要有意识地与孩子一起沟通、做游戏，同时鼓励孩子与同学和邻里发展友谊。如邀请同学来家里玩，让孩子帮助邻居取报送信，到邻居家借还物品等。在这个过程中，孩子就会体验到人与人之间的温情，逐渐学会关心他人。

5. 父母应该以身作则，严格要求自己，在日常生活中，互相关心，孝敬

长辈，给孩子树立模仿的榜样。日久天长，同样的品质和行为也会出现在孩子的身上。如果父母本身就存在自私心理，也难以要求孩子做到无私。

未来社会要求有团队精神的人，善于与人合作的男孩将会在以后获得更大的成功，父母及时帮助孩子克服自私的心理，让孩子放弃狭隘的心理，将来他们会得到的更多。

6. 让孩子学会珍惜别人的付出

"感恩"是一种生活态度，是一种品德，是一片肺腑之言。如果人与人之间缺乏感恩之心，必然会导致人际关系的冷淡，所以，每个人都应该学会"感恩"，这对现在的孩子来说尤其重要。因为，现在的孩子都是家庭的中心，他们只知有自己，不知爱别人。所以，要让他们学会"感恩"，其实就是让他们学会懂得尊重他人。对他人的帮助时时怀有感激之心，感恩教育让孩子知道每个人都在享受着别人通过付出给自己带来的快乐的生活。当孩子们感谢他人的善行时，第一反应常常是今后自己也应该这样做，这就给孩子一种行为上的暗示，让他们从小知道爱别人、帮助别人。

在孩子的成长过程中，父母不应对孩子的事情大包大揽，而应给孩子认识生活的机会，让孩子在生活中学会感恩。感激父母的养育之恩，感激老师的培育之恩，感激同伴的友爱之恩，感激生活中一切美好的事物带来的快乐之恩，学会表达自己的爱，学会在付出中成长。

很多男孩由于家庭的宠爱，往往认为别人的付出是理所当然的，根本没有感恩的观念。不懂感恩已经成了现在独生子女的一种通病，非常普遍。他们对长辈、对社会只知索取，不懂回报，自私自利，逐渐成为冷漠的一代。不懂回报父母的男孩，将来也不会回报社会，更难于在社会上有立足之地。

因此，家长应该教育男孩从小学会感恩，这不仅是一种礼仪，一种健康的心态，也是一种社会进步、现代文明的体现。在家庭里，父母与子女之爱不是单向的，而是双向互动的。孩子不仅接受来自父母之爱，还应懂得爱的反馈和回报。只有学会感恩，将来在学校里、社会上，才能更好地与人相处、合作。

一位母亲在儿子身上倾注了所有的母爱。为了儿子，她辞去了优越的工作，一心一意地做起了全职妈妈。儿子的衣食住行，她照顾得体贴入微，甚至一餐要吸收多少热量，她都要做精确的计算。

有一天，这位母亲感冒发烧，躺在床上休息。她没能像往常一样，在儿子放学回来前就准备好丰盛的晚餐。她在想："我平时那么疼儿子，他回来看到我这么憔悴，一定会很心疼。"

儿子放学回来后，径直朝着母亲的床前走去。就在母亲用期待的眼神看着儿子，希望儿子能用小手摸摸自己的脸颊时，令人寒心的一幕出现了。儿子的脸上突然充满了愤怒，大声质问母亲："我饿了！你怎么还没有给我做饭？"

母亲当时简直不敢相信自己的耳朵，这竟然是自己付出了所有的爱与心血悉心照顾的儿子。在自己生病的时候对自己说的唯一一句话。

母亲为儿子付出了这么多，可是当儿子看到生病的母亲躺在床上，为何还能这样冷漠地质问母亲怎么还没给他做饭？其实，要追溯根源，还是这位母亲自己造成的。一心一意为孩子服务几乎是母亲的本能，然而这位母亲却只注重了物质、生理、知识方面的培养，对孩子的情感、意志、个性、人格方面的培养显得太少。当孩子能承担一定的责任时，母亲也从未把儿子当做一个成人看待，分担一些责任给他。所以，当这位母亲生病时，儿子不懂得照顾体恤母亲，反而责问母亲没做饭的不是。

父母培养孩子长大不容易，但是很多孩子根本不理解，也不懂得感恩，最重要的原因就是家庭教育方式。有的家长觉得自己从小吃了很多苦，不能让孩子再吃苦；有的家长认为只要孩子学习好，物质方面的要求尽量满足，其他孩子长大后自然会懂。因此，很多孩子过着衣来伸手、饭来张口的生活，对于家长的付出，他们也认为很自然，甚至是理所应当的。

　　父母是孩子的第一任老师，但长期以来，父母在对待孩子的问题上过于伟大无私，过于自我牺牲。过度地溺爱、养尊处优、父母对孩子的百依百顺，让孩子不知道、不懂得感恩。其实，感恩也不是要求孩子给予父母多少回报，更多地体现为一种对父母、师长以及社会的认同和尊重，也可以延伸为一种责任。培养孩子的感恩意识，家长必须经常进行引导、激励和熏陶，让孩子多经历些磨砺，对他们的言行给予适当规范，让孩子在满足与缺失中感悟生活、理解父母，不断懂得感恩和回报。

　　感恩是一种美德，是孩子走向生活和未来的开始，懂得感恩才能被他人、被社会所接受，才知道报答亲人，报答社会。所以，男孩从小不仅需要品质、气质的教育，也需要感恩教育。一个不懂得感恩父母的人，将来也不会懂得感恩妻儿、感恩社会。

　　作为家长，从小让孩子懂得尊重别人，对别人的给予心存感激。让孩子学会关爱他人，帮助他人，将来他们才能更好地与周围的人相处和合作。

　　首先，父母要为孩子作出榜样，父母对待生活和他人的态度会潜移默化地影响孩子，所以教育孩子学会感恩，首先自己要学会感恩。

　　其次，让孩子体会被人感谢所带来的快乐。让孩子帮父母做一些力所能及的事情，或是去帮助身边他可以帮助的人，让孩子在得到别人感谢的同时，感受到快乐。如果被帮助的人没有回应，正好用这种失望的经历提醒孩子，接受别人的帮忙时一定要说谢谢。

　　再次，让孩子也分担一些家务，培养孩子的家庭责任感。如饭后收拾碗筷，整理自己的玩具；参与社区服务，感受为他人服务的快乐；体验父母的辛苦，让孩子更加珍惜家庭生活的幸福。

　　另外，让孩子学会珍惜父母的给予。适当让孩子吃一些苦，不要急于满足孩子的要求，不要事事都为孩子做得很周全，让孩子感受一下需要的滋味，只有费尽周折达成的愿望，他才会记忆深刻，并从中学会珍惜。

　　最后。让孩子学会感谢他人。学习有进步时，引导孩子感谢老师的教诲，感谢同学的帮助；邻居帮忙时，和孩子一起上门道谢，让孩子懂得感激别人。

第十章 从小培养男孩独立自主的能力，该放手时就放手

1. 让男孩从小就有独立选择的权利和能力

由于成长的环境和一些先天因素，每个男孩总会有自己的兴趣偏好，如果父母硬要儿子做自己不喜欢做的事情，往往是"强扭的瓜不甜"，效果适得其反。应该给男孩自己选择的权利，更要让他拥有自己选择的能力。

要培养男孩的自主性，让他们拥有自己的见解，首先要求家长有自己的主见。如果家长本身就缺乏主见，常常担心别人指点怀疑，也无法培养出具有独立人格和独自见解的孩子。

很多人都有随波逐流的从众心理，做事的动机不明确，看到别人怎么做自己也怎么做，缺乏自己的主观见解。在通往幸福、快乐、成功的道路上，他们只是沿着约定俗成的标准前进，长此以往的结果就是渐渐失去自我；而那些能在无数人的否定中肯定自我的人，却渐渐地走向成功。可见，让男孩拥有自己的见解，持有自己心中的评判标准，才能最终有所成就。

1893 年，爱德华·阿德尔伯·多伊西出生于美国伊利诺斯州。当时正是美国严重经济危机时期，成千上万的工人失业，景象惨淡。只有工程技术人员因为不可或缺，工作都相对稳定。这种现象给多伊西的父亲留下了深刻印象，他感到自己的孩子长大以后也应该成为一个工程师，才能有一

个"铁饭碗"。

于是，从多伊西的中学时代起，父亲就严格要求他学好学校规定的那些刻板的功课。但是，多伊西爱好广泛，他喜欢阅读哲学、伦理学等多方面的书籍，尤其对生物、化学和物理方面的课外读物有着极大的兴趣。聪明的多伊西从小就有这样一种本领：既能把精力投注到自己感兴趣的知识领域，又能对自己并不热衷的功课应付自如。所以在整个中学时代，多伊西始终保持着中等偏上的成绩水准，父亲对此情况也觉得颇为正常，对儿子的兴趣爱好倾向更加不闻不问。

到17岁多伊西高中毕业考大学时，父亲坚持己见，让儿子报考了伊利诺斯大学工程学院。尽管多伊西深爱着生物化学，但父命难违。可是，大学的功课应付起来却不像中学时代那样轻松自如，多伊西在第一学期期末考试时只勉强达到每门及格，这让系里的老师们备感诧异。在老师的眼中，多伊西总是手不释卷，非常认真勤奋，一般来讲是不应该只有这样差的成绩的。

一位导师找到多伊西与他谈心，导师问他："你平时相当勤奋，为什么功课却学不好呢？"多伊西坦率地说道："我对学校规定的功课没有兴趣，我平时看的书几乎都不是必修和选修课程。"

导师更加奇怪，"既然你不喜欢工程方面的东西，当初为什么要报考工程学院呢？"

多伊西解释道："那是我父亲的主意，他认为学工程的人在社会上会有更强的竞争力，会比较容易立足，但是我的兴趣确实不在这方面。"

导师把多伊西的这一特殊情况汇报到校方，不久，多伊西就如愿以偿地转到自己所喜欢的应用科学院的生物化学专业试读。父亲此时也不好再强加干涉，只能听之任之。

伊利诺斯大学规定，像多伊西这种情况的转系生必须补修相关的专业知识。但是多伊西凭借自己深厚的积淀，不仅没有补修，反而在考试中提出许多颇有见地的思想方法，成绩名列前茅，使老师和同学们对他这个插班生刮目相看。

1914 年，年仅 20 岁的多伊西就获得了学士学位，此后，他一边在哈佛医学院任助教之职，一边继续攻读硕士学位。两年后，他又以优秀的硕士学位论文语惊四座，引起了人们的关注，很快成为生物化学界公认的后起之秀。

1919 年，25 岁的多伊西开始在华盛顿大学任教，并进一步在哈佛大学攻读他的博士学位。仅用了一年时间，就通过了博士论文，成为一名有国际知名度的青年学者。

1943 年，多伊西因成功地分离出维生素 K，并确立它的化学结构，获得了生理学及医学界的最高荣誉——诺贝尔奖。

多伊西的父亲就自己的生活经历和分析，认为让儿子做一个工程师才是他最好的出路。于是，他沿着这个目标，严格要求多伊西向这方面发展，直到多伊西考入伊利诺斯大学的工程系。但是，父亲的压力并没有让多伊西走上工程师之路，在导师的帮助下，多伊西终于转到自己喜欢的应用科学院学习生物化学专业，并不断取得骄人的成绩。多伊西是一个有足够毅力和才智的男孩，所以，他一直没放弃自己对生物化学的热爱，全心全意地投入其中并取得突出的成就。

由此可见，独立的见解是孩子可以受用一生的宝贵财富。父母在家庭教育中，应该尊重孩子的看法，鼓励孩子坚持自己的见解，可以给予孩子必要的建议和引导，但不能动不动就用家长的权威来压服，让孩子的身心受到伤害。

"横看成岭侧成峰，远近高低各不同。"凡事很难有统一定论，别人的意见可以参考，但不能代替自己的主见，不能被他人的论断束缚自己前进的步伐。

一位画家把自己的画放到展厅去展出，为了能听取更多的意见，他特意在画作旁边放了一支笔，可以让每位观赏者直接圈点败笔之处。当天晚上画家去取画时发现：整个画面都被涂满了记号，没有一笔一画不被指责的。他很沮丧地把这次尝试告诉一个朋友，朋友建议他临摹一张同样的画去展出，只是要求每一位观赏者圈点妙笔之处。结果他再次取画时，发现

画面同样被涂满了记号。原来曾被指责的地方，都换成了赞美的标记。如果这个画家第一次取画时就沮丧颓废，对自己失去信心，他永远也不会知道，自己的画还会得到这么多的赞赏。

一味听信于人，就会丧失自己，患得患失，诚惶诚恐。遇事没有主见，没有自己的原则和立场，不知道自己能干什么，会干什么，就无法迈向成熟。所以，教男孩做人做事，一定要有自己的见解，仔细冷静地思考，辨明是非，判断出正确的立场和观点。如果遇到别人提出反对意见，就不敢继续做下去。没有主见和定力，可能还会迷失自我。

如今的独生子女是"抱"大的一代，成长在由家长精心构建的温室里，几乎没有独立生活能力。无论是吃什么、喝什么还是穿什么，家长都已准备好，根本轮不到他们动脑。上学有人送，放学有人接，考学家长给意见，毕业家长帮分配等，孩子没有任何选择权，家长早就安排好了。久而久之，他们就失去了独立思考和承担责任的机会，遇到什么困难都要找父母帮忙，依靠父母来解决。这样的孩子将来很难在竞争激烈的社会环境中站稳脚。因此，要想男孩将来能开拓出更广阔的发展空间，家长就要从即刻做起，把选择的权利还给孩子。

乔治·威尔斯·彼得尔由于在基因和遗传学方面的突出贡献而获得1958年诺贝尔生理学及医学奖。他还积极投身于社会活动当中，组织了旨在反对"美国保安计划"的活动，领导了反对种族隔离的斗争，是一名有着进步意识的社会活动家。

彼得尔出生于一个农民家庭，父亲对他没有什么特别的期望，只是盼着孩子快些长大能帮助自己做家务。父亲没有去问彼得尔的学习，也不注重什么精神生活，只是对他的作息时间严格要求，要求他和自己一样勤快。每天黎明，父亲就会叫他起床干一些力所能及的活儿，或是四处溜达活动活动，使他从小养成了勤劳早起的好习惯。

父亲对彼得尔的学习成绩从来没有任何标准和要求，因此，彼得尔学习没有任何压力，只是根据自己的兴趣爱好选择书籍来阅读。彼得尔在和父亲一起劳作时，耳濡目染，对农作物非常了解，尤其对玉米有着深刻的感情，他成年后从事生物学研究时，就是从玉米开始的。

后来彼得尔考入康奈尔大学，师从爱默生教授，开始了遗传学研究的历程。他发表的关于玉米遗传的特征和玉米细胞成熟分裂的过程的论文，涉及染色体问题，在美国生物学界引起了专家的关注。而后，他又前往加利福尼亚理工学院，与现代遗传学的创始人托马斯·摩尔根共事，为他今后的研究打下了坚实的基础。

正是由于父亲的放手，什么事情都让彼得尔自己去选择，才使他有机会成为一个伟大的科学家和社会活动家。

彼得尔的父亲开始就不对儿子抱什么期望，因此放手让孩子自由自在地去学，去感受，父亲的"无为而治"反而取得了神奇的效果。因为彼得尔有机会自己在生活里去感受，所以他才会有那么多的思想。思想这东西，不是做练习题就能做出来的，也不是看教科书就能看出来的，它来自于对生活的体验和感受。

现在很多家长教育儿子持有一种急功近利的心态，一定要孩子按照自己期望的某种轨迹去发展。给孩子造成极大的压力，结果却事与愿违。要知道，一个人的成功是由很多因素造成的。其中的很多机缘和变数不是家长可以左右和操纵的，人为地去控制或强行塑造孩子，只会带给孩子巨大的伤害。

一位学者曾对中学生的自主性状况作过这样一个调查：如果学习和生活中遇到难题，一时解决不了时，怎么办？一所中学被调查的 150 名学生几乎是异口同声地回答：有困难当然是找父母解决。没有一个学生回答自己先想办法解决，实在解决不了再找父母帮忙。对于今后准备从事什么职业，90%的学生说要问过父母后才能回答。

有的父母持有按自己的人生理想、价值观念和行为方式塑造孩子的倾向，不考虑孩子本身的素质和兴趣，对孩子强行塑造。有的父母不了解孩子的思维方式，不能体验也不能进入孩子的心理世界，武断地塑造、代替孩子的思维方式。当孩子因此有抵触情绪时，父母总是以"我们不会害你的，我们比你懂，你按我说的做准没错"，来应对孩子的不满。在这样的

环境下成长的孩子，遇到困难时，也只能等着父母来帮忙；被问到自己的职业取向，自然只能回家向父母讨答案。

儿子总是要离开父母，独自去开拓，如果他们从小没有选择的权利，没有体验选择的滋味，长大后也难以选择适合自己的发展道路，难以迎接各方面的挑战和竞争。

男孩在自主选择时，因为社会知识和生活经验不足，出现偏差是难免的。但是，并不能因噎废食，剥夺他们选择的权利。选择和责任是相辅相成的，责任感是在自我选择中形成的。一个人没有选择的权利，只是被动地接受，也就不会承担什么责任。父母应该尊重孩子，还给孩子自主选择的权利，让孩子对自己的事做主，培养孩子的责任心，培养孩子克服困难、战胜困难的顽强意志，培养孩子遇事冷静、有主见的良好心理素质。在这个过程中，孩子可能会摔几个跟斗，或是走一段弯路，但选择的能力就是在一次次的尝试中提高的。父母不要因为担心孩子吃苦或吃亏就剥夺孩子的选择权利，甚至否定孩子选择的实践。

事实上，孩子往往比父母想象的更能干。他们有很大的潜力，只要父母对他们抱有信心，尊重他们独立的个性，给他们独立的空间和机会，孩子就会做出让父母惊讶的表现。男孩都活泼好动，对一切事物充满新奇，有着浓厚的探索兴趣和强烈的求知欲望。比起女孩，男孩更加自信勇敢，积极乐观，他们自主而富有个性。但是，男孩也更顽皮、难自控、散漫、懒惰，家长应该在尊重、理解、相信孩子的基础上，对孩子进行帮助、鼓励和塑造。

首先，尊重孩子，理解孩子，让他自己做主。中国独生子女家庭教育的特点就是大人围着孩子转，父母把自己的想法直接实施到孩子身上，要求孩子沿着父母设计好的成长轨道一步一步地前进。有时，父母确实需要对孩子的行为进行限制，如一些危险动作，但是在确保安全的原则下，还是需要父母适当放手让孩子自己来做主，即使他的做法可能在大人看来稀奇古怪，不可思议。通过孩子亲自执行决定的过程，让孩子在实践中学习和成长。

其次，信任孩子，鼓励孩子，让孩子充满信心。信任孩子就要支持鼓励孩子，当孩子试图尝试某件有益的事情时，父母不要断然否定孩子的想法，而是给予指导和帮助。鼓励是培养孩子独立自信的开端，对于孩子，没有什么比父母的信任更可贵。让孩子处在一个不断受到激励的氛围中，他就会感到自信、从容不迫，发挥出自己最高的水平。家长不要随意责备、消极评价孩子，这样会给孩子的情绪和心理带来长期的负面影响。

再有，常带男孩一起接触大自然，开拓他们的视野，激发他们的探索欲。让孩子接触社会、接触大自然，可以发展孩子的语言、想象等综合能力。让孩子去了解世界，去听、去看、去触摸、去想，开阔视野，激发对大千世界的好奇心，激发孩子的探索欲。同时，父母在和孩子一起活动的过程中，与孩子有了更多的交流，对孩子也会有更深的了解。

总而言之，培养男孩的独立能力，不是家长单方面的教育过程，而是与孩子互动的过程。通过与孩子的谈话、交流、沟通，更加尊重、理解、信任孩子，坚信孩子有独立思想和独立人格，以平等的态度对待孩子，给孩子自由发展的空间，让孩子健康茁壮地成长。

2. 让男孩从小养成自己的事情自己做的习惯

日本教育家铃木镇一曾说："孩子自己能做的事，就让他自己去做，千万别替他去做，这是一个很重要的准则。"他曾对很多家长反复强调这个观点，并且在教育自己儿子的过程中，一直都按照这个准则去做。

父母对男孩的保姆式养护，剥夺了他们自己动手的机会，抹杀了他们的独立意识，让他们失去了基本的生存能力。父母应该给男孩独立的空间和机会，让孩子去接受锻炼，去挑战困难，培养孩子自立自强的品质，才是适应现代社会发展的教育法则。

特特今年已经12岁了，父母却还把他看成是个什么都需要大人管的小孩子。不论在学习上，还是在生活上，妈妈总是把一切都安排得好好的，

不顾特特的真正想法。有时特特不同意妈妈的做法，妈妈却说："小孩子懂什么，妈妈这样做都是为了你好。"

妈妈给特特买的衣服，多数是特特不喜欢的颜色。特特向妈妈提出建议，妈妈却说："小男孩懂什么，买什么衣服你就穿什么衣服吧。"特特感到很委屈。

特特说："我知道爸爸妈妈很爱我，可是我很快就要小学毕业了，爸爸妈妈还不让我处理自己的事情。我自己的事情自己也无权做主，在这个家里，怎么就没有人尊重我的意见，问问我的想法呢？"

特特已经有独立意识，想自己处理自己的事情，却被妈妈否决了，而且以小孩子不懂事为由，全部包办代替。特特在家里没有被需要的感觉，也没有自己做自己事情的机会，自然不会高兴。很多教育专家认为：替孩子做他们能做的事，很多时候会产生一些不良影响。一方面，打消了孩子的积极性，剥夺了孩子实践的机会，另一方面，大人的不信任让孩子丧失了能力和勇气，全权包办代替的做法让孩子感到危机和不安全，最终使已经有了独立意识、独立人格的孩子在自尊心、上进心方面受到很大的伤害。

在日常生活中，理智清醒的父母绝对不会让儿子闲在一边，自己却包揽一切。他们会让孩子做自己能做的事，让孩子学会独立。早在 1927 年，著名教育家陈鹤琴就提出："凡儿童自己能做的事，应该让他自己做；凡儿童自己能想的，应该让他自己想。"这是符合教育规律的至理名言。

一个 4 岁的美国儿童在弯腰费力地系鞋带，别人想去帮忙，却遭到了拒绝。孩子问："你知道我多大了吗？""不知道，但我想你还小。""我已经不小了，我都 4 岁了。"孩子的意思是他已经长大了，系鞋带这类事不需要别人帮助。这孩子身上体现的自主意识在美国是很普遍的。

社会的不断进步与发展，要求每个人必须具有健全的人格，强烈的自尊心和自信心，独立自主的意识，才能经受人生的挫折，才能符合现代社会选拔人才的起码标准。否则，即使智力超群，也可能会被激烈的竞争无情地淘汰。因此，爱儿子的父母，就应该学会让孩子自己做自己的事情，引导孩子学习、掌握独立自主的能力。只有这样，将来他们面对政治、经济、文化的急剧变化时，才能保持头脑清醒，灵活应对；面对千难万险时，他们才能意志坚定，百折不挠。

有个孩子的父亲很早就去世了。他的母亲倍加疼爱他。当孩子4岁时，母亲还是整天喂他吃饭，给他穿衣穿鞋。当他长得再大一些的时候，他仍然不会自己吃饭，不会自己扣衣服上的纽扣，也不会穿鞋，而和他同龄的小孩子都能把这些事情做得很好。有人告诉他的母亲，让孩子自己去做这些事情，因为像他这么大的孩子应该学会自己穿衣、戴帽、系鞋带了，可是他母亲却说："我爱我的儿子，他现在是我的一切，我宁愿为他作出更多的牺牲。"

真是盲目、可怕的爱啊！这种"无私的奉献"实际是很自私——为了自己的精神有所寄托，为了自己照顾孩子的欲望得到满足，却忽略了儿子本身成长发展的需要。

如果这位母亲还是一如既往，不断地替孩子做事情，那么，当孩子长大后，他会发现自己这也不会做，那也不会做，就会感觉自己不如别人，甚至认为自己一无是处。

替孩子做他们能做的事，就是对他们的积极性的最大打击，等于对他们说："我不相信你的能力。我来替你做，因为我比你强，比你聪明，比你有经验。"如此教育下成长的孩子，虽然高大强壮、仪表堂堂，个性却是畏畏缩缩的，缺乏勇气和能力，将来又怎么能得到担当重任的机会呢？

因此，父母一定要从小培养孩子自己的事情自己做，让他们在实践中学会做事，学会独立。

方法一：培养孩子"自己做事"的独立意识

让孩子学会自己做事，是孩子成长的基础，也是开发孩子智力、培养高尚品德的基础。父母们都希望孩子多才多艺。因此，少儿舞蹈、影视表演、绘画、唱歌等培训班总是人满为患。然而，从孩子的成长和发展来看，除了必要的艺术类技能之外，让孩子学着自己做事也很重要。

平平是三年级的小学生，品学兼优，而且非常独立，他每天都是自己

骑着小自行车独自上下学。这天，自行车的脚蹬子突然坏了，回到家后，平平拿出工具就修理起来。这时，一邻居瞧见这一幕，于是问道："平平，你还这么小，你会修吗？"平平停下忙碌的双手，认真地说道："我当然会修喽，我已经不小了。"

很显然，在平平的心里，自己已经是大人，他已经可以胜任任何事情。在现实生活中，很多父母为了让孩子能更专心地学习，因此一切事情都由父母来办。当然，父母关注孩子的学习本身并没错，但是，只关注孩子的学业就太片面了。

孩子的生活本应是丰富多彩的，学习书本知识只是他们生活的一部分，做一些他们力所能及的事情，不仅能刺激大脑的发育，更能培养他们的独立意识。

方法二：保护孩子的动手欲望，并积极引导

一般来说，小孩子都有"我自己做"的欲望，关键看父母如何引导。

鑫鑫的妈妈每次一在厨房忙碌，鑫鑫就跟过去，好奇地看着妈妈。妈妈总是说："去，你别在厨房给妈妈捣乱，这里不是小孩子玩的地方。"每次鑫鑫听到妈妈这么说，都很失望。有一天，爸爸又听到妈妈撵鑫鑫出去，就说："让鑫鑫在门口看着吧，那里不妨碍你，也不会有危险的。"鑫鑫显得特别高兴。后来爸爸又告诉妈妈："可以让他适当做一点儿事情，比如帮你把小板凳搬出去一类的活儿。"有了爸爸妈妈的鼓励，鑫鑫的动手能力特别强，很多事情都能完成得很出色。

简单的训斥和包办代替都是错误的教育，这样做的结果，只能是扼杀了孩子的主动精神，把孩子"自己的事情自己做"的欲望扼杀在了萌芽状态。只有适当地鼓励和支持，才能让孩子拥有独立的信心和能力。

方法三：划定孩子可以自己做的事情的范围

虽然我们鼓励孩子要自己的事情自己做，但也不是所有的事情都要他自己做。对小孩子来说，必须要有个从简单到复杂的过程。在家中应明确哪些事情是由爸爸、妈妈来做的，哪些事情可由爸爸、妈妈帮助孩子做，又有哪些事情则必须自己做。父母对孩子应当自己做的事，给孩子一个明

确的要领和范围，在不同的年龄为他制订不同难度的目标。

3岁以下的孩子可以从自己漱口、吃饭、擦嘴、擦鼻涕、洗手、独立上厕所开始；

3~5岁的孩子随着年龄的增长，应逐渐让其学会自己扣纽扣、穿衣服、脱衣服，并能叠放整齐，自己学着穿脱鞋袜、系鞋带；

5岁之后的孩子可以学着独立收拾、整理房间，保管好自己的东西。比如，将桌椅擦干净、叠被子、收拾玩具、整理图书、洗自己的手帕和袜子等。

当男孩还不能完全生活自理时，父母给予孩子生活上的照料，无可厚非，因为做父母的有这种责任和义务。但父母也应当明白，照料孩子的目的，不仅仅是让孩子生活得舒适、幸福，更重要的是让孩子逐步具备自理能力，进而掌握独立生活的能力。如果父母把孩子的事情全都包办代替，孩子没有自己动手、动脚、动脑的机会，结果只会是孩子什么都不能做，什么也不会做。当孩子长大后离开父母，进入社会独立生活、工作时，没有生活自理能力，就会给他们今后的生活带来诸多不便，影响他们的学习和工作，甚至葬送他们的美好前程。

所以，父母应该放手，让男孩做自己能做的事，培养孩子的自理能力，促进孩子脑部的健康发育。对于需要父母帮忙做的事，让孩子主动提醒；对于孩子能做的事，父母绝不能代劳。

3. 家庭劳动和社会实践让男孩更独立

一家大企业的人力资源部主管说："我发现很多的学生或许是以前没有参加过一些基层的工作，以至于他们拿着高学历，却没有高能力，而他们又无法放下身段和心态从基层做起，所以很多学生在刚来的时候信心十足，但却无法独立完成工作，往往很强烈地依赖别人，一旦没有别人的全力帮助，就会工作难以继续。很多新人正是因为这个原因，没做多长时间

就不告而别了，因为他们无法独立开展工作。"

现在很多企业都喜欢招聘在社会上实习或实践过的毕业生，不仅是因为对方有一定的经验，更是因为这样的毕业生独立性强，可以一个人较好地完成工作。

其实不仅大学生要参加社会实践，中学生甚至小学生也应该参加社会实践，从活动中培养孩子的独立自主能力、适应能力和协作能力，让孩子成为一名具有综合素质的人才。而且，让孩子看到学校和家庭以外的天地，他们会觉得眼前的世界一下子豁然开朗起来！

所以，父母在督促子女学好科学文化知识的同时，应该鼓励孩子积极参加社会活动，多带孩子参加有益的课外活动。

方法一：参加有益的课外活动

带孩子去参加公益活动或一些有趣的课外活动是很好的事情，一方面可以让孩子学会关爱他人，另一方面开阔了孩子的视野，还可以让孩子学会与人交往，得到很多锻炼。

在韩国，家长们都很重视孩子的动手能力。在首尔，有很多孩子都是跟着爸爸妈妈住的，他们的爷爷奶奶或外公外婆很多都住在乡下。因为平时在城市里生活的孩子很难有接触自然和动手干活儿的机会，所以假期里父母就把孩子送到乡下的爷爷奶奶家去。他们认为这样不但能为孩子提供一个接触自然的机会，而且适当的劳动能帮助孩子变得更加勤劳和坚强。

方法二：鼓励孩子积极参加学校组织的社会实践

季小梁最大的期望就是假期里参加学校组织的参观活动。最难忘的一次，是学校组织他们参观了一个农庄和黄埔军校。

那天，小梁和同学们乘校车来到农庄。参观了农庄里的房舍、农田和饲养的动物后，小梁他们还开展了一次有趣的野炊活动。在活动中，小梁深深体会到分工合作和团结互助的重要性，同时也感受到了同学之间的亲密友谊。此外，农庄里的各项体能测试也考验了小梁和同学们的勇气和智慧。通过这次活动，同学们都觉得受益良多。

下午一点半，小梁和同学们又来到了黄埔军校，在那里开展了队列训练、56 式步枪实弹射击、野外 100 米障碍训练、37 高炮现场发射、观看火炮阵地操作等活动，还参观了军械展览场馆。这次活动让小梁大开眼界，他对这样的社会实践活动也更加期待起来。

方法三：让孩子品尝打工的滋味

在美国的富裕家庭里，孩子一到法定年龄（一般是 13 岁左右），家长就迫不及待地给他找工作，比如，餐馆的跑堂、超市的收银员、给人家看孩子等。美国每年大约有 300 万中小学生在外打工，他们有一句口头禅："要花钱打工去！"

日本人教育孩子有一句名言："除了阳光和空气是大自然赐予的，其他一切都要通过劳动获得。"许多日本学生在课余时间都要在校外打工挣钱。

有统计数据表明，打工开始越早的人，日后的平均收入就越高，这是有一定道理的——因为打工越早，说明你的"事业"起步得越早，就可以在竞争中先声夺人，占得先机。

很多父母认为男孩将来应该成为一名力挽狂澜、叱咤风云的男子汉，所以，几乎没有人认为男孩也需要学做家务活儿。其实，男孩更擅长实践，喜欢学习本领，他们对劳动充满了热情，在成人眼里的家务活儿，在男孩看来就像游戏一样有趣、吸引人。让男孩做家务还可以培养孩子的家庭责任感和动手能力，使孩子明白在家庭中必须尽自己的义务，促使孩子早日走向独立。

"给孩子布置家务是让孩子建立自我价值感和相信自己能力的一种最好的方式。"家庭教育家伊丽莎白·邦得里说，"习惯于承担家务的孩子，在走向成年的过程中，往往比那些缺乏这种体验和责任感的孩子更容易适应生活。"

美国第 34 任总统艾森豪威尔生于得克萨斯州，在他童年时，父母曾经因为受骗蒙受经济损失，家里经济情况很困顿。在这种艰苦的条件下，父母教会了他百折不挠、奋勇向前的优良品质。

艾森豪威尔的父母从不溺爱孩子，他们让孩子们从小就做家务，男孩

也不能例外。在学习之余，孩子还要做饭、打扫卫生，等等。院子里有一块空地，春天的时候，父母带着孩子们在那儿种上各种蔬菜，等到收获的季节，就让几个孩子负责把菜卖出去，卖菜的钱买他们需要的衣服和学习用品等。

有一年，艾森豪威尔的弟弟染上猩红热，家里的事情更加忙乱。妈妈把给全家做饭的"大事"郑重地交给艾森豪威尔。在此之前，他根本就不会做饭，但是他下决心要把饭做好。医生要求家里人和生病的弟弟隔离开，因此爸爸和几个儿子挤在楼下住，妈妈负责照看弟弟。两个哥哥在外面帮工，烧水做饭的事情自然落在艾森豪威尔的头上。

开始，妈妈手把手地教他怎样切菜、生火，每天吩咐他做什么饭，安排好后，他就在厨房里忙活开了。因为从来没有做过饭，他感到还有几分新鲜和有趣，做得极其认真仔细。但由于手艺不精，大家吃他的饭菜常常皱眉头，觉得难以下咽。后来，他越做越熟练，还学会做一种拿手的菜汤，大家都非常喜欢喝。艾森豪威尔高兴极了。

后来，艾森豪威尔上了中学，和同学一起出去郊游时，他和另外一个同学负责给大家做饭。凭着儿时的手艺，无论是烤土豆、烧牛排，还是做馅饼，都让大家赞不绝口。直到晚年，艾森豪威尔对自己少年时期的这段经历记忆犹新，常常津津乐道于这件事。

穷人的孩子早当家，父母在艾森豪威尔年幼时培养他吃苦耐劳的精神，让他受益终身。尽管很难让人把他的硬汉形象和做饭这样婆婆妈妈的琐碎事情联系到一起，但在做家务的过程中，他学会了吃苦，学会了独立，修炼出了成功的潜质。

在一些国家，中小学生每天平均参加家务劳动的时间为：美国1.2小时，泰国1.1小时，韩国0.7小时，英国0.6小时，法国0.5小时，日本0.4小时。而在我国城镇的中小学生中，大约有50％根本不参加家务劳动，或是每天只参加10分钟家务劳动。不少已经具备生活自理能力和从事家务劳动能力的孩子，在家里还是过着"衣来伸手，饭来张口"的寄生虫生活。

美国哈佛大学的专家对波士顿地区 465 名孩子作的长达 20 年的跟踪调查发现：爱干家务活与不爱干家务活的孩子相比，长大后的失业率为 1：5，犯罪率为 1：10。爱干家务活的孩子长大后平均收入要高出 20％左右，婚后离异率、心理疾病患病率也低。由此可见，做不做家务活，做得多少，对孩子一生的发展有着重大的影响。因此，要培养男子汉，家长就应注意让儿子从小做些家务活儿。

让有劳动能力的孩子做一些家务活儿，不是说家务活儿太多太繁重，家长做不完需要孩子帮忙，也不是要家长偷懒，把家务劳动负担转嫁到孩子身上，而是让孩子在做家务活时从中受到教育。通过做家务，孩子获取了劳动所带来的快感，懂得了自己对家庭的义务和责任，远比空洞的说教要好得多。通过做家务，孩子知道了付出者的辛苦，更加爱惜、尊重别人的劳动。通过做家务，孩子在动脑筋思考如何提高做事的效率中，增强了逻辑思考能力与判断力，久而久之，就会养成良好的思维习惯。通过做家务，还可以提高男孩的动手能力，指关节与指尖的多层次运动让他们的小脑神经得到多次刺激，使大脑更灵活，更重要的是劳动让男孩更自信更独立。

4. 莫让"陪读"毁了孩子独立自主的能力

"陪读"，这种在我国古代社会曾经盛行的风气，如今又流行起来了，只是陪读的角色发生了变化，由书童变成了父母，有从农村到城市的，有从一个城市到另一个城市的，还有在一个城市中奔波的……总之，"陪读"的概念就是父母们陪着孩子上小学、中学乃至大学。

有一名小学生家长这样说道："我都快成一名小学生了，每天陪孩子写作业，孩子的作业完不成，就像自己没完成似的。"其实，据调查，这种现象在当今社会中普遍存在：孩子读书，家长当顾问；孩子写作业，家长当参谋；孩子有问题，家长来解决。长此以往，不仅家长疲惫不堪，孩

子也养成了依赖、粗心的坏习惯。这固然反映了当前家长"望子成龙，望女成凤"的迫切心态，希望孩子学习成绩好，方方面面都优秀，这是家长共同的心愿，但是"陪读"却是在培养孩子成才的问题上的误区。

小学生如此，成年人也不例外，我们来看这样一个实例：

一个已经考上中科院硕博连读的学生，因为妈妈不能再陪他到北京读书，在生活中，他陷入了混乱，冬天里不知道该添衣服，甚至穿着拖鞋去天安门。最终，这个可以攻克学业难题的优秀学生，因为理不顺自己的生活，逃回了家……人们探寻原因时发现，他从上学起，一直由妈妈帮他打理除了学习以外的一切事情，有时为了不影响其读书，妈妈会一口一口地喂他吃饭。

这也许属于特例，但是，对于众多的学生来说，陪读的确会产生诸多方面的不良影响。

1. 陪读会使孩子产生惰性。陪读会让孩子形成一种错误的观念：学习不是他自己的事情，是可以依赖别人完成的。因此，读书不求甚解，作业不求准确，总认为有父母做后盾。长此以往，懒惰和依赖性都会变本加厉。

2. 陪读的孩子走不远。有的父母认为，陪读有助于孩子在学习上保持优势。这是有可能的，如果用好了甚至可以产生立竿见影之功效，但这种优势是暂时的，被"陪读"惯的孩子一旦失去"陪读"，就会变得盲从，暂时的优势也会很快消失。其实，进入学龄期的孩子，已经具备了独立完成作业、看书学习，以及自主地与同龄伙伴交往的能力。但是，孩子的这种独立性的发展，却常常会受到家长的阻挠。主要原因可能是家长对孩子的本质缺乏全面的了解，过低地估计了孩子的能力，而过多地相信自己在孩子发展中的辅助作用。

3. 对于生活自理能力本身就较差的孩子而言，陪读只会让他们的自理能力变得更差。众多研究结果表明，几乎所有人的所有社会能力都是在后天形成的，家长越是放不开，越是滋生了孩子强烈的依赖感。甚至，那些迈进了大学校门的学生还要让母亲给自己铺床叠被、洗衣服，实在可悲。

从心理层面来讲，这样的学生自身不会有多少主见，对于人格的形成，都是个不小的忌讳。

针对上述观点，可能有人会反驳说："陪读也不全是弊端。"因为，一些来自于外地的初中生、高中生在离开家庭后，一段时间内无法控制自我，需要家长监督。从饮食方面来讲，身体素质较差的学生刚入校时，需要有一段时间去适应学校食堂的大锅饭，身体可能会出现不良反应。在这种情况下，家长陪读可以在生活上很好地照料孩子。这也不无道理。总之，成长之路，各有策略，还须因人而异。但是，当孩子慢慢长大，家长应考虑退出全方位护航的角色，把空间留给孩子，把路留给孩子自己去探索，而不要让"爱"成了孩子成长道路上的"绊脚石"。

苏联著名的教育实践家和教育理论家苏霍姆林斯基曾说过："父母的慈爱是鼓舞孩子上进的动力。"可以说，爱是教育孩子不可或缺的基础，爱孩子是所有父母的天性，喜欢父母的抚爱也是孩子的本能，也是促进孩子身心发展的必要条件。但是，什么才是真爱？家长怎样才能把握好爱的方向和尺度？却是值得思考的问题。

在日常的教育中，父母还要尽可能多地教会孩子遵守一些最基本的规则，包括学习习惯、生活作息制度等。这些规则能够帮助孩子适当地克制他们的任性，有计划地、有条理地去完成他们要做的事，而不用父母事事督促，时时检查。此外，父母还要着重培养孩子一些基本的生存能力，比如，对自己日常生活的管理能力、处理人际关系的能力等。我们来听听涛涛妈妈的"育儿经"。

我的儿子涛涛今年9岁了，有很强的独立生活的能力。他从很小的时候开始，就每天自己铺床叠被，记住要带的东西，现在可以自己从十几公里外的学校换三次公共汽车回家，当然，在此之前我会反复地教他看路牌、辨方向，记住公交站牌。

在学校有时和同学发生纠纷，他也能自己化解。他的老师曾经对我说："别看他长得小，可是从来没有人欺负他，很多同学都很喜欢和他一起玩。"我想这一定和我从来不为他出面处理纠纷有关。记得有一次，他

愤愤不平地对我说，班里有个女同学总是取笑他，他要去揍她们。我对他说，你不可以揍同学，尤其是女同学，你要想别的办法解决这件事情。过了几天，他说那个女同学向他道歉了。我问为什么，他说，别的男同学也常被那女同学取笑，他们就联合起来对她说，如果她再这样，她就会被大家所讨厌。他用了公众的压力和平解决了这件事。我很为他感到自豪。

由此可见，一个孩子如果具备了基本的生存能力，就会很有信心地处理生活中发生的各种各样的事情，面对困难也能够想尽办法去独立解决，因而，也就能够让父母放心地把他放到社会上去经受考验。

总之，作为父母，要有意识地从各方面入手，采取多种方式，从小对孩子展开摆脱依赖和培养自主自立精神的教育和锻炼，培养孩子不畏困难的坚强意志和毅力，使孩子逐步对困难的承受能力和对复杂环境的适应能力有所提高。

5. 青春期的男孩更需要独立

父母都应该知道，进入青春期的孩子，由于身体的迅速发育，带来了内心世界的一系列变化，他们认为自己不再是小孩子，独立活动的愿望变得越来越强烈，凡事喜欢自作主张，对一些事物是非曲直的判断，不愿意听从父母的意见，并有强烈的表现自己意见的愿望。同时，也非常希望父母把他们当做大人看待，企图摆脱父母的管束。

其实，父母们可能有所不知的是，孩子在1岁以后，自我意识就开始萌动，会表现出较强的自我独立愿望。比如，总是爱说"我"，"我来"等字眼。同时，孩子们也渴望能独立做一些事情。比如，在学会走路以后，他们开始想学习吃饭，而且要自己拿着汤匙吃，不愿得到大人的帮助。和走路、玩玩具一样，自己吃饭也是求知欲和好奇心的表现。正是这种求知欲和好奇心扩展了孩子的认知范围，培养了他们的独立能力。更为重要的是，孩子可以通过自己的行为感到自己具备影响环境的力量，并初步品尝到成功的滋味。一般说来，发育正常的孩子都可以在两岁左右学会自己吃饭，这是他们应该具备的生存能力。

但是，为什么有些孩子没能在这个年龄学会自己吃饭呢？这和家长的教养方式有关。1～2岁的孩子由于动作协调性较差，刚开始学习吃饭时，常常弄得汤汁四溅，饭粒满身。这时，很多家长就看不下去了，或对孩子训斥一番，或赶紧抢过孩子手中的汤匙，喂孩子饭吃，缺乏教孩子自己吃饭的耐心。殊不知，"授之以鱼不如授之以渔"，这样做一方面容易使孩子形成依赖性人格，一方面也较大程度地束缚了孩子的探索精神，会使他们产生一种受挫感，日后可能形成自卑心理。

让我们来看看国外的父母都是怎么做的：在美国，家庭教育是以培养孩子能够成为一个自食其力的人并以富有开拓精神为出发点的。从孩子很小的时候开始，父母就教他们认识劳动的价值，让孩子自己动手修理、装配摩托车，到外边参加劳动。即使是富家子弟，也要自谋生路。美国的中学生有句口号："要花钱自己挣！"农民家庭则要孩子分担家里的割草、粉刷房屋、简单木工修理等劳动。此外，还要外出当杂工，出卖体力，如夏天替人推割草机，冬天帮人铲雪，秋天帮人扫落叶等。

在日本，在孩子很小的时候，父母就给他们灌输一种"不给别人添麻烦"的思想，并在日常生活中注意培养孩子的自理能力和自强精神。全家人外出旅行，不论多么小的孩子，都要无一例外地背一个小背包。父母说："这是他们自己的东西，应该自己来背。"上学以后，许多学生都要在课余时间，在外边参加劳动挣钱。大学生中勤工俭学的现象非常普遍，就连有钱人家的子弟也不例外。他们靠在饭店端盘子、洗碗，在商店售货，照顾老人，做家庭教师等挣自己的学费。而这也是孩子们自己的愿望。

我们不妨再接着来看看漫画家蔡志忠是怎样教育自己的孩子的。

蔡志忠为人父后，非常尊重女儿独立的愿望，对女儿同样是"不加施教"。喜欢狼的蔡志忠说："是狼启发了我。"他相信，狼在大自然极度恶劣的生态圈中所形成的代代相传的顽强竞争力，正是得益于"不加施教"。

他带女儿去动物园看狼时问，你知不知道"狼"字为什么是"犬"加"良"而不是加"岁"？女儿摇头，他解释说："因为狼淘汰了生物圈中不胜任的角色，狼是兽中之良者。"

女儿还不识字时，每当带她上餐馆，蔡志忠会念菜单给小家伙听，让她自己选择；周末带女儿郊游，蔡志忠让女儿自己拿主意要去哪里。在"不加施教"中，女儿潜移默化地接受了生存能力的教育，明白了"我想要什么"，"我应该怎样做"。

画画是女儿自己的选择，蔡志忠便在自己的画桌旁又摆上了一张桌，"那就和父亲一起画吧！"女儿常常向编辑讨价还价："为什么我爸爸画四幅可以赚2000块，而我的只给200块？"她也像蔡志忠小时候一样，经常突发奇想："三明治为什么不是圆的？""汉堡包为什么没有尖的？"

女儿年少时，蔡志忠一年中有一半时间在外工作、旅行，怕女儿寂寞，便为她请了保姆，可女儿拒绝了："我才不要有人陪呢！一个人在家更自在，想干什么就干什么。"

后来，蔡志忠一家移民加拿大。假期里，女儿想去旅游。蔡志忠抽不出时间。女儿说："那我一个人去好了。""那好吧。"蔡志忠遂放手12岁女儿独自旅行。当女儿只身从加拿大飞往日本，在日本玩了个够，才回到蔡志忠面前时，蔡志忠笑了，女儿多像儿时的自己啊……

放手一个12岁的小女孩独自坐飞机远行，又有几个家长能做到呢？恐怕连想也不敢想吧！事实上，小女孩尚且如此，小男孩就应该更加勇敢了吧！我们并不是提倡每一位父母都像蔡志忠那样，放手自己的孩子独自远行。只是，从小培养孩子的自理能力和自强精神是非常重要的，如果孩子有这方面的愿望，父母要多多鼓励才是，而不是横加阻挠，认为孩子不行，磨灭了孩子独立的愿望，使孩子丧失了自理能力和自强精神。

需要注意的是，孩子在尝试自己做事情的时候，难免会犯错误，家长应有意识地避免将其定为"失败者"，而应适当改变过高的期望目标，使孩子在成长过程中接受父母的鼓励和支持，敢于犯错误。先要肯定成绩，改变孩子的受挫意识，再适当调整期望目标，使孩子树立克服困难的信心和勇气，从而更高、更远地独自"飞翔"。

生活中，不止一位家长这样提到："孩子越大越不听话，不像从前那样，有什么事、有什么心里话都和父母讲。"还有的家长，发现孩子有些事背着自己，有些东西藏起来不让自己看见，同学之间的书信和他自己的日记总要放到安了锁的抽屉里，他们对孩子的这种行为深感不安，怕孩子染上坏毛病。于是，千方百计地去翻看孩子的书信和日记，然后把其中一些内容当做孩子"错误行为"的证据，拿去指责孩子，伤了孩子的自尊心。殊不知，这样做只能进一步关闭亲子之间沟通的渠道，失去孩子的信任。家长关心孩子的心情固然可以理解，但这种过度保护、过度干涉，不允许孩子有自己隐私的做法是不妥的。

其实，所谓"隐私"，就是藏在每个人心里的、不愿意告诉他人的秘密。尊重孩子的隐私，是父母和老师的基本道德。再则，没有秘密和隐私的孩子是长不大的。每个人都有自己的隐私，即使是再小的孩子也不例外。某医院的儿科医生曾接触过这样一个年仅4岁的小女孩：她一直不肯穿裙子，任凭妈妈怎么劝说都没用，最后，医生和孩子沟通后了解到，小女孩小的时候有被烫伤的经历，并在小腿上留下了疤痕，妈妈在和其他阿姨说起的时候被女孩儿听到了，并记住了自己的疤痕很丢脸、很难看，因此再也不想穿裙子了……

就此，教育专家提醒家长，尽量不要在亲戚朋友或孩子的小伙伴面前说起孩子的一些毛病或缺点。比如，孩子小时候尿床、表演演砸了、比赛得了最后一名、爱哭等，有时候，孩子幼小的心灵对于这些事情也是十分敏感的，很可能让孩子觉得很没面子，甚至可能影响到孩子的心理健康。另外，被打、被骂、被罚站的痛苦经历，也会使孩子的心灵受到创伤，甚至感到屈辱，因此也不要在旁人面前轻易提起。

随着孩子年龄的增长，他们的生活领域、知识、情感都逐渐丰富起来了，自我意识、自尊意识也在不断地增强，原来无所顾忌、肆意敞开的心扉也会渐渐关闭起来，隐私内容也会发生比较大的变化，范围也会逐渐扩大。隐私可以是具体得失，也可以是个人的理想、观念、人际关系、身体

状况等。一个人，如果总是不恰当地把属于个人的隐私公之于众，必然使他自己无法适应社会生活，造成人际关系的不协调，同时也说明他心理素质存在问题、心理年龄滞后。因此，懂得保护个人隐私是一个孩子走向成熟的标志，父母是不是应该为此感到开心和自豪呢？对此，斌斌的父亲是这样说的：

我认为，懂得保护个人隐私是适应社会生活的一个方面，保护个人隐私就等于是在保护自己。当孩子的隐私意识逐渐增强时，家长应当感到高兴才对。我的儿子斌斌在上小学五年级的时候就十分明确地有了自己的小秘密。发现了他的变化，我和妻子都感到很高兴，因为这是他开始走向成熟的标志。一个毫无保留地在父母和他人面前诉说自己内心感受的傻孩子是不会成为一个成熟的人的。

当时，我主动将斌斌的写字台抽屉的钥匙交给了他，让他学会保守自己的秘密。后来，上了初中、高中，他又收到一些同学的来信，包括女生朋友的信。我们都不会去干涉，只是教育他与同学搞好关系、与异性同学交往要把握好尺度。事实证明，孩子学习成绩优异，后来考上了一所全国重点大学，并没有出现很多家长都担心的问题，诸如荒废学业、谈恋爱、玩游戏等等。

相反的，随意闯入孩子的"隐私地带"，甚至粗暴干涉，又会得到什么好处呢？不仅收不到教育的初始效果，往往还会换来"请尊重我的隐私，我也是大人了"等生硬的对抗性的话。在《卓娅与舒拉的故事》里，有一次，卓娅把自己的日记给母亲看，她母亲看完后，怀着奇怪的和复杂的心情合上了本子。在这些扉页上呈现出了还很幼稚的、尚未定型的、摸索着的思想，好似一个人寻觅道路，步上了正确的小径，以后又走错了路，迷了途，最后又步上了正路。这仿佛一面明澈的大镜子，在这里反映着理智和心灵的每一个动作。当时，卓娅母亲决定不再看卓娅的日记了。

其实，当孩子有了独立思考的能力，就会有许多属于自己的思想，这些思想不一定是正确的，但留下了深刻的"我"的烙印。就像父母不可能替孩子消化食物那样，同样道理，父母也不能替孩子思考。孩子自己摸索探寻生活这个过程本身就是可贵的。秘密和隐私是孩子成长的养料。允许孩子有秘密，孩子的生活才有可能更加精彩，孩子才有可能更快、更好地独立和成熟。

孩子终究是要长大的，孩子长大了，心里有不愿意告诉别人的秘密也是情理之中的事情。作为父母，在以下方面需要加强努力。

1. 不用"偷窥"孩子隐私的方法去了解孩子。有些父母喜欢偷看孩子的日记，偷听孩子的电话，私拆孩子的信件等等，千方百计地想知道孩子的秘密。而孩子一旦发现父母偷窥自己的秘密，就会使自己的自尊心受到严重的伤害，失去对父母的信任，把本来想对父母说的一些心事咽了下去。

2. 给孩子一个自由呼吸的独立的空间。孩子大多希望有一片属于自己的天地，在这片天地里，能够做自己想做的事，没有父母的干涉。作为父母，应该尊重孩子的愿望，给孩子一间单独的房间，让孩子给抽屉上锁，自己不留"备份钥匙"。

3. 相信孩子，放开自己的手。孩子作为一个独立的个体，有自己独立思考的能力。对一切的事物，也有自己独特的看法。作为父母，应该相信孩子有解决问题的能力，放心地让孩子自己去面对困难，必要时给予一些指导和意见。

4. 自身作好榜样。在一个家庭中，夫妻双方也应该互相尊重对方的隐私，切忌互相猜疑、指责，而要互相关心和帮助。

总之，随着孩子渐渐地长大，幼年时代的"水晶人"已经变得不那么透明了，父母难免感到失落和恐惧，失落是因为孩子与自己已不再像从前那么亲近，那么毫无隔阂了；恐惧则是因为过于紧张，对孩子任何隐瞒自己的事往坏的一面进行联想。其实，这是大可不必的，孩子的成长必然意味着与父母的疏离，而父母赋予孩子生命，正是为了让他独立。允许孩子有自己的隐私，孩子才能更好地成长。

6. 每个男孩都曾梦想 "仗剑走天涯"

"曾梦想仗剑走天涯，看一看世界的繁华"，几乎每个男孩都有过这样的梦想，年少的心也总难免有些轻狂。当一个男孩渐渐地长大了，当这只小雄鹰的羽翼渐渐丰满了，就应该放他去蔚蓝的天空里自由地飞翔，去实现他一个 "剑客" 的梦想。

一只母鸡捡到了一只鹰蛋，把它带回去和自己的蛋一起孵，小鸡和鹰一起成长，鸡妈妈待它视同己出。一天，一个猎人经过，一眼就看出了那只鹰，虽然那只鹰走路和觅食的神态已经和小鸡差不多了。

猎人对鸡妈妈说："这是一只鹰呀，你应当让它成为真正的鹰！"

鸡妈妈说："不，先生，它是我的孩子。"

猎人对鹰说："你是一只鹰呀！"

鹰说："你弄错了，我是一只鸡。"

于是，猎人把小鹰带到一个小土堆上，把小鹰举高，然后撒手，小鹰扑棱棱落在地上，然后迈着母鸡般四平八稳的步子。

猎人有些失望，但还是把小鹰带到更高的土堆上，把小鹰举高，然后撒手，小鹰扑棱棱又落在地上，还是迈着母鸡般四平八稳的步子。

猎人有些遗憾，但他说："我们再试一次！"于是猎人把小鹰带到悬崖边，对小鹰说："这次就看你的造化了！"说完把小鹰举高，然后撒手，小鹰扑棱棱直掉下去，突然，快要着地时，小鹰奋力地扑闪自己的翅膀，扇动着，扇动着，终于，小鹰飞了起来，像一只真正的鹰！

终于，猎人欣慰地笑了。

家长们读完这则小故事以后，相信都会受到一定的启发！看看自己的孩子吧，他的独立性如何？是搏击长空的雄鹰还是温室里的花朵？你是否也像鸡妈妈一样，舍不得让孩子自由地去 "闯荡世界"？举一个简单的例子来说，如果你有事情，能否放心孩子一个人在家料理自己的生活？你是不是从来没有尝试过？

现在的孩子基本上都是家里的独生子女，成长环境一般都较为优越，总体来说，都是在顺境中成长起来的。因为他们的父母早就为他们铺就了一条非常平坦的路，可以让孩子既安全又不费任何周折地走下去，总认为孩子还小，应该生活在自己的庇护之下，殊不知，永远这样认为，孩子永远都长不大。总之，过分溺爱孩子，什么事都不舍的、不敢让孩子去尝试，既影响孩子的交往能力，也不利于孩子良好意志品质的形成，还会使孩子在长大后不能适应复杂的社会生活，产生自卑、抑郁、厌世等不良情绪。

可能不少人都听说过"蔡志忠"这个名字，他从15岁起便开始成为职业漫画家。他用简洁生动的线条描绘了一部部颇具影响的漫画书，在台湾、香港、新加坡、日本、马来西亚等地广受欢迎。他的作品庄子说、老子说、禅说、史记、西游记、聊斋系列等开启了中国古籍经典漫画的先河。如此优秀的一位漫画家，他的父母是如何教育、培养他的呢？

从小，蔡志忠就是父亲的骄傲，因为蔡志忠功课好、人乖巧，父亲根本不需要费心管教他。小学毕业，蔡志忠是全校唯一考上第一志愿——彰化中学的学生。

刚上彰化中学，功课压力不大，加上学校改建，每天只上半天课。从小学六年级，为初中考试忙得喘不过气的课业中走出，使蔡志忠一下子如同脱缰的野马一般，直奔向漫画的园地。蔡志忠在这里自由地遨游着，他不仅如饥似渴地大量阅读漫画书，也尝试自编剧本，画成作品，投稿到台北的出版社，而且，还常常被出版社采用。

初二暑假，台北一家漫画出版社"集英社"写信给蔡志忠，邀请他去为他们画漫画。当时对蔡志忠而言，在学业与漫画之间作一抉择并不痛苦，因为蔡志忠实在是太喜欢画漫画了。可是，他的父亲会同意他放弃未完成的学业吗？当晚，蔡志忠的父亲一如平常，坐在藤椅上看报，蔡志忠走到他身后，说："爸，我明天要到台北去画漫画。"父亲头也没抬，边看报边问："有工作吗？""有了！""那就去吧！"蔡志忠的父亲一动也没动，

继续看他的报纸。

在这一问一答中，蔡志忠的父亲没有回头看蔡志忠，蔡志忠也没走到父亲的面前。蔡志忠相信，当时自己和父亲恐怕都没有想到：这短短十来秒的对话，却成为影响蔡志忠长远一生最重要的时刻。

作为一个男孩子，蔡志忠从小就养成了自己的事情自己决定的习惯，从不愿意接受任何人的支配。蔡志忠相信父亲也知道：即使没有得到他的准许，蔡志忠也依然会离家的。总之，这段离家前奏曲，让蔡志忠深深地体会到了淡泊而又充分信任的中国式父子之情。

时过20年，当有人问及已81岁高龄的父亲"怎么会那么放心地让小儿子'离家出走'时？父亲只是淡淡地回答："我给他们充分的自由，事情只要认真做，就好！"

后来，在一次盛大而隆重的颁奖典礼上，这条在漫画世界里纵情遨游的"飞龙"动情地说："我特别要感谢我的父亲，因为他没有逼我继续上学，没有叫我去补习班，没有叫我去电脑班，也没有将他一生未完成的愿望，要我去替他完成，因而才使我有机会画漫画，感谢爸爸！"

不可否认，天下所有的父母都是爱自己的孩子的，他们主观上想帮助孩子，使得他们能够顺利地成长，这本无可厚非。但是，这种爱万万不应该成为孩子的羁绊。允许孩子自由地去"闯荡世界"，不仅会让孩子学会独立，还会给予孩子面对困境和挫折的经验，而所有的这些经验，都会提高孩子在以后的生活中解决问题、寻找答案、承受失望的能力，也会使他始终都能保持一种积极的心态，形成坚持、执著的品质，为人生中的种种困境罩上希望的光环。因此，无论如何，家长都应让孩子学会独立、勇于尝试，对于肩负重任的男孩子来说更是如此。当他想要仗剑走天涯，想要为自己的理想去远方拼搏的时候，就是父母应该放手的时候。

7. 懂得自律和求助的男孩才会真正地独立

一个独自闯世界的人首先要学会自律自理，其次要学会求助他人。

让孩子从小养成自律的习惯很重要，这不仅有助于孩子学会自我管理，还有助于他成年后主宰自己的生活。

世上没有哪一个家长不希望自己的孩子长大了能有出息，特别是对现在很多 4—2—1 结构的家庭来说，望子成龙、望女成凤的心理更加迫切。对于孩子的学习方面，家长更是煞费苦心，但孩子不一定就能如你所愿认认真真地学，那该怎么办呢？这就需要家长从小就对孩子进行自律教育。

孩子爱玩是天性，但是不能一味地由着孩子去玩，让孩子在自律中学习，对于他未来的发展有不可估量的作用。

对孩子来说，自律有两方面：一方面是做被要求的事情，也许是他很不情愿去做的；一方面是不做被禁止的事情，也许是他们非常想要去做的。就像很多家长发现的那样，孩子对待这两方面的态度不完全相同。

在一项研究实验中，研究人员分别将若干个 1~4 岁的孩子置于"被要求"和"被禁止"的情况下。在一间房间里，孩子被要求将玩具整理好；在另一间房里，孩子被禁止拿出柜子里有趣的玩具玩。结果表明，孩子更容易遵守"被禁止"的要求。虽然原因不是非常清楚，但专家认为，可能是当孩子要说服自己去做自己不喜欢的事情时，他要作更多的心理斗争和思想准备。

俗话说："人生不如意事十有八九。"当我们的人生遭遇困难或险境的时候，一定不要放弃信念，一定要相信，方法总比困难多，经过自己的努力，一定能找到最好的解决问题的方法。而找到方法的"金钥匙"，可能就在于打开思路，或变换一下思维的角度的瞬间，万不可钻牛角尖儿。但是，如果我们个人的能力还不足以解决这些问题，就要懂得求助，学会求助。因为，在人生的旅途上，有些时候，有些事情，仅凭个人的力量是不

能够解决的，特别是当我们陷入生活的窘境或思路走进死胡同的时候，选择求助无疑是渡过难关的最明智的举动。

况且，寻求帮助，古来有之。历史上通过求助于别人而达到功成名就的人不胜枚举。东汉末期，天下大乱，群雄争霸。刘备求贤若渴，得高人指点"三顾茅庐"寻求政治家、军事家诸葛亮帮助自己，完成平定天下的鸿图伟业。诸葛亮上任以后，果然是鞠躬尽瘁。在《西游记》里，即使是七十二变、火眼金睛、神通广大的孙悟空，在遇到困难时不也很善于求助吗？大到各路神仙、菩萨、佛祖，小到山神、土地。

由此可见，碰到自己解决不了的问题，遇到个人力量不能战胜的困难，寻求别人帮助是生活中最主要的交际内容之一，也是成大事者的一种气度。求助意味着需要勇气承认自己的能力有限，承认自己认知方面的不足。但是，当今社会，经济飞速发展，工作、生活节奏随之加快，很多人在面临工作、婚姻、家庭、生活、子女教育等各方面问题的困扰时，很少懂得寻求帮助。对于孩子来说，同样如此，现实生活中，有不少孩子不愿、不会开口求助，甚至把求助当成一件羞耻之事，不能正确认识"求助"，妨碍了自身的健康成长和发展。比如，一位小学老师讲述了这样一件事情：

一天放学，我们班的一名小男孩小毅，因为丢了乘车回家的一块钱，就徒步走了两个多小时才回到家中，这件事情让我心生诸多感慨：我们的孩子遇到了问题为什么不懂得求助于老师或同学？

随后，针对此事，我在班上表扬了小毅克服困难，靠自己的毅力徒步回家的举动。同时也让同学们展开讨论：如果是你遇到这种情况，你会怎么做？孩子们唧唧喳喳地讨论开了，有的同学说："小毅实在太傻了，那么远，我才不会走着回家呢！我会找老师或同学借钱，乘车回家。"有的同学说："我会对开公交车的叔叔或阿姨说明情况，经他（她）允许后，免费乘车回家或者下回把钱补上。"还有的同学说："我会打个电话告诉爸爸妈妈……"

其实，我是想通过此事对孩子们进行安全教育，因为交通的现状大家都明白，一个孩子独自走在车水马龙的大街上实在太危险了。只有将"求助教育"落实在细节上，正确引导孩子，才能在孩子幼小的心灵中留下深刻的记忆，才能让安全伴随他们一生幸福地成长！

一个孩子从小养成自律的习惯，可以克服很多不良嗜好，如无节制地看电视、玩游戏机等。当他懂得约束和克制自己的时候，他就能够把握分寸。因此，家长在教育孩子的过程中，要时刻注意培养孩子的自律能力。具体可以从以下几个方面做起。

通过鼓励让孩子自愿去做

在家长的强迫下做的事情，孩子不仅不会记住，还会产生逆反心理；而如果是他自愿去做的，效果自然就好得多。比如，当家长要孩子做一件事情的时候，他可能会说"等会儿再做"，可是过了很久，他也丝毫没有自己动手的意思。这时，家长出于疼爱孩子的心理，就干脆替他做完了。这样的纵容会使孩子养成懒散和没有时间观念的毛病。正确的方法是问问孩子"等会儿"需要多久，让他明确说出一个时间，然后告诉他："说到就要做到。"而不要说"等会儿就等会儿吧！"或者"给我马上去！"之类的话。

多尊重孩子的意愿

对于孩子能够自己做好的事，家长可以多教他一些方法，多尊重孩子的意愿，多赏识孩子的成绩。慢慢地，孩子就懂得如何对自己的事情负责，自然而然地就把这当成一种习惯了。

家长不要在孩子面前发火

对家长来说，最为重要的是不要在孩子面前随意发火，这种做法不但会吓着孩子，也会让孩子对家长关闭心灵的大门。无论孩子多大，家长都不应该乱发脾气，这样才能让孩子克制自己的情绪，一旦孩子产生对抗情绪，后果将不可收拾。在家庭教育中，家长首先是教育者，所以首先要做到自己不乱发脾气，才能使问题得到合理解决。

对孩子提出清晰、具体的要求

家长希望把孩子培养成一个什么样的人，希望孩子有一个什么样的人

生，就可以把自己的这些目标细化为日常生活中的各项要求。

然后，让孩子清楚你对他的要求，并向他解释这么做的理由。比如，每天最多可以吃一支冰棍，看30分钟电视，因为这样不会危害身体健康。

以身作则教育孩子

家庭是孩子的主要生活场所，家长的一言一行都会对孩子产生直接或间接的影响。教育孩子自律，一个很好的方法是将针对孩子及大人的规则分别列出来，贴在墙上，互相监督执行。严于律己、善于克制的家长向孩子提出要求时，会更具有权威性。

事实上，对于有些事情，如果无法一个人独自完成，或者在学习、生活的过程中遇到了困难，就应该向周围的人包括老师、父母、同学等来寻求帮助。当然，不接受帮助，独立完成当然是最好的方法，但是，有时遇到非常棘手的问题时，适时向别人求助也是节约时间的好方法。在作某些决定的时候也是一样的，尤其是一些重要的决定，最好能听听父母的意见。因为父母的经验比较丰富，见多识广，通常会给予孩子很好的建议。

对成长中的孩子来说，能够积极主动地认识周围的世界，学会控制自己的情绪，融入同龄人的群体中，比任何外在的帮助力量都更为重要。许多家长习惯高高在上，对孩子发号施令，这种做法是不科学的，也是不理性的。放弃那种全面控制孩子的念头，并且帮助孩子掌握自律能力，才能让孩子拥有属于自己的人生。懂得求助，最好的方法是在需要帮助的时候，及时提出，让别人知道你需要帮助。学会求助，也是人生必备的本领之一！

第十一章　有压力才有动力，
有竞争才能生存

1. 让压力一路随行，让动力一路追随

有压力才有动力，有竞争才能生存。一种动物如果没有对手，就会变得死气沉沉。同样的，一个人如果没有对手，那他就会甘于平庸，养成惰性，最后导致庸碌无为。

一位年轻的妈妈曾这样描述："儿子的珠心算一直是班里最好的，老师总拿他的作业给大家对答案，所以我们从来没有担心过。可是，最近，儿子的作业本上总是一大片红叉，老师表示要与我们谈谈。之后，连续几天，我们都在儿子做完作业后检查，儿子的作业又恢复了原来的情况，看来还是有压力的好。"由此可见，"人无压力轻飘飘"，孩子也是有惰性的，爱贪玩，取得了成绩以后就不肯再付出努力，以致像疯长的野草一样，不成形，不成性。

研究发现，适度的压力有利于人们保持良好的状态，也有利于挖掘人们自身的潜能。比如，当运动员参加比赛时，不能过于紧张，但也必须让自己感到适度的压力，适度的压力可以让他兴奋起来，以便进入最佳的竞技状态；学生参加考试时，适度的压力可以充分调动大脑的积极性，有助于考出好的成绩。下面一则故事我们可能都听说过。

一位动物学家在考察生活于非洲某河岸的动物时，注意到河东岸和河

西岸的羚羊大不一样，前者繁殖能力比后者更强，而且奔跑时的速度也要快出 13 米/分钟。他感到十分奇怪，既然环境和食物都相同，差别何以如此之大？

为了解开这个谜，动物学家和当地动物保护协会进行了一项实验：在河两岸分别捉 10 只羚羊送到对岸生活。结果送到西岸的羚羊繁殖到了 14 只，而送到东岸的羚羊只剩下 3 只，另外 7 只被狼吃掉了。

谜底终于被揭开了，原来东岸的羚羊之所以身体强健是因它们生活的附近居住着一个狼群，这使羚羊天天处在"竞争氛围"之中。为了生存下去，它们变得越来越有"战斗力"。而西岸的羚羊长得弱不禁风，恰恰就是因为缺少天敌，没有生存压力。

由此可见，适当的压力并非不是一件好事，那些锦衣玉食，没有一点儿压力的孩子，也会像西岸的羚羊那样丧失基本的生活能力。

古语有云："书非借不能读也。"意思是说，只有借来的书才读得快，读得有收获。事实也证明，此话不无道理。看看自己的书架，可能就会发现，书买了不少，在书架上一躺就是几年，真正系统地去看过的却没几本。这可能也跟"压力"有关，特别是临近归还期限，往往是通宵达旦熬着夜看，第二天揉着蒙眬的睡眼将书交给翘首苦等的主人，那精神用"废寝忘食"来形容一点儿也不夸张。

现代的孩子可以说是很"幸福"的，新课改给了传统教育前所未有的冲击，"减负"、"减压"成了热门的话题，"快乐学习法"、"玩中学"等新词层出不穷。但是，没有了"压力"，学生果真能学好吗？在此，我们不妨看看一名语文教师在教学尝试中失败的案例。

为了顺应新课改的潮流，我对学生的作业作了相应的改革，如词语抄写由原先的每个 6 次变为自定，会写的可不抄，不会的、难写的可多写几遍；读书笔记由至少摘抄 10 个好词、5 个佳句变为确实感到好的词句再做摘抄；日记由每篇至少一页半变为不作字数要求……

这番改革的初衷是充分尊重学生的个体差异，切实减轻学生的负担。

可一学期试行下来问题多多。许多学生的词语不管会不会通通一遍完工，甚至一个不抄，听写却错误一大片；读书笔记只写一个书目的大有人在；一句话日记成了流行体，期末考试多数学生成绩下滑严重……

上述事实证明，缺少"压力"的学习是无效的学习，至少是低效的学习。"有了压力才会有动力"，孩子们的学习和成长都需要一定的"压力"。适当的压力能够让孩子有危机意识，能够提高效率，更好地完成学习任务，所以，家长大可不必对给孩子一些压力过分担心。但也不能对孩子提出过多、过高的要求。

此外，哲学的基本观点认为，推动事物发展的因素来自于外因和内因两方面，其中起决定性作用的是内因。父母不要忘记了激励孩子自我施压，这种"内在的压力"所产生的"学习动力"才是无穷的。

2. 培养男孩的竞争意识，让男孩勇于竞争

·现代社会，不管是个人、集体还是国家，无时无刻不在参与着激烈的竞争。曾经红遍中国的大型选秀节目《超级女生》，节目形式很活泼、充满激情，同时也充满了激烈的竞争，每一环节都要进行严格的筛选；在NBA的赛场上，竞争成为选拔球队的唯一方式，球员们竭尽全力就是为了与对手争个输赢，分个高下；自从 2002 年，中国加入了 WTO 以后，国内各行各业的竞争更为激烈。

竞争是一个国家、一个民族赖以生存和发展的永恒动力。一个国家、一个民族没有竞争，就没有进步，没有发展。当今世界、当今社会是竞争的世界、竞争的社会，市场经济就是竞争的经济，市场经济的核心和基本原则就是竞争。对于个人来说同样如此，一个人如果没有竞争的压力，也就没有前进的动力。

竞争，无处不在，无时不有，对于孩子们来说，班干部的竞选就是最

好的例子，班主任老师一定会选拔那些品学兼优的学生来担任班干部；想上重点学校就必须参与到激烈的竞争中来，分数高者得，分数低者失。"物竞天择，适者生存"是不变的真理。因此，作为父母，一定要越来越清醒地认识到培养孩子竞争意识和竞争能力的重要性。竞争意识是指一个人对外界活动所作出的积极、奋发、不甘落后的心理反应，它是产生竞争能力的前提。培养孩子的竞争意识，鼓励孩子参与竞争，对于孩子的健康发展具有重大意义。

竞争的意义在于，能够使人的潜力得到充分发挥，能够激发个人的主动性和积极性，并提高学习的效率。人在竞争条件下能够更加努力地学习和工作，而且在竞争中能获得对自己能力的比较实际的评价。竞争还能使集体生活变得丰富多彩，从而避免或减轻孩子对日常生活的单调感，增加他们学习与生活的乐趣。因此，家长要尽力为孩子创造一种有竞争的气氛，激发孩子奋发向上的精神。第一，确立孩子努力的目标；第二，在家庭中给孩子以适当的地位；第三，激励孩子敢于做自己想做的事情；第四，与孩子多做竞争性游戏。其中，比较重要的一点是，激励孩子敢于做自己想做的事情。

周末回家，刘普像往常一样一见到妈妈就滔滔不绝地讲起了一周里学校发生的事，妈妈也津津有味地听着。当刘普不经意地讲到"年级要选拔学生会主席，我准备参加"时，妈妈愣了一下。要知道，刘普已经是班长，而且在前不久，因为班里的工作和学习没有调整好，两头都有点儿受影响，虽然后来调整过来了，但妈妈还是心有余悸，于是随即说了一句："把班长的工作做好就很不错了，这已经很能锻炼你了，其他的精力就放在学习上吧。"没想到刘普说："我想挑战一下自己。"看儿子这么坚定，妈妈转念一想，就算当个锻炼的机会吧，让他参与到竞争中去也未尝不可，于是就嘱咐了一句："尽力了就行，不用太在意选不选得上。"

刘普的妈妈向来比较民主，不主张包办、陪读式的教育，在征得儿子同意的前提下，看了一下他的演讲稿，并鼓励他在自己面前试讲一遍。起初，刘普还有点儿害羞，妈妈就开导、鼓励他说："其实，人最大的障碍就是自己，只有战胜了自己，你才能战胜一切，所以首先可以在妈妈面前练练胆量啊！"在这一番话之后，刘普鼓起勇气试讲了一次。听完之后，妈妈首先对他作了一番肯定，然后对他说："你的文笔妈妈不作评价，因为我一向对你的文字功底有信心，只是在演讲过程中，要注意一下小细节，比如眼神、肢体语言等。"

后来，刘普顺利地当选为学生会主席，妈妈也为他争取到了提升自己能力的机会感到由衷的高兴。

在当今人才济济、竞争激烈的社会中，要想让孩子有自己的立足之地，父母就要经常对孩子灌输竞争意识，教育孩子看到竞争的存在，看到现代人才竞争的特点。竞争的过程如同登山，经验丰富的人，往往能披荆斩棘，勇往直前，最终到达光辉的顶点；而缺乏锻炼的人，不是因为迷失方向而功败垂成，就是因为体质太差而被淘汰。培养孩子的竞争意识和忧患意识，孩子才不会仅仅满足于已有的成绩不思进取，而是会逐渐掌握克服困难的方法和生存的本领，成为人生的强者。

培养孩子的竞争意识，父母还需要从以下方面做起。

1. 转变观念，鼓励竞争。过去我们常以"听话"、"乖"作为评价好孩子的标准，其实，这样的孩子对问题缺乏独到的见解，对压力无所适从。因此，父母应从小注重培养孩子的竞争意识以及独立自主的意识、坚强的意志，鼓励孩子勇敢地走出教室，走出家庭和社区，融入社会，体验生活，体验竞争。

2. 培养和发展孩子的个性。心理学研究表明，个性与竞争能力是紧密联系在一起的。个性突出的孩子，其自身往往蕴涵着无穷的竞争力量。发展孩子的个性，应从其本身的需要、兴趣出发，让孩子不但有广阔的知识背景，而且拥有几种特殊的才能和本领，具有较完善的人格。

3. 鼓励孩子相信自己。相信自我，本身就是一种"自我竞争意识"，连自己都不敢相信的孩子，意味着从根本上失去了和别人竞争的能力，很

难积极勇敢地参与到"后浪推前浪"的竞争中去。因此，父母一定要鼓励孩子用自己的眼睛看世界，用自己的语言表达内心的感受，用自己的价值观判断是非，从而决定自己"怎样生活、怎样学习、怎样做人"，自己给自己一个正确的定位，相信自己有力量和能力去实现所追求的正确目标。

总之，培养孩子的竞争意识应从小开始，从小事做起，在培养孩子竞争意识的过程中，也要让孩子明白，无论如何都要以自己的聪明才智和优秀品质作为竞争的手段，成为竞争的强者；竞争不应该是狭隘的、自私的，竞争者应具有广阔的胸怀，正确看待别人所取得的成绩；竞争不应是阴险和狡诈、暗中算计人，而应该是齐头并进，以实力取胜；竞争不排除协作，没有良好的协作精神和集体观念，单枪匹马的"强者"是孤独的，也是不会取得成功的。此外，还要培养孩子拥有一颗平常心，做到胜不骄，败不馁，有信心，有毅力，学会竞争，适应竞争，在竞争中生存。

3. 有竞争就会有合作，培养男孩的团队合作精神

现在的社会，十分重视团队精神。为了让孩子更好地适应现代社会的需要，不但要提倡孩子积极地参与到竞争中去，更要培养孩子的一种合作精神，因为竞争不排除合作精神。竞争意识，通常是一种激发自我提高的动机形式，在这种活动中，个人为了取得更好的成绩而与别人展开竞争。通过竞争能够锻炼人的综合素质，尤其是心理素质。合作，则是集体活动，在这种活动中，人与人之间相互协作，以期达到某个共同的目标。总之，竞争与合作，历来被认为是人类生存和发展必不可少的两大基础，也是个人成长与发展所必备的基本素质。要使孩子在未来的社会中占有一席之地，家长必须重视培养孩子的竞争意识；同时，为了使孩子将来有更大的发展，家长还必须培养孩子的合作精神。

在一个夏令营的活动中，曾经发生了这样的一幕：四十个十多岁的孩

子，被分成八个小组，每五人一个小组，老师让每一组的孩子完成一个"拼积木"的游戏，结果竟然有四组都失败了。其实，"拼积木"的任务并不难，如果让组里的每个孩子单独完成肯定都行，可老师要求孩子们自行分配任务，人人都要参与。

据观察，一组孩子中，有两个人是极其主动的，一个说应该这样，一个说应该那样。另外三个孩子，一个沉默地听着，既不表示反对，也不表示同意；一个干脆自顾自玩开了，一点儿也不关心游戏；还有一个不断插入几句意见，但因为没有人在意，最后干脆说了句"你们真是胡搞，这样根本不行"，然后就冷眼旁观了……

事实上，家长真的不能忽略合作对孩子的发展所起到的重要作用。有学者认为，人类所有的重大成就都是合作的结果，人类自下而上的漫长历史就是我们合作本性的最好证明。许多社会学家认为，合作的交往较之竞争的交往在当今及未来世界里更为重要。研究资料表明，合作能够增强个体对团体自豪感，除此以外，合作还能使孩子们做起事情来具有更高的效率，并学会与别人交流、配合及友好相处，从中获得愉悦和成就感。

路翔是一个傲气十足的"男子汉"，不喜欢接受别人的帮助，也不喜欢和别人合作。他总觉得自己一个人照样可以把什么事情都做好。可是，这几天，路翔却遇到一个难题：他要参加学校的一个演讲比赛，可是他觉得自己的演讲稿还有很多不足之处。他不愿意去求助老师，也不愿意去找和他一起参加比赛的同学雨辰，虽然雨辰的文采很棒。

爸爸知道了路翔的顾虑后，在吃饭的时候给他讲了一个十分有趣的故事《天堂和地狱的差别》：

地狱里一片狼藉，人人骨瘦如柴。他们围坐在一个大饭锅旁，每人手里都有一个两米长的勺子，他们努力地用勺子盛饭，又费力地自己够着去吃，没等吃完，时间一到，饭锅就被人抬走了。

而天堂却是另外一番景象：同样的大饭锅，同样是两米长的勺子，不

同的是，每个人都拿着自己的勺子去喂别人吃，每个人都是那么快乐与幸福……

爸爸讲完以后说："这就是双赢的智慧。"

路翔听了以后觉得很有道理，于是，就去给雨辰打电话，打完以后兴奋地喊道："雨辰说要我陪他一起训练普通话和演讲语调呢!"

"那你说出你的要求了吗?"爸爸含笑问他。

"说了! 他说没问题。"路翔真的是好开心。

"小男子汉本来就应该懂得和别人合作并且善于合作的。"爸爸这样说。

据统计数据显示，从 1901 年到 1996 年，获诺贝尔奖者近 500 人，其中 300 人的研究是合作成果，占总数的 2/3 以上。由此可见，一个人如果不能学会合作之道，必然会走向孤独之途，并产生强烈的自卑情绪，也将失去进一步发展的机会和能力。因此，家长必须在培养孩子的合作精神上花费更多的功夫。第一，告诉孩子，一个人只有学会合作，才能融于集体之中，才能真正有立足之地。第二，培养孩子的荣誉感，使其确立与集体一致的目标。第三，鼓励孩子多参加集体活动，多给孩子提供与同伴自由交往的机会，而不要过多地干预。第四，在家庭中创设合作情境，使孩子在与成人的交往中学会合作。

当然了，合作也不排除竞争，竞争与合作往往是相伴而行的，生活中，我们看到的情形往往是竞争中离不开合作、合作中离不开竞争。比如，足球场上的激烈对抗，便是一队之间的合作与另一队之间的竞争，而队员又是在竞争中合作。只有不断地学习，才能共同进步。

4. 有竞争就要有创新，就要有标新立异

近些年来，随着经济的不断发展，"创新"一词已逐渐深植于人们的

心中。管理创新、组织创新、策略创新、美工创新、设计创新等，无论企业规模大小，但凡想要改革，都与"创新"脱离不了关系。创新是一个民族进步的灵魂，是一个国家兴旺发达的不竭动力。当今世界的竞争实质上是科技与人才的竞争，因此，培养创造性的跨世纪人才，已成为我国当前的迫切任务，也给广大家长带来了启发。

现在，我国已开始施行了"创新教育"。所谓"创新教育"就是以培养孩子的创新精神和创新能力为基本价值取向的教育，是素质教育的一个重要组成部分。但是，就目前来看，情况并不乐观。有人指出，中国家长往往教导孩子在前人面前止步，对孩子的探索活动大部分都持否定态度的，并且，他们往往把孩子自己进行的"探索活动"视做"胡闹"而加以制止。而在西方国家，大多数的家长都相信，孩子具有同成年人一样的独立研究、独立动手的能力，并且能以宽容的心态去营造一个利于培养孩子创造力的氛围和环境。他们对孩子所做的种种探索行为往往持积极、肯定的态度，鼓励孩子在生活中提出不同的见解，并对其中的疑问进行积极的探索。比如，美国孩子拆了家里的闹钟，若能重新装好，多数家长都会称赞孩子，若是装不好，许多家长也会与孩子一道把闹钟装好，甚至鼓励孩子再拆、重装一次。但是，中国的孩子如果拆了家里的闹钟，就算自己能装回，恐怕也没有几个敢告诉家长的，孩子往往也就在家长的严格管教下熄灭了创造性的火花。

但是，事实证明，要让孩子成才，必须从孩子的个性形成和发展的规律出发，培养孩子的主动精神和创造能力，这其中重要的一点就是尊重孩子的个性差异并积极鼓励其发展，认识到孩子那些独树一帜的主张、新奇大胆的创新和标新立异的思想是多么可贵。

这天，童鸣下班后把在公司未完成的事务带回家做，正当他准备开始时，他5岁大的儿子童童不断地来干扰他，要他陪他玩耍。为了让孩子安静下来，自己安心工作，童鸣便想了个法子：他看到一张印有世界地图的报纸，就随手撕来，剪成了十几块，交给童童，并吩咐儿子将剪开的地图

重新拼好以后再陪他玩。

童鸣窃喜，这可够童童忙活一阵子了。

可是，没过多久，童童就把那些很难拼粘的"剪报"做好了，而且完好无误。

童鸣深感惊奇，不禁问道："宝贝儿，你是怎么在这么短的时间里将这张地图拼好的？"

童童回答说："爸爸，很容易的，这剪报的背面正好有一个人像，我只要将那个人像拼好，然后再将它倒过来，地图就拼成了。"

童鸣有点儿惊愕："你小子还挺聪明的，这样吧，老爸陪你去玩。"

童童别提有多高兴了！

由此可见，创新思维可以使原本艰难的问题轻易得到解决，虽然看上去难免有"投机取巧"的嫌疑，但是，时代需要孩子富有创新精神。只有创新才能激活孩子的思维和才智，从而使他们比同龄的孩子更聪明。瑞士著名的心理学家和教育家皮亚杰指出："教育的首要目标在于培养有能力创新的人，而不是重复前人所做的事情。"父母是孩子的第一任教师，家庭是从小培养孩子的创新能力最有利的环境，父母在培养孩子的创新能力上肩负着重要责任。

1. 培养孩子的创新能力，首先应注意扩大孩子的知识面。不难想象，孩子的知识面越宽，思维的土壤就越肥沃，创新思维的幼苗就会生长得越茁壮。所以，除了让孩子学好规定的教材内容，父母平时还要尽可能多地指导孩子多阅读一些科普类书籍，挑选有益的影视作品让孩子欣赏，有条件的还可以带孩子参观各种自然科学和社会科学的展览等等。

2. 培养孩子的创新能力，应鼓励孩子勤于思考，善于思考，启发孩子多角度思考问题，用对称、辩证、类比、发散等思维方式启迪智慧，有意识地训练孩子的创新能力。

3. 鼓励孩子勇于尝试。尝试与创新是紧密联系在一起的，没有尝试，

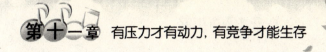

就永远不会有创新，创新是在不断地尝试中获得的，创新源于尝试。因此，家长要鼓励孩子敢于尝试，哪怕是传统意义上的"搞破坏"，也锻炼了孩子的动手能力。实践出真知，大胆尝试，这有助于培养孩子的创新能力。

4. 兴趣是激发孩子创造力的源泉，是引起和保持注意力的重要因素，也是启迪孩子智慧的"金钥匙"。要培养孩子对多种事物的兴趣，就要注意保护孩子的好奇心，当孩子对某一事物产生了浓厚的兴趣时，要鼓励孩子去积极探索，而不是打击挖苦。

总之，现代社会，科学技术的迅猛发展，新技术、新成果的不断涌现，瞬息万变的信息纷至沓来，令人目不暇接。只有让孩子不断地获取并储备新信息，掌握科学发展的最新动态，才能对事物具有敏锐的洞察力，产生创新的灵感。否则，创新将成为无水之源、无土之木。家长平时还要引导孩子通过各种渠道获取新信息，比如，通过图书馆、电视、报纸、互联网、社会调查等，为创新奠定坚实的知识基础，这样才能驾驭科学发展的潮流，才能使创新能力结出丰硕的成果。

5. 学会欣赏对手，学会感谢失败

能够随时为别人的进步和成绩喝彩，是一种非凡的智慧。在生活中，我们常常可以见到这样的孩子：自己有了成绩、有了荣誉，就欢呼雀跃、神采飞扬；别人有了成绩、有了进步，却往往视而不见、充耳不闻，甚至冷嘲热讽、挖苦、嫉妒，很少真正地从心底为别人喝彩。

一位领导到一所幼儿园去参观，看到一个五六岁的孩子正在做手工，她做得不错，领导不禁夸赞道："小朋友，你的手可真巧啊！"没想到这一句引来了其他小朋友的"围攻"："我也会"；"我做得比她好多了"；"我还会做飞机呢"……于是，领导赶快补充说："啊，你们个

个都很棒的！"

儿童心理学研究发现，那些受欢迎的孩子总是那些愿意分享、懂得合作、有领导艺术、少攻击性、会交往的孩子，其核心的交往理念是"我行，你也行"，同伴与这样的孩子在一起，会感到开心、受尊重、受鼓舞，并会主动地给以配合；那些总是认为"我行，你不行"或者"你行，我也行"的孩子，在交往中总是会表现出攻击性强、好争论、说话过多、极度活跃、不愿分享等特点，所以也就难以被同伴所喜欢，常常遭到同伴的拒绝。然后，这些孩子会因为受到拒绝而表现出更多的破坏行为，如果不加以引导，那么恶性循环只能使这些孩子的同伴关系更加恶劣，甚至促使他们形成反社会的人格特质。

因此，一定要培养孩子真诚地为他人喝彩、欣赏他人的心态。不懂得欣赏别人的人不会体会到被他人欣赏的快乐。一个能为别人的成绩和荣誉喝彩的人需要有宽广的胸怀、真心的付出，他们收获友谊、收获感动，人的智慧与修养在这时体现，高尚在这时闪光。心态健康的人都懂得，为别人鼓掌，也是在给自己的生命加油。同样的，在孩子的成长时期，同学、同伴的成功会促使孩子不懈努力。教孩子从小学会欣赏他人，为别人喝彩，有助于丰富孩子的情趣、完善孩子的人格。

在生活和学习的过程中，当孩子遇到了挫折的时候，有的父母为了安慰自己的孩子，会贬低其他孩子或者不经意间流露出对结果的不屑。殊不知，这些细小的言行都会被孩子观察到，从而影响他们遭遇挫折后的积极心态。作为父母，应该引导孩子从容面对战胜自己的对手并且去欣赏对方的优点，然后和孩子一起对胜利者的成功进行分析，找到对方的取胜的原因，最重要的要让孩子自己说出胜利者获胜的原因。在父母的正确引导下，相信孩子不仅可以平静地面对自己的失败，而且能够从内心欣赏对手。

当孩子们长大以后，他们一定会遇到各种竞争。学会在各种竞争中从容面对，并且欣赏对手，是他们人格完善、个人魅力的具体展现。

当然了，只懂得欣赏对手还是远远不够的，各种竞争活动结束以后，如果孩子失败了，父母要和孩子站在一起，分析他失败的症结究竟在哪里，孩子的弱点是什么，从而更有针对性地提高自己，并努力争取下次胜利。需要指出的是，鼓励和信任是孩子在经历挫折之后最需要从父母那里得到的东西，也是父母可以给予孩子最重要的财富。父母可以在每次活动结束后，给孩子们一些纸条，上面写上鼓励的话。相信孩子听到了这些鼓励的话，一定会越挫越勇，勇敢而积极地面对以后的每次挑战。这不仅增强了孩子的心理承受能力，而且能够锻炼孩子的竞争意识，使孩子竞争中提高自己的能力。

总之，正视输赢，学会为对手喝彩体现了一种理解，展示了一种关怀，也可以让孩子学会宽容、与人为善。在这个充满了竞争的现代社会中，对手无处不在，有人处心积虑地等待着对手的失足，对于他人的成功不屑一顾，忿然于心，从未慷慨地对别人给予喝彩。但是，懂得为他人尤其是为对手喝彩的人，一定是能敞开胸襟接纳生活的人，也正是因为他懂得为他人喝彩，所以，当他胜利的时候，别人也会回报给他更热烈的掌声，更亲切的笑脸，更美丽的鲜花。

6. 警惕压力过度带给孩子的危害

据一项调查资料表明：在身体素质、基础教育水平、思想道德不断增强的情况下，孩子们却普遍存在着压力过度、情感荒漠等方面的问题，有接近一半的未成年人心理健康水平超过了"警戒线"。究竟是什么原因导致这种情况出现的呢？我们不妨来看看一位曾经想过要自杀的男孩子小贝的自述：

其实，我也懂得身体发肤受之父母，应当爱惜。只是，有那么一段时间，我遭遇了人生中的一些不如意的事：学习成绩明显下降，好朋友和我

闹翻，老师在课堂上点名批评了我，我喜欢的一个女孩对我毫不在意……可能是我的性格比较内向吧，我顿时觉得人生所有的不幸都叠加到了一起，生活的颜色愈加黯淡，甚至使我丧失了面对的勇气。

那些天，我睡觉醒来想到的第一句话就是："放弃吧，放弃吧！"可是，忽然想到，爸爸的身体不好，要叮嘱他每天吃药；表哥暑假还要来找我玩……这些事情让我支撑白天的时光。但到了晚上，我又开始动摇，生活这么累，我还是走了吧，让他们想我、怀念我！

终于有一天，我觉得我的承受能力已经达到了极限，于是开始寻求有可能的自杀方式：想服用安眠药，但是现在实行"药管"，我一下子买不到足以自杀的量；去上吊吧，在家里找不到合适的地方；其他的无非跳楼、撞车之类，可是"死相"太难看。想了几天，还是没有决定最好的方式。

就在这时，学校的考试成绩出来了，我的各门功课都很优秀，我忽然一下觉得眼前亮了，久违的自信又回来了。其实生活还不至于那么坏，有失总有得，再回头看看当初困扰我、让我想自杀的那些事，就觉得自己真的好幼稚。不过，经历了那次自杀危机，我转变了对人生的看法，只要注意自我调整，生活还是充满无限阳光的。

现在的生活水平越来越高，可是孩子们的心理健康水平为什么却越来越差？据统计，我国每年至少有25万人自杀，200万人自杀未遂，并且，自杀已经成为未成年人的第一死因。青少年的自杀往往是在心理脆弱的情况下发生的，一旦遇到问题，就手足无措，从而选择、自杀逃避。

据专家介绍，导致青少年产生轻生念头的原因源于几个方面：第一，个人心理因素。青少年正处于身心发展的关键时期，心理发展尚未成熟，加上部分青少年性格内向、孤僻，容易走进"死胡同"。第二，面临考试、升学、交友等诸多人生选择，青少年难免常常体验到失望、痛苦等情绪，因而易出现心理问题。第三，家庭的影响也是一个重要因素。家长的教育态度、教育方法失当，过分娇惯或打骂，或家长期望值过高，都容易使孩子心理失衡。从上述小贝的案例中，我们不难发现，小贝最为看重的还是学习成绩，各门功课的优秀让他觉得眼前一亮，突然有了希望。这也从某种程度上说明，当前的青少年其压力过大主要原因还是来源于学业方面，这跟家长的过高期望值脱离不了干系。

当今社会，哪个父母不是迫切地希望自己的孩子能够出人头地，有所成就？为此，父母想尽了各种各样的方法来"培养"孩子，宝宝爬行班、亲子班、芭蕾课、奥数班……目前，社会上针对儿童和青少年所开设的培训班和课程名目繁多，让人应接不暇。专家认为，这些都源于家长对孩子成长的"过度期望"，会给儿童和青少年带来心理和精神上的畸形压力，应还给孩子更多的自由成长的空间。因为，孩子的天性是爱玩，他们的精力也是有限的，再则，他们的能力、兴趣未必与父母的理想模式相吻合，过高的期望只会给他们带来沉重的思想压力，使他们不堪重负，离成功的彼岸越来越远。

总之，父母对孩子的期望一定要把握好"度"，保持一个良好的心态，不要对孩子施加过度的压力，适当降低对孩子的期望值，为孩子"减压"、"减负"，并根据实际情况和孩子一起制订一个适合的计划或目标。一般而言，给孩子设定一个"跳一跳就能够得到"的目标是最为合适的。并且，教育心理学家认为，对孩子提出恰当的期待和要求，容易使孩子产生良好的"期待效应"。此外，父母还要善于鼓励孩子，使其进步，别忘了每一个孩子都希望听到赞美的声音。

其实，为孩子"减压"、"减负"，最根本的举措在于，父母要承认人的多样性，不对孩子进行笼统的整体排序，比如，不能只看孩子的成绩是第几名，还应看到他在其他方面的长处，如品德情操、体育项目、音乐天赋、演讲能力、社交能力等方面。教育专家一致认为，教育不要过分强调学习成绩的竞争，要鼓励孩子在情操、品德、特长等方面的竞争。这才是竞争的方向。孩子的成绩可能暂时落后，但是他

的综合发展潜力却可能很大，如果是这样，他们将来照样可以在事业上创造出佳绩。

当然了，作为孩子本人来说，也要学会自我调节，使自己具备良好的心理素质，不管遇到了什么事情，都要勇敢、坚强、乐观面对，相信人生没有过不去的坎儿，只要自己努力过，就完全可以问心无愧。在人类的历史上，许多著名的科学家、发明家不都曾经失败过吗？比如，爱因斯坦，中小学成绩都非常不好，第一次考大学时，名落孙山，法语、植物学、动物学三门学科不及格；爱迪生，上学时也常常考试不及格，后来退学回家。

但是，这并没有影响他们在后来取得伟大的成就，为社会的发展作出积极的贡献。这是因为，他们始终对自己充满了自信，没有让自卑的情绪主导了自己的心灵，一旦他们找到奋斗的目标，就会以惊人的毅力，如饥似渴地去学习，面对挫折，不断地去努力、进取，从而登上科学技术的顶峰。与他们比起来，一次小小的考试失利或者人生挫折又算得上什么呢？

总之，面对困境和失败，不能不思进取、一蹶不振，而是应该重建信心，下定决心，用坚强的意志和顽强的毅力去学习、去拼搏，这种可贵的精神品质才是最为关键、最为重要的，也是一个堂堂的"男子汉"应该具备的。

第十二章 懂得理财才懂得生存：
培养男孩的理财能力

1. 让男孩学会理财首先要有正确的金钱观

家长要让男孩凭自己的能力去获取报酬，不能男孩要什么都给他买，更不能让男孩有"我们家什么都不缺，将来你有花不完的钱"的观念。

中国人口众多，目前的家庭模式基本上是"三代同堂"（爷爷奶奶、爸爸妈妈和一个孩子）。自改革开放以来，有许多家庭由于自身的努力，积累了一定的资产。爷爷奶奶及父母都是经历过艰难时期缺衣少食的生活的，所以他们都希望自己的孩子过得幸福，也尽可能地为男孩提供相对优越的物质条件，还拼命为男孩积累财富，希望为男孩留下吃不尽、花不完的财产。这种行为极不可取，这样会扼杀男孩的斗志，让男孩对金钱产生错觉。

美国的百万富翁在十年内增长了400％，哈佛大学募款人柯立尔估计，全美320万名百万富翁中，约有60万人因担心会宠坏子女而将捐出大笔财富。许多"新贵"希望子女只享有中产阶级的生活，并且养育快乐的子女。一般资产超过3000万美元的富豪，会留给子女每人约150万美元，这笔钱可用来买一幢房子，且接受良好的教育。专家称，其实少给遗产只是消极的做法，对孩子进行正确的财富教育才是对抗"富裕病"蔓延的良方。

生活水平提高了，男孩已经不可能回到前辈们相对贫困的生活状况和消费水平中。但是，对男孩节约、朴素的教育是一定要做好的。从小就对男孩进行正确的用钱观念的教育已经是现在父母至关重要的任务了。

就拿吃零食这一项来说，如果不加控制，男孩从小会花去不少的钱。我们应坚持不给男孩买零食，告诉他吃零食的害处，避免让他形成乱吃零食的毛病。给男孩买玩具时，亲自带他去挑，只买一件最喜欢的，让他在比较中学会取舍。鼓励男孩把零用钱存起来，存得越多压岁钱也越多。把这些钱存进银行用于将来读大学，将存折交给男孩保管，密码则由父母掌握，让他对自己的"教育基金"一目了然，体验储蓄的快乐。

男孩上学后，买书的机会越来越多，应教会男孩如何对书的内容精挑细选，告诉他"读书如交友，力求精"，名著多从图书馆借，参考书多听老师的推荐。当然也不能一省到底，该花的钱（如营养费、才艺学习费、郊游散心开支等对男孩成长有益的费用）则不能节省。还有要让男孩知道先苦后甜的益处，训练他们抗拒诱惑的能力，养成储蓄的好习惯。

做父母的首先要对自己的男孩有充分的了解。分析男孩各方面的能力，在遇到事情时，父母应向男孩解释清楚有哪些处理办法，每种做法的优点和缺点，以及放弃带来的得与失，把目光放得更长远一点。当男孩有了较强的分析能力时，遇到相似的问题就会懂得比较不同的选择结果，从而作出更明智的决定。父母应教导男孩树立正确的金钱观念，使他们懂得几条重要的财富原则：

①钱不是谁发给谁的，钱是父母通过劳动换来的。让男孩理解父母在工作中付出劳动的艰辛，让男孩不要有不劳而获的懒惰思想。

②父母工作是为了获得支付全家人的开销报酬，不能让男孩认为挣的钱都是为了他。告诉男孩无论谁乱花钱都有可能影响全家人的正常生活，以此培养男孩对家庭的责任心。

③钱并不能换来想要的所有东西。提醒男孩不要对金钱的意义作出错误、片面的理解，一味地沉迷于金钱世界，使金钱成为伤害孩子幼稚心灵

的工具。

④教育男孩"钱不露白"的道理。不要过于"露富"，让自己成为别人讨要甚至是勒索的对象。

长此以往，父母就能帮助男孩树立一个正确、积极的金钱观，形成良好的理财习惯与技巧，这些对男孩来说，也是他人生中不可估量的财富。

由于家长的理财观念不同，对男孩的理财教育上可能出现不同程度的偏差，这种偏差直接导致了男孩的浪费、高消费、攀比消费等不良习惯。美国儿童财经教育专家威里尔德·斯塔华斯基指出："即使你家产丰厚，也不必让男孩以为他们可以想要什么有什么，或者在左邻右舍面前去吹嘘。"家长要让男孩凭自己的能力去获取报酬，不能是男孩要什么都给男孩买，更不能让男孩有"我们家什么都不缺，将来你有花不完的钱"的观念。如果男孩感受到钱花不完，就会不珍惜，养成挥霍的恶习。

帮助男孩树立正确的金钱观，最主要的是家长教育观念上的彻底转变，真正明白"再穷不能穷教育，再富不能富男孩"的深刻意义。

2. 让男孩从小就有获得财富的意识和能力

让男孩体验挣钱的艰辛，让男孩通过正当的手段获得收入，是一种很好的教育方式。

大多数家长把男孩当成心肝宝贝，舍不得让男孩吃苦挣钱，认为"男孩只要努力读书就行了，长大以后再去考虑挣钱的事"，"不需要他养家糊口，也不愿意看到他受罪"。其实，不让男孩尝试挣钱，他就很难知道挣钱养家的艰辛，也就不懂得珍惜手里的零花钱。父母让男孩挣一点儿小钱，并不是真要男孩用这些钱来贴补家用，而是让他们去体验挣钱的艰辛过程。

一个老木匠，看到儿子整天懒懒散散，除了睡觉就是闲逛，便把老伴

叫来商量说:"咱儿子一无所长,懒惰又游手好闲,如果现在不学着谋生,将来肯定会沿街要饭。从今天起,就让他出去挣钱吧。"

母亲心疼儿子,偷偷塞给儿子一点儿钱,嘱咐道:"你到外面待一天,回家时把钱交给父亲,就说是你自己挣来的。"儿子晚上回来把钱交给父亲,老木匠拿着钱,放到鼻子前闻一闻说:"这不是你自己挣的钱!"随后把钱扔进灶坑。

第二天,母亲又给儿子一点儿钱:"你今天到处跑跑,晚上回来时累了,你父亲就会信以为真了。"儿子很晚才回来,把钱交给父亲。父亲又闻了闻,骂道:"你小子又在骗我,这钱绝不是你亲手挣的!"说完又把钱扔进灶坑里。

母亲知道瞒不下去了,便郑重地说:"你骗不了你父亲,还是找个地方干活儿吧!向别人学艺,自食其力,不管挣多少钱,都要拿回来交给父亲,让他知道你能挣到钱。"

儿子开始四处找活儿干,帮人干家务,帮人下地干活儿。十天后,儿子满心欢喜地回到家,把挣到的钱交给父亲,希望得到父亲的赞赏。老木匠接过钱,放到鼻子前闻了闻,二话没说直接把钱扔进灶坑。儿子惊叫一声,焦急地扑向灶坑,边从火中抢钱边哭着说:"父亲,这些钱都是我辛辛苦苦挣来的!"

老木匠看到儿子的举动,笑了:"现在,我相信这些钱确实是你挣的。只有懂得挣钱的艰辛,才会不顾一切地去火中抢钱。好好干吧,我不会再为你今后的生计担心了。"

每个人都是一样,对自己亲手挣来的钱视如生命。让男孩体验挣钱的艰辛,让男孩通过正当手段获得收入,是一种很好的教育方式。

学会挣钱,是一个人在社会上生存的一项重要能力。在从事同样合法工作、收入差不多的情况下,为什么有的人越来越富,有的人却为吃穿发愁呢?这正是财商高低所导致。从长远的角度看,提高男孩的财商远比提高家长的财商更为重要。提高男孩的理财观念和理财能力,有利于他将来有宽裕的经济能力和生活享受，这同时是家长将来"翻盘"的希望所在。

世界上最会赚钱的是犹太人，每时每刻都会对男孩进行财商教育。年幼时，每个犹太小孩都会被问到这样一个问题："假如有一天，你的房子被烧，你的财产被抢光，你将带着什么东西逃命呢？"如果男孩回答说"钱"、"玩具"、"钻石"，父亲就会纠正道："孩子，你要带走的不是钱，也不是钻石，更不是玩具，而是获取财富的能力。这种智慧是任何人都抢不走的，只要拥有这种智慧，财富就会伴随你一生。"在犹太家庭里，男孩没有免费的食品和照顾，任何东西都是有价格的，每个男孩都得靠赚钱获得所需的一切。犹太人财商教育重要的一点，就是培养男孩延后享受的观念，让男孩延期满足自己的欲望，追求未来更大的回报："如果你喜欢玩，就去赚取自由的时间，这需要有好的学业成绩。之后你可以找一份好工作，赚很多钱。如果你颠倒顺序，先享受后努力，就只能享受很短的自由时间，没有玩具，也没有快乐。"

如果你不去主动培养，男孩的理财能力长大后很难"无师自通"地提高。事实上，成年人还经常在消费、金融等方面一片茫然，更何况男孩呢？犹太人会用敲击金币的声音迎接男孩出世，我们也要敢于跟男孩挑明："儿子，努力干吧，我想当一个富翁的爸爸！"

此外，我们应当让男孩对"花钱"有谱，具体做法如下：

①让男孩制订预算，有计划地使用金钱，帮助男孩从有限的收入中得到巨大的好处。在最初的一个月，男孩要把所花的每一笔钱都做出准确的记录。如果可能，连续做三个月的记录。你根据这个记录，弄清楚男孩的钱到底花在哪里，哪些支出应当减少，哪些支出是错误的浪费行为。现在，马上让男孩弄个小本子，记录每天的收支状况吧。

②告诉男孩"不要背上债务负担"。既不要轻易借别人的钱，也不要轻易借钱给别人，避免与同学、朋友陷入债务的纠纷中。

③给男孩开一个独立的存款账户，让男孩存下节省下来的钱，帮男孩养成储蓄的好习惯，让男孩参与到家庭理财的计划中，跟父母一起成为家

庭理财能手，感受全方位的理财熏陶。经常让男孩参与家庭理财事务，等男孩长大后，面对一个部门的财务或者整个公司的财务时，便会指挥若定，了如指掌。

尽管父母暂时不能达到富裕的层次，也要让男孩懂得如何"攒钱"、"挣钱"和"花钱"，树立正确的贫富观，不以贫穷为耻，根据家庭的经济实力安排自己的支出。社会上的贫富差距是客观存在的，我们没有必要拼命掩饰，也不要努力让自己孩子跟富家子弟保持同等的消费水平。只要做家长的能以正确的心态和理念引导男孩，男孩就有可能为你将来的富裕生活买单。

3. 从小就让男孩学会精打细算

虽然我们的生活水平日益提高，但仍要教孩子学会精打细算，不乱花钱，不浪费钱财。

让男孩懂得节约，作有计划的开支，是培养其良好理财习惯的开始。长大以后，这对他们的事业是有很大帮助的。

一位教育工作者为了研究如何培养好孩子的理财能力，作了一个测试：

几个小男孩，分为三组：甲组是一个大约2岁的男孩，老师左手拿着5角纸币，右手拿着一张跟5角纸币大小相同、颜色相像的卡片，同时递给他，叫他选一张自己去买糖吃。男孩看了看，犹豫了一会儿还是选了左手的纸币。

乙组是一个3岁多的男孩。老师左手拿着5角纸币，右手拿着5元纸币，让男孩选择。男孩毫不犹豫地把右手的那5元钱抢跑了。

丙组由刚才那两个小孩和一个大约5岁的男孩组成。老师叫他们站成一排，他分别给每个人三个印刷有5角字样的啤酒瓶盖，两个稍小的男孩

238

都把瓶盖扔了，只有那个5岁的男孩要了瓶盖。

甲组实验说明：小男孩大多是非常聪明的，能认识什么是钱，他看到父母们用纸币能够换回他们爱吃的水果，而拿别的东西是不能换的。他们或许曾经尝试过，有时被大人哄骗了，没有分清哪种纸是钱，哪种纸不是钱，但在测试时，都会区分清楚。

乙组实验说明：3岁的男孩就能分清哪种纸币能换回更多他们想要的物品。

丙组实验说明：5岁的男孩能够知道大人们平常给他们的有奖瓶盖，能换回他们需要的商品，虽然他们不知道等价物的意义，但是能认识到它的作用。

其实，孩子的金钱意识大致有几个层次：

三岁以前孩子处于"没有金钱功能意识"的层次，他们把金钱当做一种玩具，视一张纸币为随意摆弄的纸，但这并不是说他们不知道金钱的作用；4～6岁的男孩处于"朦胧的金钱功能意识"状态，他们只知道钱可以换东西，但是没有自觉的购买行为，只知道整天吵着父母给钱让他们去买他们需要的商品，有的男孩忘记或者根本不知道找零钱，往往要父母再三叮嘱，才记得找回零钱。

西方教育专家认为，家长应从孩子3岁开始培养其经济意识，主要教理财知识。研究表明：孩子在3岁时就辨认钱币，认识币值、纸币和硬币。到12岁时就懂得珍惜钱，知道钱来之不易，有节约观念。由此，我们可得到以下启发：

①钱和我们的生活是息息相关的，男孩很早就对钱产生兴趣。男孩只要随家长逛过几次商店，钱的用途便牢记在他们心中了。

②钱的知识与道德教育有紧密联系。男孩懂得钱应该经过劳动赚得后，便容易产生爱惜钱的心理，有相应的储蓄行为，避免浪费。当前我国有些孩子对钱毫不珍惜，任意挥霍浪费，与缺乏理财教育有关。

③让男孩懂得节约，作有计划的开支，是培养其良好理财习惯的开

始。这对他们成年后的事业是有很大帮助的。

④父母通过对男孩理财方面的教育，使他们了解商品、了解社会，培养他们极积的参与意识和竞争意识，打破传统的理财教育观念的束缚，改变他们的理财思想，可以为他们的将来作好准备。

随着孩子的压岁钱、零用钱越来越多，一道新的难题摆在许多家长的面前：孩子用钱大手大脚，基本上是想买啥就买啥，钱一到他手上，不久就全花光了。

小军是全家的"宝贝"，爸爸妈妈、爷爷奶奶随时都给他零用钱，小军也"来者不拒"，手头一有零用钱，就赶紧去买自己心仪的玩具、游戏机、零食……最近，小军看到一个新款掌上游戏机，200多元，眼睛都没眨一下就买了下来。这不，没几天，小军又没零用钱了。他正琢磨着晚上怎么开口跟奶奶要去……

由俭入奢易，由奢入俭难。即使家里很有钱，家长也要让孩子懂得节俭。这并不是反对孩子消费，而是提倡合理消费，反对孩子肆意挥霍。

要想培养孩子精打细算的好习惯，家长可以从以下几个方面入手。

教孩子理智消费

家长可以常常带孩子一起去购物，亲自向孩子示范应该如何进行理智消费。在商品社会，不但要让孩子正确地认识金钱，而且还要让他从小学会精打细算。作为家长，主要控制好量，让孩子在有限的金钱数额内，学会购买价值最大化的商品。有一位很聪明的母亲，她曾经带着7岁的孩子逛了四家商店，目的是为了买一个物美价廉的饮水机，最后母亲把省下来的15元钱买了一个孩子向往已久的智力玩具。这位母亲的行为给孩子作了很好的示范，一分钱当成两分钱花，使孩子了解了什么是价格差，什么是理智消费。这样，孩子在自己支配钱的时候，也会学着注意精打细算。

让孩子接触家庭"财政"

适当的时候，可以让孩子了解一下家中"财政"，这样有助其在一些小事中养成精打细算的好习惯。家长可以为孩子提供一个接触成年人开支的机会。像日常生活中的买菜、交电话费等事情，家长可以让他去做，使孩子知道家里的钱是怎么花出去的，家长每个月都需要支付好些开支。这样，当他长大以后需要自己支付水电费、房租、物业费的时候，就不会觉得束手无策了，也会慢慢养成精打细算的好习惯。

让孩子学会砍价

在对孩子的理财训练中，购物的技巧也是十分重要的训练内容。家长要让孩子学会在购物时讲价钱，能节省一分是一分。

教会孩子科学判断商家的行为

买东西和卖东西是一个博弈的过程，让孩子学会买东西，还要教会他合理判断商家的行为。比如，不要轻信对方的承诺。当商家的促销人员对孩子讲解商品的性能和价格时，要教育孩子根据自己的需要和商品的属性进行决策，千万不要被别人的承诺左右。

又比如，看到商家鼓动性的广告，孩子很容易禁不住诱惑随便买东西。为此，家长要教育孩子避免赶时髦、不轻信名人宣传、不受情绪感染和广告的诱惑，等等。家长要让孩子意识到，广告中存在虚假成分，必须小心谨慎。

让孩子懂得货比三家

孩子稍大一些，就要让他学会货比三家，精打细算。如同样是吃肯德基，如果注意从报箱、商店等地方收集优惠券，一个汉堡加一杯可乐就会省下4元钱。购买文具时可以多看几家商店，谁的便宜买谁的；也可以让孩子联合同学进行"团购"，这样可以节省不少钱。

家长应多鼓励孩子节省消费、精打细算，从小养成正确使用金钱的好习惯。当然，家长别忘了以身作则。另外，也不要完全以金钱作为奖赏或惩罚孩子的工具，让孩子自由地使用他的零用钱。久而久之，孩子一定会成为理财高手，无形的"财商"将成为他一辈子的财富。

4. 让男孩学会节俭 杜绝奢侈浪费

培养孩子的节俭习惯，让孩子懂得家长赚钱的不易，才能使孩子远离奢侈浪费。

现在的孩子多数不懂得节俭，乱花钱、随便浪费的现象相当严重。有一所小学，捡拾的物品堆满了一间屋子，大至皮夹克，小至铅笔、橡皮。学校多次广播，要求孩子去认领，却没有人去。在一次家长会上，校领导讲了这件事，说再不认领就处理给废品收购站了，也只有几个家长带着孩子去认领。这种情况不能不引起我们的深思。

孩子不懂得节俭，不能怪孩子，责任全在大人。许多传媒大肆宣传吃好、穿好、用好，刺激孩子盲目消费的广告。家长出于疼爱"独苗苗"的心理，迁就孩子花钱自不必说，就连家长自身也产生了非合理消费的心理——攀比、从众、赶时髦、喜新厌旧等。时代变了，人们的消费观念确实应该改变。随着经济收入的增加，人们吃饭更讲营养、穿得更美、用得更可心自然无可非议，而且应该提倡，但盲目花钱、随意浪费绝对是坏事情，是不良品质的反映。

所以，对家长而言，培养孩子的节俭习惯是非常必要的，家长可以从以下几点做起。

教育孩子珍惜物品

让孩子懂得现有生活来之不易，它们都是人们用汗水和心血收获的，随意浪费是不珍惜劳动果实、不尊重劳动的表现。让孩子经常参加劳动，体会劳动的艰辛。如果有条件，家长可以带着孩子去参观一些工厂、农村的生产劳动过程。

帮孩子改变审美观和消费观

孩子对美的认识往往受家长的影响，甚至将家长的穿着打扮作为效仿

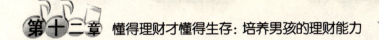

的对象。如果妈妈说："红红穿这件红色衣服真漂亮。"那孩子就认为穿这件衣服很美，天天穿着不肯换。孩子追求名牌的心理，除了受社会上高消费的影响外，也与有些家长自身的审美观、消费观有关。他们认为现在生活条件好了，给孩子买高档衣服，这是应该的，甚至以此炫耀自家的身份、地位或富有，满足自己的虚荣心。有的家长宁愿自己省吃俭用，也要让孩子在别的孩子面前"不掉价"。殊不知，这些家长的行为对孩子是一种误导。

利用外出消费制约孩子的不当行为

当家长带孩子上街时，首先应该给孩子制订一个合理的消费范围，打一针"预防针"：什么该买，什么不该买。当然，对孩子的优秀表现还应及时表扬肯定。毕竟孩子还是喜欢听到别人的表扬的。这些都可以促进孩子节约品质的形成。

惜物从家庭做起

为了培养孩子节约的习惯，在日常生活中，家长要给孩子作好榜样。例如，平时拧紧水龙头，不放长流水；节约用电，尽量使用节能型家用电器，不用长明灯，人离家时随手关掉电源，尽量少用空调，尽量减少开关冰箱的次数；节约用纸，少用纸巾，多用手帕和抹布，纸张尽量两面使用；节约粮食，合理适量地购物购菜，避免造成大量的剩菜剩饭等。另外，最好减少使用不必要的"一次性"用品，如一次性筷子、一次性饭盒，尽量少用塑料袋，抵制白色污染。平时多加强对孩子的节约和环保意识的培养，使孩子从小养成节约的习惯。

适度控制孩子的零用钱

其实，孩子的消费行为是由被动慢慢升为主动的，从小学低年级开始，家长就应该教孩子买东西，如何用钱，如何找钱，如何选择物有所值的物品。教孩子把钱保管好，防止丢失、被窃。随着年级升高，家长要让孩子学会先认真思考再花钱，而且逐渐养成习惯，避免盲目消费。让孩子当一次家、记好收支账，显然，这是培养孩子节俭品质的好方法。

教育孩子懂得量入为出

家长必须要让孩子懂得，每个人、每个家庭的经济情况是不一样的，花钱也要看支付能力。不要只是一味地满足孩子的要求，不考虑自己家庭的收支情况。

孩子有浪费现象，根源并不在于孩子。要解决这个问题，必须从家长做起。家长应该检讨自己在生活中有没有浪费现象，发挥表率作用。对孩子的勤俭教育，是不能一蹴而就的，需要社会的积极倡导、家长的努力配合，并且长抓不懈。

家长在孩子花钱的问题上，一定不能心慈手软，而是要坚持原则，视家庭经济状况，把好孩子的消费关。对孩子花钱上的节制，并不等于克扣，而是酌情处理。引导孩子计划开支，合理花钱，让孩子从小懂得生活的艰辛和自食其力的重要。

中国的父母实在是天底下最爱孩子的父母，他们对孩子的爱甚至丧失了理智，尤其在孩子之间的攀比热潮中，家长们几乎起着推波助澜的作用。孩子要名牌运动服时，家长就省吃俭用以满足孩子的愿望，他们说是为了孩子；孩子要买赛车时，家长说同学都有，不能委屈自己的孩子；孩子考取了好成绩时，家长更会高兴地倾囊而出，给孩子物质奖励……

"为了孩子"好像成了一些家长们生活的唯一宗旨，似乎生活的意义就是为了孩子。这样的教育结果是：孩子花钱大手大脚，从不会计划开支。久而久之，孩子还会产生对金钱的依赖性，失去自己应有的能力。有关调查表明，在所有未成年犯罪案例中，他们犯罪前的零花钱越多，去游戏厅、网吧、歌舞厅等"青少年不宜"场所的比例就越高。这些人中因抢劫、盗窃等与钱有关的罪行、锒铛入狱的占到全部未成年犯罪的70%以上。他们之所以走上犯罪道路，在很大程度上是因为他们从小没得到良好的家庭教育，没有树立正确的金钱观。

一位母亲在痛心地反思自己对孩子的教育时说道："孩子现在好吃懒做，成绩不理想，喜欢上网玩游戏，在高档商场花钱如流水……导致这些

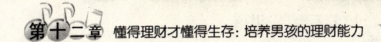

坏现象的原因都是金钱，都是金钱惹的祸。"可见，杜绝孩子乱花钱的习惯，引导孩子正确地使用金钱，是父母义不容辞的责任。

一对年轻的父母带着刚上二年级的儿子去逛街。在一个繁华的路口，有一位老奶奶正在卖报纸。父亲从口袋里掏出 5 元钱交给男孩，让他去买 10 份报纸。男孩买回晚报，父母一起跟他商量：按原价把报纸卖出去，看看我们能不能很快卖完。男孩在父母的支持与帮助下，费了很长时间才把 10 份晚报卖出去。

之后，父母让儿子去问卖报的老奶奶，一份报纸能赚多少钱。孩子从老奶奶那里知道，卖一份报纸只能赚几分钱。他算了一笔账，花了这么长时间才能赚几毛钱，而且要费很多辛苦和口舌。"爸爸妈妈，我以后可不能随便乱花钱了，挣钱太不容易了。"父母肯定了孩子的想法，及时表扬了他。这个男孩后来很懂得节俭。

上例中的父母经过认真思考，采取了切实有效的方法，让儿子明白了赚钱的不易，他们是家庭教育的有心人。

现在，很多男孩不懂得节俭，乱花钱、随意浪费的现象相当严重。很多拿着压岁钱的中小学生请客、送礼、聚会、K 歌……表现出来的那种比阔气的"成熟"让人惊讶。一位高二的学生寒假过后，刚一开学就频繁参加同学的聚餐，近一千多元钱的压岁钱全部花光。当父母责备他乱花钱时，他振振有词地说："我们班同学家境都太一般化了，同学聚会只能 AA 制。邻班的同学聚会才荣耀呢，有个同学的爸爸是大款，人家自己掏腰包请同学吃了一顿大餐。"现在的孩子不会挣钱，却越来越会花钱，而且丝毫不体谅家长的辛苦，这种现象不能不引起每位家长的深思。

5. 从小教男孩学会花钱

每一天男孩都在长大，他们的能力在不断增长，体力、智力以及理财

能力都在逐渐成熟。如果家长能够对男孩的理财方式加以辅导，就会发现男孩比你想象中做得还要好。

当男孩用自己辛苦节省下来的小钱买到想要的东西，而不是由父母买好东西送到他面前，男孩就会对那件东西倍加珍惜，也对节俭有了一个深刻的印象。

两个年轻人一同出去找工作，一个是英国人，一个是犹太人。

道路前方有一枚1元的硬币躺在地上，英国人看也不看就从上面跨了过去，犹太人却低下头主动将它捡起来。英国人面露鄙夷之色，心里说：一枚硬币也捡，真是没出息。犹太人望着远去的英国人，也心生感慨地说：居然让钱从身边白白溜走，真是没出息！

后来，两人同时走进一家公司应聘。公司很小，工作很累，工资开始时也很低，英国人不屑一顾地走了；犹太人却高高兴兴地留了下来。

五年后，两人再次在街道上相遇。犹太人已成为一个小老板，而英国人却还在寻找着下一份"更好"的工作。

道路前方又出现一枚1元的硬币，英国人依然不屑去捡，继续嘲笑犹太人说："我很奇怪你这么没出息的人，怎么能混成现在这副模样？"

犹太人依然弯下腰，拾起了那枚硬币："等你学会像我一样，连一枚硬币也会弯腰捡起来时，就会明白了！"

其实，英国年轻人并非不喜欢钱，只不过他盯着的是"大钱"而并非"小钱"，所以他不屑去捡"小钱"，永远都在等着明天可能到手的"大钱"。然而，小钱不积，何来大钱呢？所以家长应该教育男孩珍惜"小钱"，养成积少成多的理财习惯。

小学生大鹏的隔壁邻居老佟是一个外省来的修鞋匠。不少家长私下里跟孩子说："你长大了可不能像老佟一样做修鞋匠，那多没出息，以后好好上大学，你就能出人头地！"

而大鹏的父亲却这样对儿子说的："你佟大叔不容易，一个人跑到外地做生意，家里还要养活两个大学生。人家是靠自己的双手勤劳致富，从几毛钱的缝缝补补做起，别看是修鞋的小买卖，但是收入不菲。孩子，你可千万别小瞧这不起眼的生意，虽然挣的都是小钱，可是财富从来都是积少成多的，你佟大叔这几年的积蓄少说也有十来万呢。工作从来没有贵贱之分，只要干好了都会财源滚滚的！"

不齿于"小钱"的理财心态，对于男孩确实重要。如果男孩能够一直保持乐意"赚小钱"的心态，不让赚钱的机会从身边溜走，终有一天大财富也会滚滚而来。

珍惜小钱，说到底就是勤俭持家的表现。勤俭持家作为中华民族的传统美德，被祖辈们发扬了几千年，到了新时代，虽然家庭的生活越来越富裕了，不会为温饱问题而焦虑，但是家长还是要让男孩们继承这种美德，教会男孩精打细算的持家之道。

比如，男孩生日要送给他礼物时，家长最好让男孩自己去买，教会他合理消费，合理支配。事先要确定礼物的大致价格，不准超支购买；买礼物时，男孩自己必须从"小金库"中支20%～30%的费用，只要使用自己的钱，男孩就不会铺张浪费；假如预算超支，就应该劝男孩选择其他礼物，教育男孩不能放弃消费前先作预算的习惯，脑子里总要有"财务平衡"的意识。

事实上，每次让男孩买东西时，都可以坚持这一点，鼓励男孩购买超市里的降价商品，哪怕只有几角钱的降幅，一旦他买了，家长就要及时给予奖励，鼓励他节省小钱的做法。

即将上高中的男孩，可以让他学习使用信用卡、银行卡，但每次如有透支让他自己还。男孩使用信用卡时，可以深刻地体会到乱花钱、生活超支的沉重代价，这样他会努力在生活中使自己的积蓄与债务保持平衡。

通过以上的理财教育方式，相信男孩们一定会养成勤俭持家的意识和重视小钱的习惯，在未来的生活中，他们也会积累足够的财富，不致为可能发生的经济危机而发愁了。

日本著名的喜剧明星北野武一直不喜欢母亲，因为从他成年时起，母

亲就一直不断地向他要钱。只要一个月没有寄钱回家，母亲就打电话对他破口大骂，而且他越出名，母亲索取的钱就越多。

后来，北野武的母亲去世了，他赶回故乡奔丧。等他办完丧事、准备离开时，北野武的大哥把一个小包袱给了他，说："这是妈妈叫我一定要交给你的。"北野武小心翼翼地打开小包袱，看到了一个存折与一封信，存款是用他的名义开户的，金额高达数千万日元。在信中，母亲写道："孩子，在这几个儿女中，我最担心的就是你，你从小就不喜欢念书，又乱花钱，对朋友太慷慨，当你说去东京打拼时，我很担心你会变成一个落魄的穷光蛋，因此我要你每月不间断地寄钱回家，一方面可以刺激你赚更多的钱，另一方面也是替你储蓄。你给我的钱，我一分都没有花，你大哥一家把我养得好好的，这些仍是你的钱，我走以后你就拿去好好利用吧！"

看完信，北野武想到自己一直以来对母亲的误会，于是跪倒在地，失声痛哭，久久无法站起。

北野武母亲的一番好意，确实令人感动，但是她隐瞒儿子的做法，并不值得效仿。家长既要辅助男孩去理财，也要坦白地告诉男孩自己的做法，不能让男孩蒙在鼓里，更不要想当然地剥夺男孩的财务知情权。

每一天男孩都在长大，他们的能力在不断增长，体力、智力以及理财能力都在逐渐成熟。如果家长能够对男孩的理财方式加以辅导，就会发现男孩比你想象中做得还要好。

如果家长用自己的理财观念来教育男孩，男孩自然就能看好自己的账户，把账目弄得清楚，让收支更加明晰。

现代社会是商业社会，人们在日常生活中，都离不开各种商业行为。日常用品、生活物资，都需要通过买卖来进行。可以说，现代生活的两大中心主题就是：挣钱和花钱。随着男孩手头零用钱的增多，开销不断增加，父母应当怎样来引导男孩当好自己的"小家"呢？

（1）在生活中要教会男孩用钱

只有当男孩对钱的数额有了实际的感觉后，父母才可以直接给男孩安排购买的任务，让他独立花钱。在父母的陪同下，家长可以让男孩完成购买的整个过程。比如，让男孩自己去买菜或者在乘公车时买票。

在男孩能够独立完成购买行为后，父母可以让男孩有选择性地对比价格。比如，父母可以让男孩买一种价格在 5 元左右的酱油，或让男孩去买某品牌的啤酒。通过这些训练，男孩会用不同金额购买不同价格的物品，对钱的数量、商品价格会有明确的意识，这些都方便他以后独立完成购买。

（2）在消费中，家长要让男孩牢记"收支平衡"的概念

花钱只是理财教育的一部分，保持"挣钱"与"花钱"之间的平衡，才是理财教育的重点所在。理财最核心内容其实就是收支平衡，家长在辅助男孩理财时，就要把这个概念告诉男孩，教他怎样去实现这种平衡。

可以先给男孩一笔固定的"收入"，开始的时候这笔"收入"可以给得少一些。让男孩拿着这笔钱，去超市购买想要的任何东西，不加以约束。男孩很可能会兴冲冲地跑进去，左拥右抱拿了一堆东西，但却因为无法结账被堵在收款台。这时候，父母不要感到难为情，因为这正是考验男孩理财能力的时候。在无力支付全部商品的情况下，男孩会左挑右选，最后只选择其中的一两件。事后，父母可以引导男孩学会计算价格，尽量达到购买的最大值。

第二次训练，父母在男孩选购时，就可以提醒他先计算出总共需要多少钱，将购物金额与他的"收入"进行比较，看购物金额是不是在预算之内，如果超出预算，就要男孩自己选择哪些是最需要的东西，哪些是不怎么需要的，哪些是根本不需要的，让他把不需要的东西放回到购物货架上。这种体验过程，可以让男孩明白自己是钱的管理者。

（3）适时引导男孩存钱

很多男孩都有这样的习惯，就是父母给多少钱就花多少钱，花完了再向父母要。如果男孩的手里总是留不住钱，他就会一直无财可理，由于经常处于金钱紧张的状态之中，所以无法感受到理财所带来的快乐。如果男

孩只会花钱，手头难免空空如也。当男孩对钱财已经"门清"时，接下来要教会他如何存钱。比如，当男孩想买某个东西时，家长可以不直接给男孩买，但可以提醒他：如果能把几个星期的零花钱留下来，就可以实现愿望。

男孩刚开始储蓄时，目的也许只是为了买某个东西，但是当他手头有很多闲钱时，父母就可以提醒他主动存下来，以备下次看到什么好东西时支付。给男孩买一个储钱罐，或者隔一段时间把男孩积攒下来的钱清点清点，让他有一种成就感，这样，男孩就会树立主动存钱的意识了。当男孩的储钱罐里有了钱，账户上的数字越来越大，就算有了像样的积蓄。如果一直让男孩不断地积蓄，而不让男孩去花，他可能会对积蓄失去兴趣。所以，当男孩有了一定的积蓄后，还是要让男孩花钱，引导男孩合理使用自己的积蓄。一方面，男孩可以通过花钱来实现自己的愿望；另一方面，男孩通过支配自己的积蓄，可以养成控制自己购买欲和合理花费的习惯。

（4）培养男孩的赚钱能力和发现商机的头脑

那些会理财的男孩，眼里看到的都是商机。

孩子的头脑里也可以有很好的生意经。理财就应该从男孩小时候开始，年轻时学会投资，以足够的时间磨炼自己，让自己的资本最大限度地增值。青少年应该尽早树立理财致富的观念，那种等赚大钱后再去理财的想法是极端错误的。从小生意做起，财富便会越积越多，生意也会越做越大。

在日常生活中，家长要教会男孩花钱，引导男孩理智消费，这样他们走入社会后，才能合理地安排自己挣到的钱，不会吃光用光，变成"月光族"。在古代，"穷人家男孩早当家"，那是因为生活所迫。现在，不管家庭状况如何，为了让男孩长大后在经济方面更加独立自主，家长就要有意识地培养男孩的理财观，让他理好自己的财，当好自己的家。

6. 家庭经济状况无须向孩子隐瞒

父母要教育男孩无须掩饰出身，更不必打肿脸充胖子，装成"富家子弟"。只有心态上健康乐观，男孩将来才会有大出息。

美国最伟大的总统之一林肯，出身于一个鞋匠家庭。一次国会辩论时，他的竞争对手搬出他贫寒的出身打击他。林肯总统听了，不但没有感到自卑，反而神情骄傲地对竞争对手说："非常感激你让我想起了父亲，他已经过世了，他生前是一个伟大的鞋匠，我为自己是他的儿子而骄傲！或许我做总统永远也没有父亲做鞋匠那么好，但如果某些人的鞋子不合脚、走歪了路、跌倒了，我会用小时候父亲教我的手艺帮助他！在场的所有人的鞋如果有问题，我都可以修理，但是有一件事是无法更改的：那就是我永远无法像我父亲一样伟大！"这番话结束后，场内响起了经久不息的掌声，林肯也因此激动得热泪盈眶。

一位民营企业的老总，在电视上讲了自己小时候的一个故事——

那时候，家里的经济状况并不好，母亲很早就下岗在家，父亲是个普通工人，工资不多。每逢体育课，同学们都自带纯净水喝，母亲也给我带水，总是一瓶纯净水，每天早早地塞进我的书包里。一次体育课，同桌没有带水，我就把自己的水递给他喝。同桌喝了一口，怀疑地问："这水不是纯净水？"其他同学尝过后纷纷嘲笑我说："不会是假冒的吧，假冒的便宜"，"你看，连生产日期都看不见了"，"这分明就是凉白开水"。

我拿过来尝了一口，发觉真的很像凉开水，当时我几乎无地自容，回家后一进门就质问母亲："你每天给我带的水，是不是都是凉开水？"

母亲点头说："外面的假纯净水太多，我怕你喝坏肚子就天天给你灌凉白开水。"母亲的回答让我很沮丧，作为家里唯一的未成年消费者，我没有能力为家里挣钱，但总有义务为不富裕的家里省一些钱。尽管喝凉开

水和喝纯净水对我的身体来说没什么影响，但我还是有莫名的自卑感。

母亲觉察到我的情绪，问："同学里有人笑话你吗？"我点了点头。母亲沉默了一会儿，接着说出了一段让我终生难忘的话："孩子，我们是穷人，这是事实。穷不是错，不是罪过，穷人和富人有着各自不同的活法。穷人不可怜，只有那些笑话穷人的人才真的可怜，从根儿上查去，哪一家没有几代穷人？再穷，人也要看得起自己，要是自己都看不起自己，心也就穷了。心要是穷了，那就该一辈受穷了！"

那天晚上，我想了很多。天亮的时候，我终于想通了母亲的话：穷，只是一种相对而言的生活状态，你可以把它看做是一件丑陋破旧的外衣，也许现在这件衣裳并不好看，但是将来你总有能力脱掉这身破衣裳，换上一件体面漂亮的新衣裳！

后来，再上体育课，我依然拿着母亲给我灌好的凉开水。当有同学故意嘲笑我是不是喝凉开水时，我一直以骄傲的语气回应对方："是，我觉得这比矿泉水更有滋味！"目前，许多中国家庭仍然不富裕，贫富差距的鸿沟是客观存在的。对此，父母要教育男孩无须掩饰出身，更不必伪装成"富家子弟"。男孩只有心态上健康乐观，将来才会有大出息。

中国人一向很讲究"面子"，几千年的传承使得"面子观"深入人心。在学校，中小学生之间的攀比心理很严重。有的男孩为了面子，为了一时的虚荣，不愿意承认自己的贫穷，甚至"打肿脸充胖子"，如果父母发现这种情况一定要及早纠正。

广州某中学曾收到一名特困生家里提供的困难补助报告，但是校领导派人了解这名特困生的生活现状时，意外发现这名男生有着价值3000元的高档手机，身上的衣服都是时尚名牌，学校统一配置的书架上几乎没放几本书，全都是各式各样的营养品……一方面是铁证如山的贫困报告，另一方面是男生在学校的超前消费，到底是报告有误还是男生在乱花钱呢？

调查人员还发现，这名男生在入学时没有办理任何贫困证明的手续，也没有向学校提出过任何贫困助学的申请。第一年所需的5000元左右的学杂费以及住宿费，他一分不少地交上来了。与之形成鲜明对比的，是报告的内容："父母体弱，年收入仅为2500元左右，唯一的生活来源是种地，家有兄弟两人，均在读书……"如果家庭状况真的如此贫困，这个男生怎么会在生活中如此阔绰呢？

调查人员深入调查发现，男生的家里确实非常贫困，家里只有一间完全用黄泥堆起的土坯房，为了防止漏雨，屋顶上严严实实地压着厚厚的茅草，上面还堆上一排排的瓦片。因为长年雨水浸泡，泥坯墙的外围已经开始剥落，有的地方甚至出现了塌陷的痕迹。但是，这么破旧的房屋内，居然摆着电视机、电冰箱和DVD三件家用电器。"一个如此贫困的家庭，为什么还会购买电冰箱、DVD呢？

男生的父母说："买点家用电器，看起来不会太寒酸。"原来是家长为了儿子的面子在硬撑。为了让男孩安心读书、念完初中，全家人勒紧裤腰带，过着紧巴巴的日子，时不时还要借点儿钱。不过这样拆东墙补西墙，很难供男孩读完中学，于是家里便背着男孩给学校出具了贫困证明。

在这一案例中，男孩不但不体谅家里的难处，反而追求超出家庭负担的高消费。是什么导致了他的这种行为？其实，就是家长理财教育的缺失。故事里的那个男生虽然出身在贫穷家庭，却很少体验过苦日子，平时大部分时间都是住在学校，很少在家里干活。他不了解父母的难处，不懂得父母为了他的成长和学习所受的苦，所以才会不停地向家里提出越来越过分的物质要求。正是这种教育的缺失，使得他向父母要钱时没有丝毫愧疚。种种行为表明，他并没有把自己当一个贫困生来看待，并没有正视自己的来自贫困家庭的现实。

类似的例子在现实中屡见不鲜，许多贫困生的父母只是尽自己的能力给孩子提供钱，却没有让孩子真正去体会生活的艰辛，没有让男孩明白花钱要量力而行的道理。他们任由男孩按自己的虚荣心来消费，并认为自己对孩子的娇惯是一种爱，结果导致孩子无休止的"索取"。

每个人都要花钱，每个人都有生活得更好的愿望，但是，这种对生活

的追求和向往，要基于实际的生活基础。当家庭处于贫穷状况的时候，父母就该教育孩子面对现实，努力改变贫困现状，通过节省和打工等形式来摆脱贫困。等到有钱的时候，便可以追求更高水平的物质生活。如果男孩不能从实际情况出发，一味地追求超出承受能力的消费，不但高水平的消费不能持久，还会给家庭带来压力和痛苦，这恐怕是让男孩后悔终生的事。

7. 给孩子独立理财的机会，让孩子学会储蓄

只要家长引导孩子合理理财，不以自己的立场去干涉孩子，那么孩子便可以真正成为金钱的主人。

孩子自制能力差，很容易贪图安逸的享受，不能经受生活的磨砺。因此，家长要让孩子懂得节制自己的欲望、引导他养成良好的消费习惯，而不能让他挥金如土，成为金钱的奴隶。

不同的家庭之间，收入水平是不一样的。孩子在学校里，经常谈论起家里的物质条件，房子有多大、车子是什么牌子，结果形成不良的攀比之风。还有的孩子花钱请同学给自己写作业，这种做法更对自己的学业和成长带来了巨大危害。孩子如果从小就对金钱顶礼膜拜，不能正确认识金钱的价值，日后必将走上歧途。

在这里，家长除了要让孩子把注意力放到学习、正确交朋友上来以外，还可以给他讲解一些成功财富人物背后的故事。比如，让孩子知道李嘉诚、比尔·盖茨创业的艰辛，能够让孩子明白财富不是从天上掉下来的，必须付出艰苦的努力才能获得。

对孩子进行理财教育，家长要确立一条原则：一方面要鼓励孩子储蓄，不让孩子乱花钱；另一方面要教育孩子做金钱的主人，不要成为金钱的奴隶。

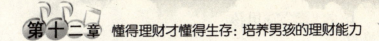

那么，如何才能使孩子成为金钱的主人呢？

● 要循序渐进：

在孩子很小的时候，家长就要告诉他不能想要什么就买什么，必须有所取舍。当孩子四五岁时，家长就要告诉孩子哪种面额的钱可以买到哪种东西，并让孩子学习简单的找零、点数。当孩子六七岁时，家长要教会孩子认识标价和找打折物品，让孩子找些额外的工作来赚钱。到八九岁时，要让孩子学会存钱，家长可带着孩子去银行开账户，并把孩子的零用钱定期地存入账户。12岁时，孩子基本上就有能力管理自己的零用钱了，这时就应让他意识到为得到某些东西而储蓄是很重要的。

●把支配权还给孩子：

多数家长即使让孩子拥有存款，也完全不给他们支配权，往往孩子要买什么，家长认为不必要，便极力阻止。与其徒然留下不好的沟通经验，倒不如给孩子提意见由孩子自行评估。以孩子想换新自行车为例，家长不赞同但也不反对，只是分析原本的自行车仍然是新的且还能用，而新自行车除外形炫目之外，并没有其他特别好的功能，但价格高出很多，可能花掉孩子所有的存款，此外还要向家长借钱。分析后决定权还是在孩子。

毕竟孩子未来还是要自己决定如何支配金钱，现在作了错误的决定也许只是损失几十元，最多几百元，却能换取一个教训，以免长大后遭受巨大的经济损失。

●让孩子花自己的钱：

孩子开始有零用钱之后，就要让他学会如何花钱，这样才会懂得珍惜金钱。和孩子协商，学费、教材费用或全家一起的花费，由家长出钱，但自己想买的玩具、出游时的纪念品、朋友的生日礼物等，则要他自己付钱。

●让孩子真正拥有钱：

在许多人的成长记忆中，家长都会给零用钱，逢年过节也会从长辈手中拿到不少的红包。可是家长通常都会将孩子好不容易存下的零用钱或是长辈送的红包，用"爸妈替你存下来"的借口，全数收回去。这反而会造

成孩子一拿到钱就赶快花掉的坏习惯，因为他大多会认为，存下来也只会被大人"没收"。

●让孩子亲自参与理财：

目前，各大银行业纷纷推出了适合孩子理财的金融工具，家长可以让孩子亲自进行一些简单的账户操作使用，了解一下金融知识，养成良好的储蓄习惯。有的银行还为孩子配备了专门的收支账簿，账簿中生动清楚的图示指导也取代了一般的账簿中枯燥烦琐的文字信息，从而使孩子能更清楚地看到自己的收支状况。

每个孩子的成长过程，其实就是一个不断学习的过程，家长平常要把自己生活中涉及金钱方面的经验告诉孩子，让孩子能够在以后从容面对类似的问题。在对孩子进行理财教育时，要让孩子明白，只有人来主宰金钱，不能让金钱主宰人。这样，孩子就能合理地运用金钱来为自己服务，使自己将来的生活更幸福。

家长最好不要把孩子"独立"账户中金额的增减当做评判其理财能力好坏的唯一标准，而应结合孩子花销的账单上是否消费合理来衡量孩子理财的好坏。否则，孩子在使用钱的时候会变得过于谨慎，甚至连正常的开支都不想花钱了，而是拼命地把钱存入自己的账户。一个人只一味地存钱，而不去合理地花钱，最终会走向极端，成为一个不会生活的守财奴。

尽早培养孩子的储蓄意识，有助于孩子从小学习合理消费，并养成为自己的梦想做储蓄的好习惯。在生活中，许多家庭的孩子都有很多零用钱。尤其是在孩子生日和过节前后，有些孩子身上的零用钱高达两三千。然而，部分家长并没有鼓励孩子把钱存起来，而是让孩子自由自在地花，致使孩子时常买些无关紧要的商品。甚至有些孩子用这些钱请同学做作业、进网吧、上歌舞厅、酒吧。最终让孩子养成了挥霍浪费、贪图享受、自理能力差的坏习惯，甚至有些孩子还因此走上犯罪的道路。可见，引导孩子合理支配自己掌握的钱，养成储蓄的好习惯，是许多家长面对的重要教育任务。

●让孩子意识到存钱的必要：

孩子经常会喜欢上某件东西，而且非要买回来才罢休。这时候，家长往往感觉非常为难——答应孩子，那件物品并不值得买；不答应孩子，他会闹个没完。其实，家长不妨利用这个机会教育孩子平时注意存钱。引导孩子把余下的钱及时地储存起来，用自己储存的钱买自己想要的东西。

●让孩子学会用储蓄罐存钱：

在孩子小的时候，可以让他学会用储蓄罐存钱。家长可先给孩子购买一个漂亮的卡通储蓄罐，然后当着孩子的面每天放一些钱进去，这样孩子就会对家长的行为感到好奇。这时家长就可抓住机会对孩子进行储蓄习惯的培养，可以告诉孩子，这就是存钱，要让这个储蓄罐"吃饱"，这个储蓄罐里的钱可以做很多事情。鼓励孩子每天把零钱放进这个储蓄罐，必要的时候，家长可以在银行兑换一些硬币给孩子。假以时日，孩子就会逐渐形成往储蓄罐里存钱的习惯。

●为孩子开设一个储蓄账户：

首先，让孩子对自己的账户存款负责，孩子总是喜欢自己账户上的钱越来越多。这样，他就不会养成乱花钱的坏习惯。其次，规定每次他所花的钱不得超过账户存款的30%，这样他买东西时就会精打细算。再次，告诉孩子他应该用账户里的钱尽一些义务，例如过年过节给爷爷奶奶、外公外婆买一些小礼物，这样孩子就会省出一点儿钱用于尽义务。

●教给孩子有关储蓄的知识：

孩子稍大一点后，家长可以在激发孩子储蓄兴趣的基础上，教给他一些有关储蓄的知识。如当前各种储蓄的机构，现行的储蓄种类——零存整取、活期储蓄、定期储蓄等，各种储蓄的特点、利率、存款、取款的手续，以及选择储蓄的方法等。家长还可以抽出一定的时间带孩子到储蓄所看一看，了解一下人们储蓄的具体情况，甚至可以让孩子做一次尝试性的存款，使孩子在直接体验的过程中，掌握储蓄知识，增加储蓄兴趣，为独立储蓄奠定良好基础。

●让孩子知道储蓄优先：

孩子和大人一样，都会把储蓄这件事延后再做，可是到最后却发现自己已经没钱可存了，所以帮助孩子在做其他事之前先把钱存起来。孩子长到3岁，爸爸妈妈便可以用家里的钱和他玩储蓄游戏。鼓励孩子将自己的积蓄存到家中的"银行"时，用孩子的名义开一个"账户"，让他有自己的"存折"，并妥善保管。到6岁时，应该让孩子理解，把钱存到银行里，不是银行把钱"拿走"了，而是把钱安全地存放起来，并使之有所增加。这样做有助于孩子养成储蓄的好习惯。

孩子开始最初的储蓄活动后，家长还应坚持教育，及时提醒与指导孩子把压岁钱与剩余的零用钱存入银行，使孩子在反复实践，长期坚持的过程中，逐渐养成良好的储蓄习惯。

孩子的零用钱也许不多，但是培养孩子能够为一个比较长远的消费目标而努力积蓄却是每个家长都应当尝试的家教内容。通过储蓄的过程，孩子得到的绝不仅仅是他向往已久的一辆脚踏车或一个会说话的布娃娃，他还得到了能够让他终生受益的意志力和计划性，这可就不是用金钱能够衡量的了。

●让孩子了解信用卡：

家长要让孩子知道，信用卡是由银行发放的，用于识别有良好声望和地位的顾客的一张卡片。顾客可以使用它购物、消费，还可以凭借它超额使用银行里的存款。而透支钱实际上是向信用卡公司借钱。在这里，家长要让孩子明白，如果冲动购物、不在信用限额内使用信用卡，消费的时候超出一定范围，是要承担风险和责任的，从而让孩子懂得克制消费，不乱花钱。

在生活中，孩子借钱消费是一件比较遥远的事情，作为理财教育的内容之一，家长要让孩子了解借钱的方式，更重要的意义在于让孩子确立守信的意识，注意维护个人信用。

家长没必要过于担心孩子犯错误，如果孩子借钱想买的东西，你觉得没用或很可能上当受骗，也不要过多干预他的决定。他买了之后会慢慢后悔，这也是促使他增长经验的有效途径。如果孩子确实后悔了，教育的目的就达到了，以后他就会谨慎行事。

第十三章 让男孩体验失败，给他一次破釜沉舟的机会

1. 让男孩勇往直前，给他一次体验失败的机会

勇往直前是一种来自内心的力量。它使人们有了认识世界和改变世界的巨大精神动力。莎士比亚说过：懦夫未死之前，已死过数次，勇士一生只死一次。

能够勇往直前的男孩，不怕危险和困难，有胆量，有勇气。人生在世，会遇到各种挫折，具备勇往直前的品质，就能知难而进，夺取胜利。勇往直前的男孩不仅让自己摆脱困难，而且有着很强的感染力，激励着身边的人勤勉和勇敢。这是一种无畏的人格魅力。

如果男孩从小就安安稳稳的像花朵一样生活在暖房里，那他所见的天日也就只有那么一点点，所能适应的温度也就只有那么一点点，更别说遇到困难勇往直前！勇敢无畏的男孩，在信仰的支持下就有了粉碎厄运的力量。

18 岁的约翰·汤姆森是一位美国高中生，他住在北达科他州的一个农场。1992 年 1 月 11 日，他独自在父亲的农场里干活。当他在操作机器时，不慎在冰上滑倒，他的衣袖绞在机器里，两只手臂被机器切断。汤姆森忍着剧痛跑了 400 米来到一座房子前，他用牙齿打开门闩，爬到了电话机旁边，自救。为了不让血流走，他把断臂放在浴盆里。他被抬上架时，还冷静地告诉医生："不要忘了把我的手带上！"

约翰·汤姆森是好样的！他已经成为了美国青少年心目中的楷模。虽然汤姆森遭遇断臂是不幸的，但他的人格魅力非常值得人们钦佩。因为他不仅以自己的勇敢和智慧让自己保证了断臂再植成功，更重要的是他给世人带来了有益的启示。

当人们遇到不幸、遭受巨大痛苦的时候，最需要的不是伤心落泪，也不是大喊大叫，而是要勇往直前。哭泣落泪不能把你从危难中解救出来，反而使你变得更加可怜。而只有像汤姆森那样，当自己在不幸遭断臂后，以最快的速度与外界有关部门取得联系，用他的无畏和智慧来争取时间，最终保全了自己。

勇往直前还体现着人要有着明确的人生志向。这类人为了能够实现这一志向，即使遇到苦难也会绝不妥协。

史蒂芬·霍金1942年1月8日出生于英国的牛津，这是一个特殊的日子，现代科学的奠基人伽利略正是逝世于300年前的同一天。他年轻时就身患绝症，然而他坚持不懈，奋勇向前，战胜了病痛的折磨，成为了举世瞩目的科学家。

霍金在牛津大学毕业后即到剑桥大学读研究生，这时他被诊断患了"卢伽雷病"。不久，就完全瘫痪了。1985年，霍金又因肺炎进行了穿气管手术，此后他完全不能说话，依靠安装在轮椅上的一个小对话机和语言合成器与人进行交谈；看书必须依赖一种翻书页的机器，读文献时需要请人将每一页都摊在大桌子上，然后他驱动轮椅如蚕吃桑叶般地逐页阅读。但霍金不会因为病痛的折磨而放弃了对学习的渴望，他正是用物理学上取得伟大成就的事迹，向人们揭示了只要有勇往直前、不怕失败、不怕困难、向命运挑战的精神，就能获得成功的道理。

坐在轮椅上的霍金被世界物理学界公认为是继伽利略、牛顿、爱因斯坦之后的又一物理学名家，但他也给人们带来了一种精神财富——勇往直前的人格魅力。学习霍金与命运抗争的无畏精神，鼓舞和激励刚刚开始了解人生的小男孩，可以帮助他们树立正确的人生观、价值观。

霍金的事迹和精神，很容易使人联想到古今中外那些身患重病坚持工作，或身残志坚仍作出突出贡献的杰出人物。如海伦·凯勒、张海迪、贝多芬等等。

在每个男孩的心中，始终都有一片小小的地方，那是用梦想搭建起来的乐园。这些杰出人物的事迹激励着为了实现梦想而要勇往直前的男孩。他们可以忘记自己曾经经受的挫折，勇敢地面对未来的挑战。为了实现自己的理想，现在苦点又算得了什么呢？

父母在教育男孩时，也要有意识地培养男孩子的胆量。父母为了男孩的安全，常常会提醒不要这样、不要那样。父母让男孩提高警惕，是为了男孩的健康成长。但是千万不可为了"万无一失"，而让男孩变得胆小怕事。

男孩的很多恐惧都源于父母的态度。有的男孩看见小狗会怕，看见毛毛虫也会怕。每一个人在面对陌生事物的时候，都会有些胆怯。但为什么有的人却希望能够得到真相，而有的人却宁愿选择逃避呢？勇气是一点一点积攒起来的，它是以实践和知识为依托的。所以如果男孩怕狗，可以让他接触一些温顺的小狗，锻炼他的勇气，并且告诉他和小动物接触的注意事项。

相信在父母有意识的培养下，自家的男孩会很快变得勇敢、快乐起来的！

中国近代教育家陈鹤琴先生说，"不要担心失败，应该担心的是，为了怕失败而不敢做任何事。"对男孩来说，成功的经验固然非常重要，但失败的经验也是必不可少的。如果一个男孩一遇到挫折就灰心丧气，长大后也必定会知难而退。家长在日常生活中一定要给予男孩尝试失败的机会，这会为他的成功奠定基础。

很多父母都希望自己的男孩成功，所以他们总是护着自己的男孩，让男孩永远生活在顺境里，结果使他们产生了只能成功不能失败的心理，可是没经历过失败，当真正面对失败时往往会手足无措。父母应该知道，在男孩的成长过程中，他终究有独自面对失败的时候，倘若不给他尝试的机

会，男孩终究不会变得成熟起来。

有一次，阳阳看到水壶在煤气灶上被烧得响起来，爸爸用一块毛巾垫在手上，把水壶拎了下来。阳阳也想这么做。

对只有5岁的阳阳来说，这是件十分危险的事情，他可能会因为拿不住水壶烫到手，还可能会把整壶开水浇到自己身上，如果造成大面积烫伤还会引起生命危险。

阳阳爸爸明白，阳阳已经开始对水壶感兴趣了，他本来也同意阳阳妈妈说的话，不让阳阳接近烧开的水壶。但是他转念一想，他能做到让阳阳在自己视线范围内不去动装满了开水的水壶，可是谁能保证阳阳在自己的视线之外不去提那个水壶呢？所以阳阳爸爸决定让他尝试拿水壶，即使失败了，也可以让阳阳增长失败的经验，知道提水壶后会有怎样的危险，也好让阳阳有避开这种危险的能力。

于是阳阳爸爸把壶中的水换成温水。他告诉阳阳，水烧开的时候蒸汽会把把手熏烫，所以要垫上东西才可以拿，而且里面的水非常烫，只有不让水倾出来才能保证安全。

阳阳头一次尝试的时候，也像爸爸一样单手去提水壶，结果把半壶水都浇到自己身上了，因为是温水，阳阳只有胸膛和手臂被烫红了。阳阳不愿再试了，他害怕地说："爸爸，我不拎水壶了，我觉得这很危险。"

这时爸爸告诉他："你的失败只是因为力气不够，如果你用两只手就没有问题了。"说完，爸爸又为阳阳换了一壶温水。阳阳还是有些退缩，阳阳爸爸鼓励他说："你应该再试一次，我相信你能做到的。"在爸爸的指导和鼓励下，阳阳又试了一次。这次，他安全地把水壶拎了下来。

爸爸的教育观念很明确："让孩子有失败的机会，他才可能在面对失败的时候一次又一次地改正错误，直至成功，这不仅能让孩子掌握一种能力，同时也教给他一种人生态度。"

据一则消息说，有一对夫妻在自己孩子刚刚学会四处乱爬的时候，就把家中全部有棱角的东西都用海绵包起来，因此孩子从来没有被磕着或碰着过，可是孩子长大一点后，却被诊断出患有触觉障碍，神经系统发育不良。

由此可见，把孩子过分地保护起来对他们的成长是不利的，如果父母总是剥夺男孩失败的机会，他们又将怎样面对以后人生中的失败呢？

现实生活中每个人都会遇到各种各样的挫折和失败，这样就会让没有经历过失败的男孩在心理上产生矛盾。因为父母可以帮助他们避免一次失败，可是当多次失败来临时，父母照顾得再怎么周全，孩子都难免被失败所伤。所以最好的解决方法就是让男孩承受一定的挫折，并引导他们在挫折中找到自己失败的原因，以便重新开始，这样可以帮助男孩锻炼意志，增强他们的毅力。

2. 鼓励孩子走出失败，吸取教训，从头再来

在漫长的人生旅程中，遭遇失败和挫折是在所难免的。那么，失败究竟是什么呢？失败就是指由于种种原因没有达到预期的目标，或者是受到了打击，暂时陷入了困境等。失败并不是一种静止的局面，它还会发生变化，面对失败，如果孩子的态度较为端正，就可以反败为胜。

在日本，一位父亲带着 6 岁的儿子郊游，父亲钓鱼，儿子在一旁玩耍。在离湖边的不远处，有一个很深的大坑。孩子好奇，自己偷偷摸索着下到坑里。玩了一阵子后他发现，大坑离地面很高，下来容易上去难。于是他不得不求助正在钓鱼的父亲说："爸爸，爸爸，帮帮我，我上不去了。"

但是，这个孩子并没有得到回应。其实，此时此刻他知道他的父亲正在距离他不远的地方钓鱼，他没有想到，父亲会对其求助置之不理。于是，他的第一个反应就是愤怒，他开始反复直呼父亲大人的名字，可父亲还是置之不理。

这时，天渐渐地黑下来了，出于恐惧和无助，他的第二个反应是哭

263

泣，又哭又喊，足以令做父亲的揪心。结果得到的反应还是沉默。他不得不自己想办法去了。

他在坑里转来转去，最后终于发现在坑的另一面，有几棵可以用于攀缘的小树，他艰难地爬上来。此时此刻，他发现父亲还在那里叼着烟卷，悠闲地一动不动地钓着他的鱼。令人意想不到的是，这个顽童，没有抱怨，更没有愤怒，而是径直走到父亲身边，自豪地对父亲说："老爸，是我自己上来的！"

这位父亲的教育态度类似于韩国的"狮子型育儿法"，所谓"狮子型育儿法"，就是"让孩子面对现实、从逆境中找出解决方法"的一种教育态度。越是爱孩子就越该放手让他自己去摸索。韩国一位女性作家，有感于韩国国内日趋严重的溺爱孩子的现象，认为在这样的教育方法影响下，将会使下一代失去独立自主的能力。她纵观自己周围的育儿现象以及自己的切身育儿经验，呼吁妈妈用"狮子型育儿法"的11种教育观点来完善亲子教育。

何谓"狮子型育儿法"？森林中百般险恶，连被誉为"森林之王"的狮子也不敢轻视怠慢，它们训练起幼狮来也非常有"招数"，雄性狮子常常把刚出生不久的幼狮推到岩石下，让幼狮从跌倒的困境中想办法挣脱找到爬上来的路。公狮或母狮即使看见幼狮遇到困难都只远观而不干涉，只在面临生命危险时才伸出援手。

在中国，常常发生这样的情境：一个频频遭遇挫折的孩子在父母面前痛哭流涕，家长手足无措，只能鼓励孩子说："我知道，你并不笨，也不傻，爸爸妈妈都很喜欢你，你是个好孩子。"虽然，这是出于父母对孩子的爱，但对于这个孩子来，说这些话一点儿好的作用都起不到。作为家长，可以这样讲："你这样看待自己，我觉得很难过，其实，我根本不觉得你是一个笨孩子，这次事情没有成功，我们争取下一次胜利。"

毫无疑问，在孩子经历失败失去信心的时候，父母能够帮助他的唯一办法就是鼓励他，而不是安慰他或者帮助保持他的自怜心。父母应该有意识地培养孩子的自信心，比如，设置一些可以实现的目标给孩子去做，当他成功了，就要给予他适当的赞扬。

激励孩子趟过失败的河，父母还应该怎么做呢？

1. 帮助孩子认识自我，分析失败的原因。一个人只有眼睛望着理想，而双脚踏着现实，才能利于不败之地；只有充分认识了解自己，才能不断走向成功。当孩子面临困境时，更需要家长帮助孩子分析其产生的原因，认识自己的不足与长处，不足之处，要积极改进。

2. 克制痛苦，避免连锁反应。一个普通人，他的身上必定有许多的缺点、短处，也正是在失败的痛苦磨炼中，才可以逐渐丢掉这些毛病。只有经过失败的历练，才可以变得更加坚强、有韧性，才更懂得生活，更懂得人生的价值。失败固然是痛苦的，但是如果它已经不可避免地发生了，我们就不要把它看成完全消极的东西，而要充分认识到它的积极作用，把它作为提高自己精神力量的好机会。否则，如果在失败面前一蹶不振，那就会受到更加沉重的打击，并发生一系列的连锁反应。

3. 不要把注意力放在那些无用的感慨上。体会痛苦，只会越体会越痛苦，既不能消除痛苦，也不能解决问题，而且还贻误时机，带来更可怕的后果。因此，不要后悔，不要抱怨，不要把注意力放在过去，而应该放在现在和将来。最重要的是，集中精力想一件事：现在该怎样妥善地解决这个问题？

只要努力，每个孩子都是很优秀的，关键在于父母正向的教育。如果父母能够从点点滴滴的小事做起，发现问题，并激励孩子，给予孩子信心，那就成就了孩子非凡的一生。要知道，孩子的自信心并非来自于胜利的奖杯，而是来自于克服问题、战胜失败的过程。

人们常说："失败乃成功之母。"如果一个人的成长历程总是顺风顺水的，从来没有经历过任何失败和痛苦，那么前方等待他的必将是更大的失败。家长要认清这一点，在教育孩子时让他面对失败不要气馁，自己从失败中寻找原因，从头再来。

　　在人生的道路上，失败是每个人都一定会经历的事，其实它也是我们最宝贵的精神财富之一。因此父母在教育中，要经常鼓励男孩在失败面前挺直脊梁，不怕困难，从哪里跌倒就从哪里爬起来，甚至刻意为他们制造一些失败的场景以锻炼男孩的抗挫折能力。在失败后，孩子可以自己总结败因，在下次做同样的事情时避免失败，找到问题的症结所在，他们会更有勇气从头再来。

　　幼儿园经过一天热闹的比赛活动，放学后教室慢慢安静下来了。老师正在收拾桌椅的时候，已经走到外面的亮亮妈妈又带着亮亮回来对老师说："张老师，您给亮亮一朵小红花吧，他吵着要。"原来，刚才比赛珠心算题目的时候，亮亮因为没有在规定时间内完成任务而没有得到小红花。张老师对亮亮妈妈说明了情况，亮亮妈妈却笑着说："我们家亮亮就是这样好强，别人要的他都想要，您就给他一朵吧，我回家后就教他怎么算！"亮亮妈妈都这么说了，老师只好有些无奈地把小红花给了他，亮亮也开心地笑了。

　　其实这种情况是十分常见的，但这样做真的对男孩好吗？答案是否定的。让男孩拥有一种失败的经验对他们来说是一笔宝贵的财富。而亮亮妈妈的做法只会让孩子不知如何面对失败，更不能从中总结失败的原因，还会助长他任性的行为。

　　当男孩遭遇失败的时候，父母应适时地给男孩关心和鼓励，让他们找到失败的原因，总结经验，并鼓励他们下次做得更好，还要告诉男孩无论做什么事情，都需要自己努力去做才有可能获得好成绩，输赢之间是能够相互转化的，只要从失败中找到原因，就可以避免再次失败。

　　明明的爸爸常常会让明明做些力所不及的事情，他总对朋友说："失败是成功之母，只有孩子经历过失败，才能因为接受教训而一步步走向成功，孩子才能真正地成长。"

　　明明现在才12岁了，可不要小看这个小男孩，他现在不但能照顾自己的起居生活，连修理电器和水管之类的东西都会，甚至连汽车的小毛病他都能说得头头是道。

这还是源于明明第一次做事。在 3 岁的时候，明明看到妈妈正在厨房洗碗，他非常好奇，拉着妈妈的腿，不愿和爸爸到客厅去。

见儿子这样，爸爸干脆把明明抱到洗碗池的边上说："来吧，儿子，你去洗碗吧！"明明听后非常高兴，立刻趴在洗碗池边洗起碗来。

虽然他是在洗碗，却像在洗澡一样，他的衣服全都湿透了，不但碗没有洗干净，还掉到地上摔碎了一只。

可是爸爸妈妈都没有制止他，也没有告诉他该怎么洗碗，只是一直站在一旁，笑着观察明明的一举一动。开始时，明明还觉得坐在洗碗池旁是件非常有趣的事。但是，过了一会儿，他就感觉到这一点儿都不好玩，碗上的水沾到了他的脸上，湿衣服也贴在身上，他感觉非常难受。

明明求助似的看了看爸爸，爸爸则故意把头转向窗外。明明无聊地在水池旁把碗推来推去，终于，他忍不住大哭起来。

这时，爸爸才把明明抱出去洗澡，给明明换好干衣服后，又带他到洗碗池边，让明明看着自己戴好围裙，把洗涤剂挤在水中，之后在明明的注视下，爸爸把碗一个个地洗干净了。然后爸爸把明明的玩具放在水池中让明明洗，这次明明的衣服只湿了一部分。在明明第三次洗碗的时候，只有袖子湿了一点。渐渐地，年幼的明明就学会了洗碗。

成功不仅需要信心、激情和坚韧，还需要有清醒的头脑，成功对男孩来说当然非常重要，但是教育他们善于在失败中冷静地总结和分析失败的原因更重要，因为这会让男孩弄明白究竟是什么东西让自己摔了跟头，从而可以避免再次跌倒或少跌倒一次。

3. 世间最美丽的风景莫过于风雨之后的彩虹

不经历风雨，怎能见彩虹。男孩总是要经受一些磨难与挫折后才能学

会长大，才能培养锻炼出坚强的意志，才能有信心有勇气面对未来的挑战，才能在经受失败后重新振作起来。只有在经历过风雨的天空中才能欣赏到绚丽的彩虹；只有经历过磨难与挫折的人生，才是丰富而精彩的人生。

作为父母，都希望自己的孩子能在人生的征途中一帆风顺、事事顺利，但又有多少人能如此幸运呢？人生总会遇到各种风雨，要想成功肯定就会经历失败。"失败乃成功之母"并不是对失败者的安慰和同情。因为每一次失败就是对前一次选择的否定，当所有错误的选择都被否定了之后，成功就自然降临了。

英国伟大的科学家牛顿就有这么一个成长经历，或许对家长会不无裨益。

1643年，牛顿出生于英格兰的一个农耕家庭。他是一个早产儿，出生时只有3磅重，接生婆和他的亲人都担心他是否能够活下来。然而，谁都没有想到，这个羸弱的孩子在长大后成为了一个让世人瞩目的科学巨人，并且活到了1727年。

牛顿的不幸，主要源自他父亲过早的去世。在牛顿出生前不久，他的父亲就病死了。迫于生活的压力，母亲不得不带着年幼的牛顿改嫁了。当牛顿14岁的时候，他的继父又不幸去世了。母亲再一次带着他回到了家乡，牛顿被迫休学回家，帮助母亲种田过日子。为了减轻生活重担，母亲想培养他独立谋生，要他去经销农产品。

一个勤奋好学的孩子是不愿意离开学校的，牛顿在母亲面前苦苦哀求，希望母亲能改变主意。母亲把年幼的牛顿紧紧地搂在怀里，眼睛里浸满了泪水……牛顿伤心地哭了很久，最后只得违心地按照母亲的意愿去学习经商。每天一大早，他便跟一个老仆人到十里外的大镇子上做买卖。牛顿非常不喜欢经商，他只喜欢读书，他甚至希望有一天能重新回到教室。在市集上他把一切事物都交托给老仆人经办，自己偷偷跑到一个角落里读书。

日复一日，牛顿躲在篱笆下艰苦的学习，清贫的生活并没有阻止他求知的欲望。一天，当牛顿正在篱笆下演算一道数学题时，他手中的书突然被夺走。原来，他太专注，连舅舅来到身边也没有发现。牛顿害怕到了极点，他害怕舅舅会把自己没有好好做买卖的事告诉母亲，那样母亲会很伤心的。开始时舅舅斥责他不务正业，但是当舅舅发现他所读的是数学书，上面画着种种记号时深受感动。舅舅一把抱住牛顿，激动地说："孩子，你应该回到课堂上，你的正道应该是读书。"

回到家里后，舅舅竭力劝说母亲，让牛顿弃商就学。在舅舅的帮助下，牛顿终于如愿以偿地复学了。

从此，牛顿将自己的全部身心都投入到学习中，艰辛的生活、苦难的经历赐予了他无与伦比的坚韧与执著。有一天，狂风肆虐，尘土飞扬，迷迷漫漫，人们几乎难以睁眼，牛顿认为这是个准确计算和研究风力的极好机会。于是，他便拿着测量工具，独自在暴风中来回奔走。他被风吹倒了好几次，沙尘迷了他的眼睛，狂风吹走手中计算纸，他仍不停地工作，一遍又一遍，终于求得了正确的数据。

有志者事竟成。经过刻苦学习，牛顿为自己的科学高塔打下了坚实的基础。不久，牛顿的数学高塔建成了，22岁时发明了微分学，23岁时发明了积分学，为人类科学事业作出了巨大贡献。

父亲的早逝，使牛顿得不到父母更多的爱护，他过早地承担起了生活的重担。但他学会了在逆境中顽强地生活，学会了在困难面前勇往直前而不退缩。

未来社会将是一个激烈竞争的社会，优胜劣汰的游戏规则，要求男孩必须具备坚毅的品格。如果我们只是一味呵护孩子，对他过度保护，不让他自己学着走路，这样只会使他的心理变得更加脆弱，长大之后也难以承受环境给予的各种压力与困难。如果一个人承受挫折的能力很差，那么他的情绪就会很消极。消极的情绪将会阻碍他的行动和努力，使他更容易遭受失败和挫折，进一步的失败和挫折反过来又会加重他的消极情绪，形成

一种恶性循环。

回避挫折反而更容易遭受挫折，远离成功。

2007 年 10 月 31 日，清华大学年仅 26 岁的研究生洪××在泉州市中营学院的学生公寓跳楼，当场死亡。他在遗书中说，因找不到理想的工作，不愿意成为父母的拖累，所以选择自杀结束生命。

2007 年某大学一位女生在一次学院联欢晚会上因唱歌走调，引起观众的哄笑，一时想不开竟于当晚自杀身亡……

看到上面这些心寒的案例，我们在痛心的同时，不禁要问：这些孩子到底是怎么了？是什么原因让他们变得如此脆弱？如此不堪一击？

其实答案非常简单。父母对孩子的溺爱是导致这些生命之花过早凋谢的主要原因。爱孩子本身没有错，错的是爱的方式。如今，都是独生子女，有些父母习惯于对孩子的事务包办代替，恨不得替孩子完成所有事情，这样就使孩子失去了锻炼的机会。久而久之，在孩子的大脑里就会形成一种这些事都应该是爸妈干的与我无关的意识。没有参与也就无法体验到参与后的喜悦。而如果让男孩经历挫折与磨难，在挫折中总结失败的教训，找到步入成功的阶梯，然后通过自己的努力去解决成功路上的荆棘，让孩子在成功之后体验实践的快乐。而且随着这种快乐体验的逐渐增多，也能够提升孩子的成就感和自信心，让孩子养成"胜不骄、败不馁"的顽强精神。

社会远比家庭要复杂得多，到处都充满各种诱惑与陷阱。在家虽然有父母的万般庇护，可是一旦进入社会，这些问题就得独自面对。人生常遇不如意的事，不遭遇挫折也是不可能的。如果男孩在家没有主动或被动地经历挫折的"洗礼"与"磨练"，没有充分作好应对挫折的思想准备，那么这些温室里的"花朵"，一旦遇到风吹雨打，就很容易枯萎凋谢。而男孩只有小时候在家里经历过风吹雨打（无论是主动的还是被动的），掌握了应对风雨的方法和能力，对大千世界有了一定的认识，那么他在走向社会、面对挫折时，才能有一个相对平和的心态。在挫折中总结教训、汲取经验，男孩才能学习到更多更正确的做事技巧和处世法则，将来就能更好地适应社会。

只有经历过失败的痛楚，才能享受到成功的喜悦。

只有经历过风雨的天空，才能欣赏到绚丽的彩虹。

有人说："人生是一场磨难，真正的强者是把磨难当成一杯甘露饮尽的人。"又有人说："人生是一场马拉松，真正的胜利者不是第一名，而是跑自己该跑的路，为自己的路而生的人。"事实上的确如此，苦难是人生的甘露，生活历程艰辛、饱经风霜的人，比一帆风顺的人更能经受挫折的打击。

人对挫折的忍受力有很大程度的差别，有的人面对挫折不言放弃，愈挫愈勇；有的人则悲观失望，精神崩溃。心理学把人们的心理能够承受挫折打击的能力称为"挫折容忍力"。挫折容忍力强的人，遇到挫折仍能保持心理健康，仍能发挥良好的适应能力，避免发生身心疾病；挫折容忍力差的人则相反。挫折容忍力的强弱与人的世界观、人生观和价值观有密切的关系。因而，当孩子面对挫折，要告诉孩子，困境、苦难是生活历程中所不可避免的，不要轻易地服输，不要轻易地说"我不行"，而要坚定地说"我行"。不经历苦难的人生其实并不完美，只有真正品尝到了失败的痛，才能彻底领悟成功的甜，人生才会有酸、甜、苦、辣的交汇，才更富价值，更值得回味。

我们不妨来看看那些全球数一数二的富豪们是怎样教育自己的子女，让他们领略、品尝苦难滋味的：

山姆·沃尔顿：让孩子自己去挣零花钱

连续两年排名财富 500 强全球第一的沃尔玛公司，每天都源源不断地创造着巨大的财富，拥有这家公司的沃尔顿家族是世界上最富有的家族，公司董事长山姆·沃尔顿自身的简朴以及对子女的"勤俭"教育则与所拥有的巨额财富形成了巨大的反差。

与其他溺爱孩子的父母不同，老沃尔顿不仅不给孩子们零花钱花，反

而要求他们靠自己的能力去挣。于是，四个孩子开始给父亲"打工"了。他们跪在商店的地板上擦地板，修补漏雨的房顶，夜间帮助卸车。父亲付给他们的工钱同其他工人们一样多。罗布森作为沃尔顿家四个孩子中的老大，刚成年就考取了驾驶执照，接着就在夜间向各个零售点运送商品。罗布森·沃尔顿如今回忆说，父亲让他们将部分收入变成商店的股份，商店事业兴旺起来以后，孩子们的微薄投资变成了不小的初级资本。大学毕业时，罗布森已经能够用自己的钱买一栋房子，并给房子配备豪华的家具了。

李嘉诚：苦难是人生最好的学校

拥有巨富的李嘉诚毫不娇惯两个儿子李泽巨和李泽楷，从小就让他们接受苦难教育，并且培养他们的理财意识，教导他们学会节俭。他用生活的道理教导儿子，常常带他们看看外面世界的艰辛，比如，一同坐电车坐巴士，看路边报摊小女孩边卖报纸边温习功课的那种苦学精神。

李嘉诚认为，父母采取不同的教育方法，对下一代的将来影响很大。李嘉诚每次给孩子零花钱时，先按 10% 的比例扣下一部分，名曰"所得税"。这样，孩子在花钱时不得不事前进行仔细盘算，作一个全盘和长久的考虑。当孩子在外地读书时，李嘉诚给他们开了两个银行账户，其中一个账户上的钱他们绝对不能动用，这些是准备给他们完成博士课程的费用。如果要使用另一个账户的金钱，他们必须写信给李嘉诚报告，他会在 24 小时内回复。后来因为他们功课太多，才接受他们要求改用电话说明。

在当今世界，尤其发达的国家和地区，物质条件越是丰厚的家庭越是注重提高孩子的意志品质，对孩子进行苦难教育和挫折教育。然而，在我国，自从改革开放以来，大部分家庭都逐步向小康生活迈进，苦难的岁月已经过去，物质生活也不断丰富起来，独生子女的家庭也越来越多。不少的家长们都认为，自己从小受苦，哪儿还能让孩子再受苦呢？对孩子可谓百般宠爱，有求必应。殊不知，今后的社会竞争将更加激烈，孩子必须要掌握适应社会发展的本领。尤其是男孩，不经历风雨难免沦为温室里的花朵，经不起任何的风雨飘摇。

面对苦难，孟子勉励人们："天将降大任于斯人也，必先苦其心志，劳其筋骨，饿其体肤，空乏其身。行弗乱其所为，所以动心忍性，增益其所不能。"这同样适用于我们的孩子，因为，唯有苦难可以涵养浩然正气，孕育卓越英才，成就辉煌人生。

苦难随时都有，无处不在，人人都可遭遇到。然苦难并不可怕，全在当事人如何应对。人生苦难，永无了结。然而，新的痛苦意味着新的希望，新的希望要求新的创造，新的创造孕育新的成功，新的成功铸就新的辉煌。

言传身教不如任其亲身体验，让孩子亲自体验一下生活的不易或失败的滋味，才能增强孩子抗挫折的能力，培养孩子在受挫折后依然能保持平常心、积极心、进取心的健全心理，使孩子在今后的人生旅程中能经得起大风大浪的考验。苦难是人生的甘露，是孩子最好的一所大学。

4. 只有勇敢的水手才敢说——让暴风雨来得更猛烈些吧

随着独生子女家庭的日益增多，家长对子女过分溺爱，凡事代替包办的现象也越来越多，长此以往，导致不少孩子不敢正视挫折，遇到了困难和问题，往往采取逃避的态度，形成了胆小、怯懦的性格。这种胆小、怯懦的性格对男孩子有着致命的影响。因此，家长要重视培养孩子对挫折的心理承受能力，更为重要的是，家长要使孩子对挫折有一个正确的认识，正视挫折并感恩挫折。

在生活中，爱子心切的父母们常常会犯这样的错误，比如，在一些比赛中，一些孩子失败了，痛哭不止，父母在旁边觉得心疼无比，于是，上前安慰孩子说："宝贝不要哭了，我们认为你是最好的。"父母原认为孩子

会停止哭泣的，恰恰相反，孩子哭得更厉害了。孩子从因为失败而难过的哭泣变成了认为裁判不公而委屈的哭泣。需要注意的是，比哭泣影响更恶劣的是孩子想法的转变。因为，家长安慰的话语在孩子的心里其实已经被翻译成："我是最好的，老师是不公平的，我再也不要参加了！"长此以往，孩子会更加坚定地认为，自己没有输，并开始抱怨别人对待自己的不公。最后，就会把自己的失败归于一些外界因素上。这种心理的发展如果没有得到很好的控制，就会扭曲为目空一切以及对社会的不满和仇视。

所以，父母应该积极引导孩子正视自己的失败，告诉他们："生命不会永远充满快乐，也不会永远充满痛苦，快乐和痛苦是相辅相成的。无论何时，都要懂得感恩，感恩快乐，感恩痛苦，感恩生命。快乐固然令人兴奋，痛苦、失败助你成长，又何尝不美丽？你现在虽然输了，但是你很努力，只要你找到失败的原因并继续努力下去，你一定会成功的，我们为你的努力感到自豪！"

事实上的确如此，如果人人都能心满意足，处处都能春风得意，那么人生的意义又在哪里？那么，古今中外也就不会有那么多的仁人志士扼腕长叹，泪沾衣襟，也就不会有那么多的文人骚客归隐田园，借物抒志。这也是我们对成年人的规劝，成年人同样也要学会正视挫折，感恩挫折。

小克今年5岁了，是一个既淘气又可爱的小男孩，上个星期天，爸爸带他去公园玩，我们来看看到底发生了什么：

上个星期天我带小克去公园玩，见许多大人、小孩围成一圈，似乎有什么精彩的节目在表演，我和孩子凑了过去。只见一个小伙子，用近30个塑料茶杯盛满了清水并在近一半的杯中各放入一条金鱼，摆在地面上，手中拿着一大串用竹片做成的小圈圈，原来是"丢竹圈圈套小金鱼"的游戏，1元钱有丢4个圈圈的机会。已经有很多孩子陆续玩了，偶尔有人可以套中一两只小金鱼，绝大多数是一无所获。

小克跳跃着欢叫着要玩，结果也一无所获，脸色马上就变了，开始嘟囔着说，"我怎么就套不到呢？"我就对他说"你再好好看一看别人是怎样套到的吧，你看好了，学好了，一定也能套到的！"听了我的鼓励，小克就认认真真站在边上看，近一个小时过去了，他跑回我身边说："爸爸，我知道怎么套了，我一定可以套到小金鱼的，你让我再玩一次吧？"我给了他一元钱，他飞快地跑去了，这次，他果真套到了一条小金鱼和一小包鱼饲料回来。高兴的他把外衣也脱了下来开始挥舞，回家时他整个人都还沉浸在喜悦和兴奋中，一路都蹦蹦跳跳的。可见，历经挫折后得来的成功才最激动人心！

当孩子面临困难和挫折时，很容易沮丧、恼怒或丧失信心，只有获得适当的引导，得到积极的鼓励，才能在困难面前淡化和改变受挫意识，才能再次迎接和挑战挫折，最终才有机会获得自信心和成就感，从而提高他们下一次面临挫折时继续尝试、敢于挑战的信心和勇气。需要注意的是，当孩子面临困难时，家长应该让他们直观地了解事物发展的过程，从反复体验中逐步认识到挫折的普遍性和客观性，从而真真切切地感受到要做任何事情都会遇到困难，成功的喜悦恰恰来自于问题的解决，任何时候，都要学会正视挫折，感恩挫折。

这天，是寒假开学的第一天。某校六年级一班的学生王岩（化名），却没有准时到校。学校的老师和同学们都很担心：王岩的父亲因患白血病一直卧床，是不是出事了？果然，学校接到了王岩的电话，他的父亲去世了，开学这天正好是出殡的日子。王岩到底是一个什么样的学生？为什么全校的师生都这样关心他？

关于这个问题，该校的校长说道："提起王岩，学校所有的老师都知道他，这是一个非常懂事的孩子。他今年13岁，从一年级开始就一直品学兼优，到四年级时，在全校的竞选中被选为大队委员！"王岩的前任班主任老师说："王岩的事，我是在一次家长会上知道的，因为王岩的家长没有来。"该老师了解到，王岩从上小学一年级开始，他的父亲就被确诊为白血病，妈妈刚刚做完心脏搭桥手术。父母的病情使家里的生活陷入了困境，妈妈还要在医院照顾爸爸，王岩从小就独自背起小书包自己上下学。

王岩的家离学校有近半个小时的路程，他坚持走了六年！

王岩的妈妈说："今天早上他爸爸出殡，我觉得好像天塌了一样。出乎我意料的是，儿子一直安慰我。"出殡结束时，王岩表情严肃地对妈妈说："妈妈你不用担心，我已经长大了！"

王岩的现任班主任杨老师提起王岩也是赞不绝口：王岩家里有这么大的困难，他从来没有耽误过学习，并且十分乐于助人，在全校师生心中有很高的威信……

以上是一个真实的故事，读完以后，我们最为感动的是王岩的那句话："妈妈你不用担心，我已经长大了！"最为敬佩的是，一个小小的孩子身上的那种自立、自强以及面对苦难的那种乐观精神。事实上，在这个世界上，有许多事情都不是以我们的意志为转移的，正如人的生老病死或天灾人祸等，如果不可避免，我们只能选择面对。面对挫折，万不可一蹶不振。

其实，生活中大大小小的逆境，都是磨炼孩子毅力、锻炼孩子意志的运动场。挫折虽然会使孩子们前进的步伐受到阻碍，从而产生忧愁、焦虑、不安、恐惧等消极心理。但是，它同样有利于磨炼孩子们的意志，增长孩子们的才干和智慧。一般来说，艰难的环境会使人意志消沉、丧失斗志，但是在意志坚强、积极进取的人们面前，艰难的环境却会使他们更加奋发、努力。困难被克服了，就会有出色的成就，这就是所谓的"艰难困苦，玉汝于成"。

所以，对于我们每一个人来说，遭遇挫折都不一定是件坏事，关键看我们以什么样的态度来看待它。在竞争激烈的未来社会，一个真正的人才，不光要学识渊博，还应具备健康积极的良好心态。人生在世，世途艰险，任何一个人都不可能前程似锦或一帆风顺，更多只有艰难困苦和挑战挫折。有些人面对挫折一蹶不振，无所作为；有些人面对挫折却能百折不挠，更创佳绩。许多到达光辉顶点的人往往不是最聪明的人，而是那些在生活中屡屡遭受挫折的人，这是因为，那些自认为聪明的人往往会选择走一些所谓的"捷径"，从而规避困难，最终往往丧失一些非常有意义的锻炼机会；而那些历经逆境、饱受磨练的人，才更懂得珍惜、更懂得争取，才能更深刻地理解什么叫成功。

作为父母，不妨常常告诉自己的男孩，无论身处何种情况，都要敢于面对现实，在逆境中站起来，战胜困难和挫折，满怀激情地拥抱生活。

5. 失败和挫折就是成功路上的一道门槛

失败和挫折就是一道成功路上的门槛，跨过去就走的更远，跨不过去就半途而废！

在挫折袭来时，父母应该让男孩明白，只要他们做事就会有成功与失败，人们面对失败和挫折的时候，总会有一种难过和失望的心情，但失望不应该成为让男孩失去斗志的理由，只有在遇到挫折和失败时及时地摆脱困境，并从失败中总结经验，男孩才能更快地走向成功。有过失败经验，吃过苦的男孩，才能在人生路上端正自己的态度，所以他们能走得更远。因此，父母应该培养男孩经受打击和重新站起来的勇气。

据说在法国的一个偏僻小镇中，有一洼非常灵验的泉水，喝了水便会出现奇迹，因为它能够医治各种疾病。

有一天，一个少了一条腿的退伍军人拄着拐杖一跛一跛地走在小镇的马路上，一位居民看到这个退伍军人后，用同情的口吻对身边的人说："真是个可怜的人，难道他要向上帝祈求再长出一条腿吗？"这话被退伍军人听见了，他转过身笑着告诉对方："我没打算向上帝祈求长出一条新腿来，而是祈求他告诉我在失去一条腿后该怎样生活。"

接受自己的人生和所经历的失败，会让男孩更快地成长为男子汉，因为接受才是重新站起来的前提。人生路上不会一直有父母的呵护，摔跤往往会让男孩经得起挫折，父母应该把独立尝试的机会还给男孩。挫折表面

上看似强大，其实它遇弱则强，遇强则弱，有时它只是在考验男孩的心理承受能力。如果男孩以可变的方式处理他不喜欢的事情，他在以后的生活中就能够很好地适应社会。

所以父母应该适时为男孩制造遭遇挫折的机会，假如父母永远都将孩子置于自己的羽翼下，帮他挡去所有的失败和挫折，那么在打击到来时他永远都学不会处理的方式。因此，父母应该克制自己"想帮孩子"的冲动，给男孩面对挫折的机会。

在一次爬山时，妈妈和3岁的儿子一起走在狭窄的山间小路上。坑坑洼洼的山路对一个3岁大的孩子来说是很难应付的。可是妈妈并没有立刻拉起儿子的手，而是任由他跌跌撞撞地走着，甚至看着他差点被小石子绊倒也"无动于衷"。很显然这是一位聪明的妈妈，她懂得如何让男孩自己去体验生活。想必这个小男孩会很快被培养出经受挫折的能力。

当然，在男孩面对挫折的时候，不要忘记鼓励他们，父母的鼓励对男孩战胜挫折是非常重要的。所以，当你的男孩第一次独立完成一件比较"大"的事情或者战胜了比较"大"的困难后，父母应该及时告诉他："我知道你一直非常努力，恭喜你成功了！"而对他说"我知道你最棒"的效果显然没有前一种好。父母只要稍微调整一下表扬的方法，就能让男孩明白，成功代表他们掌握了一项技能，而不是一种值得炫耀的天赋。这样，才能警示他们从挫折中吸取教训，并告知他们成功不是终点，而是新的起点，从而使男孩戒骄戒躁，不断向着新的目标前进。

生活中，我们常见到孩子们尤其是独生子女，做起事情来不是虎头蛇尾，就是半途而废，总之就是不能善始善终。对此，家长不可视而不见或迁就放任。

一般来说，做事不能有头有尾的孩子，往往心理比较脆弱，意志力较差，情绪不稳定，注意力也不太集中和长久。从整体上看，这样的孩子自立自理的习惯少，能力也差。由于孩子做事很少成功，养成自信心不足，甚至严重的自卑感，或马马虎虎，对人对事都抱一种不在乎的无所谓态度。

产生这种现象的原因比较复杂，具体可归纳为以下方面：孩子的意志力比较差，遇到困难不愿意动脑筋，爱打退堂鼓；父母要求不严，或者事事包办代替，让孩子养成了一种依赖心理；家长在做某些事情的时候，也常有半途而废，不能坚持到最后的情况，这会在无形中影响到孩子，父母应该明白，自己是孩子最好的榜样，自己的言行及作风习惯，都可能成为孩子模仿的对象。

那么，家长应该怎样教育孩子做事不半途而废呢？首先，不妨告诉孩子这个故事：

森林里要举行才艺大比拼，动物们纷纷去勤学苦练自己的本领和技能。小猴子也想去报名参加，但它不知道要参加什么比赛项目。

这天，小猴子看见青蛙在家里吹喇叭，小猴心想：当个乐手也不错。小猴急忙说："青蛙哥哥，你能教我吹喇叭吗？""当然能。"青蛙很乐意地说。小猴一连乱吹了两个小时，房子都被震得好像要裂了缝一样，小青蛙忙说："吹喇叭要讲究方法，不是大声就好听。"小猴把青蛙的话听成耳边风了，照样使劲儿吹，吹得满头大汗，终于受不了了，气喘吁吁地说："这喇叭太难吹了，我不学了。"说完头也不回地走了。

小猴又来到小兔家窗口，看到小兔正在做手工。一张普普通通的纸，经过小兔的巧手一弄，就变成一个个活灵活现的图案，小猴不惊赞叹道："小兔，你的手艺真巧，你能教我吗？"小兔笑着说："当然可以。"小猴拿起剪刀，坐了半小时，还没能剪出一个花样来，就坐不住了。小猴对小兔说："我去放松一下。"然后就溜走了。

小猴子看到了梅花鹿在练习跑步。小猴心想：当个运动健将也不错。小猴马上跑到梅花鹿旁请教："梅花鹿姐姐，跑步快有什么方法吗？"梅花鹿说："有，你只要用轻快的脚步跑。一定能跑得快。"小猴在小路上跑来跑去，过了一会儿，小猴子的脚很酸，只好在小路上休息。忽然，小猴听到百灵鸟在唱歌，就跟着百灵鸟唱起歌来，可是不一会儿又灰心了。

比赛的时间到了，可是小猴子还不知道该参加什么项目好，也没学成

一样本领可以去比赛，只好弃权了。

小猴子会导致这样，都是因为它做事都半途而废，所以结果一事无成。

其次，还要求父母从以下方面做起：

1. 父母要以身作则，作好表率。父母是孩子最好的榜样，所以，父母在做事的时候务必要求自己善始善终，不半途而废，并注意让孩子模仿，同时经常让孩子看到你是怎样将一件事情坚持到底的。

2. 父母要指导并监督孩子在做事。孩子做事的过程中，如果遇到了困难和解决不了的问题，父母要站出来给予孩子指导和提示，这不是代替、包办，而是在帮助孩子想办法，以防孩子碰到解决不了的问题时灰心丧气。当孩子想不出办法又不愿去想，有偷懒或依赖父母的迹象时，父母不可给予帮助，而应注意说服鼓励。必要时给以批评并监督孩子独立地做完某件事。这样长期坚持下去，孩子的能力提高了，习惯养成了，做事也不再半途而废了。

3. 父母要注意培养孩子坚强的意志力。对于意志力不强的孩子，家长应注意激励他、培养他。在此过程中，应结合孩子的实际能力和水平。一件事情，如果难度过大，即使孩子尽最大努力仍然不能取得成功，就会导致孩子伤心绝望。接连受到几次这样的打击，很可能导致孩子再也不愿去思考、去行动。当孩子具备了较强的意志力，做起事情来就不会半途而废了。

6. 跌倒了爬起来再为自己的过失买单

在这个世界上，没有人能百战百胜，没有谁是常胜将军。在漫长的人生旅途中，遇到艰难困苦、挫折失败都是不可避免的。人生，有成功的高潮，也有失败的低谷，正如一位哲人所说："人生没有永远的赢，也没有永远的输，而人的抗压能力，往往是在失败中锻造出来的。"

　　逆境不是男孩的仇敌，实际上却是男孩的恩人。逆境可以锻炼男孩"克服逆境的种种能力"。森林中的大树，不同暴风骤雨搏击过千百回，树干不会长的十分结实。人不遭遇种种逆境，不在逆境中经受磨练，他的人格、技能，也不会成熟。一切磨难、忧苦与悲哀，都是足以帮助男孩成长、锻炼的良药。

　　在《钢铁是怎样炼成的》一书中，作者为我们讲述了保尔·柯察金不畏生活、工作中的种种困难，最终实现人生理想与目标的动人故事。该书的作者尼古拉·阿列克塞耶维奇·奥斯特洛夫斯基的人生经历同样对男孩具有教育意义。

　　尼古拉·阿列克塞耶维奇·奥斯特洛夫斯基是前苏联作家。出生在乌克兰一个贫困的工人家庭，家中兄弟姐妹众多，迫于生活的压力，11岁的尼古拉便开始在工厂做童工挣钱养家。1919年他加入了共青团，随即参加了国内战争。根据组织安排，1923年到1924年，他在乌克兰边境地区担任共青团的领导工作，1924年加入共产党。由于他长期在恶劣的环境中参加艰苦斗争，致使健康受到严重损害。16岁时，他的腹部与头部在战斗中严重负伤，右眼失明。20岁的时候，关节硬化导致他卧床不起。面对着命运的严峻挑战，他深切地感到："在生活中没有比掉队更可怕的事情了。"

　　奥斯特洛夫斯基没有退缩，他与命运进行了英勇顽强的抗争：他没有躺在残废荣誉军人的功劳簿上向祖国和人民伸手乞讨，他不想做精神上的乞丐。他坚强地支撑着读完了函授大学的全部课程，以优异的成绩获得了学位，又如饥似渴地阅读俄罗斯与世界文学名著。书籍召唤、指引着他前进，书籍陪伴他披荆斩棘。奥斯特洛夫斯基在自己的文化和文学素养达到一定水平后写成了一本描述柯托夫斯基部队中英雄战士的中篇小说，他把小说寄给了一家杂志社，但结果是小说未被采用。可他并未灰心丧气，他深深地懂得：平步青云的事是少有的。人们往往只会看到成功者头上的桂冠和脖子上的花环，而忽略了他们在未成功之前所经受的痛苦、冷落，甚至歧视。因此，一些向理想高峰攀登的人，一遇到艰难险阻，就畏缩不

前，一碰到冷落、歧视，就半途而废，惊呼生不逢时。

奥斯特洛夫斯基在病床上顽强地忍受着病痛的折磨，默默地向认准的目标攀登。他终于在1932年完成了《钢铁是怎样炼成的》一书。为此，他高兴地惊呼："生活的大门向我敞开了！""书就是我的战士！"站着用枪战斗，躺着用笔战斗，死后用书战斗。

位于莫斯科高尔基大街的奥斯特洛夫斯基博物馆，本是当年苏维埃政府奖励给奥斯特洛夫斯基的新居。那年，他虽然只有32岁，却已双目失明，四肢瘫痪，全身不能动弹，只能躺在病床上。他的双手丧失了写字的能力，连转动头部也极为困难。正如他在自传中所写："体力几乎全部丧失了，所剩的仅仅是一种想要多少对自己的党和工人阶级尽些力量的热望。"

他不想在安闲无聊中消磨自己有限的生命，一种强烈的历史使命感、责任感，激励着他不肯放下手中新的战斗武器——笔。根据医生的诊断情况，奥斯特洛夫斯基在病床上至少还可以活5年，但他本人对病情的严重程度了解的十分清楚。他曾对护士说："我知道我的病情很严重，我感到遗憾的是，还有那么多工作没有完成。"在临终前一个月，他已经清楚地感到死神正向他扑来，但他没有要求去看病，更没有停下笔去休养，而是拼命加班，与死神争分夺秒。他让身边的三个秘书实行"三班制"守在他的床头，他躺着口述，妻子与助手们帮他打字，他自己则一刻也不肯休息……

奥斯特洛夫斯基用自己的实际行动诠释了人生的价值与意义——男儿，跌倒了，爬起来，继续坚定地向前走。在人生的低谷，他没有退缩，没有被眼前的困难所吓到，而是在困境中磨炼自己的意志，逐步走向人生辉煌的顶点。

但是在现实生活中，我们时常会看到这样一些人，在遇到一点儿挫折之后，就自暴自弃、心灰意冷，总觉得成功是属于别人的，与自己无缘。从此，在工作、学习中得过且过，做一天和尚撞一天钟。即使有很好的机会从身边经过，他也没有勇气去抓住。最终，碌碌无为一事无成。更有甚者，当一个男孩没有足够的勇气和坚韧的毅力抵抗生活的压力时，他的极度软弱的性格就会暴露无遗，他的极端行为就有可能会危及到家人、社会。

2009年2月8日对于家住陕西省富平县曹村镇尚书村的党会芳来说，无疑是一个魔鬼般的日子。那天的晚上丈夫赵小林趁一双儿女都睡熟了之后，先掐死了儿子，后用切面刀杀死了女儿，随即又用切面刀自杀。一幕人间惨剧就这样发生了。

这年44岁的赵小林曾在西藏当过兵，1989年复员回乡后与当地刚高中毕业做着民办教师的党会芳结了婚。婚后生育了一儿一女，日子过得也还舒心。后来在农活儿不忙的时候，赵小林就到西安等地打工挣钱补贴家用。2006年后，赵小林回到家乡专心务农，就再也没有出去打过工。但是种田的收入寥寥无几，而他需要供两个孩子上学。负担非常重。全家就靠当教师的党会芳每月800元左右的工资支撑着……赵小林觉得自己在妻子面前抬不起头，觉得不像个男人。自卑心越来越重。平时儿子、女儿都住校，妻子教书也难得回家一次，赵小林越来越孤单。遗憾的是这个七尺男儿没有能抵抗住自卑与孤独的双重压力。生不如死。自己死后儿女怎么办？让他们在世上受罪？不，跟我一起去吧。于是……

从这个案件当中我们可以看到坚强的意志、不屈不挠的品行对一个人是多么的重要。赵小林事件虽然只是一个个案，但它为我们敲响了警钟。培养男孩在人生的逆境中求生存，我们不但要教会他经得起输中赢，还要教会他经得起赢中输。

在这个充满竞争的时代，几乎每个人都在学习"赢"的学问，做父母的从小灌输给孩子的教育，也是如何获得成功的技巧和决心。但是，没有人一生都不会经历挫败。因此，只有在男孩小的时候，父母就对他进行"挫折教育"，告诉他"跌倒了，自己勇敢地爬起来"，男孩才能以勇敢、坚强的态度去面对挫折，并以积极、乐观的心态去战胜困难。

对于男孩来讲，没有永远的"失败"，偶尔的"失败"也不是一件坏

事，只有在失败后再站起来的人才是真正的强者。因此，父母要想真正地帮孩子，在他失败后，不妨多"袖手旁观"几次，让你的小男子汉经受抗挫能力的锻炼，使他积累一些在输了以后学会赢的经验。

跌倒并不可怕，可怕的是跌倒后爬不起来。在日常生活中，我们往往会因各种原因而犯一些错误，事后我们能认识到自己的错误并努力地改正，承担相应的后果，这就叫责任。对于孩子来说，道理也一样。在男孩的成长过程中，他是否有勇气为自己的过失买单？

男孩在成长过程中的过失，主要表现为不诚实、说谎、不遵守诺言、做一些损害别人利益的事情这几种。其主要原因还是由于没有建立起明确的道德观与是非观。男孩做了损害他人利益的事情，应不应该让他为自己的行为赔礼道歉？有些家长认为：孩子还小，不懂什么，如果别人硬要赔礼道歉，就由我们来替孩子道歉。也就是说，男孩的过失，父母为之"买单"。这样的处理方式看似很有道理，但却是错误的。

秋秋特别喜欢吃雪糕，可是，有一天他感冒了，奶奶说："你感冒了不能吃。"秋秋觉得特别生气，于是，趁奶奶毫无防备就狠狠地咬了一口奶奶的手，奶奶手上留下了一排深深的牙印，奶奶痛得叫了起来。

妈妈看到秋秋的这一做法，非常生气，于是对秋秋说："你必须给奶奶道歉。"秋秋低着头，就是不说话。于是，妈妈抱住秋秋说："咬人是不对的行为，奶奶会非常痛，就像别人咬了你，你也会很痛一样。如果你觉得自己错了，那就给奶奶道歉，你仍然是个好孩子，妈妈和奶奶依然爱你。"

秋秋沉默了一会后，终于鼓起勇气拉着奶奶的手，说："奶奶对不起，秋秋不该咬您，秋秋给您揉揉。"

通常，家长都需要经历一段漫长的时间才能让孩子明白，当他的行为让别人受到伤害时，他就必须道歉。一旦孩子能发自肺腑地向别人说声"对不起"，那么，这个孩子不仅掌握了一项社会技能，更重要的是，他还学会了怎样去弥补自己的过失，并对自己的行为负责。所以，多花些心思帮助孩子学会认错，是非常重要的。

孩子做了错事，由父母替孩子认错、向别人道歉，其用心也许只是出于疼爱孩子。然而，这种"疼爱"合情却不合理，从客观角度来看，它是在袒护孩子的过错，孩子既不能从中获得应有的教训，也不能树立起对自己的责任感。这可能就是我们常说的"屡教不改"的根源。

有些家长对男孩说谎话感到头痛。其实孩子说谎大多不含恶意，有的可能是因为自我保护意识，害怕被责罚，或为了赢得大人的注意、分不清现实与幻想等因素，才会说谎。作为家长，应该具体分析孩子说谎的原因。

如果家长对孩子的不良言行采取放任的态度，势必会造成严重的后果，甚至导致惨剧的发生。

狼来了的故事，相信很多人都听过，重温一下，其实也还是很有意义的。

很久以前，一个孩子在离森林不太远的地方放羊。村民们告诉他，如果有什么危险发生，你只要大声地呼喊救命，我们就会来帮你。

有一天，这个男孩实在是无聊，就想和村民开个玩笑，看村民是否真的愿意帮他。于是他就一边向村边跑，一边拼命地大喊："狼来了，狼来了。救命啊！狼在吃我的羊！"

善良的村民们听到救命声，急忙放下手中的农活儿，拿着棍棒和斧头跑了过来。他们找了好久也没有发现狼。"这孩子真淘气。"憨厚的村民放下了棍棒又回到了自己的田地里干农活儿。山坡上，只剩下放羊的孩子看着村民气喘吁吁的样子，捧腹大笑。

他觉得这样很好玩。第二天他故伎重演："狼来了，狼来了。救命啊！狼在吃我的羊！"朴实的村民们又来了。同样他们没有看到狼的影子，略带怨气地说了一句："这孩子，真是调皮。"只得摇了一下头又回去忙各自的农活儿。

第三天，狼真的来了，闯进了羊群，开始吃羊。男孩惊恐万分，拼命地喊着："救命啊！救命啊！狼来了！狼来了！"村民们听到了他的求救声，但他们想放羊娃可能又在耍我们呢。没有人理会他，也没有人走近他，各自忙着活计，结果最终狼把孩子也吃掉了。

　　放羊娃为自己不诚实的行为付出了生命的代价。其实诚实对于每一个人来说都是一种可贵的品质，当一个人具有了诚实的品质，他将会获得更高的威信，为今后事业的成功打下坚实的基础。

　　在我国北宋时期，有一个著名的词人——晏殊，从小就诚实善良且聪明好学。在他十四岁那年，县令把他作为神童荐举给真宗皇帝。皇帝非常高兴的召见了他，并要他与一千多名进士同时参加考试。结果考试时晏殊发现有道考试题是自己十天前刚练习过的。于是，他当即跪下对亲临考场的宋真宗说："启禀陛下，这篇赋题曾写过，不敢欺罔，请另出一题。"宋真宗非常赞赏他的诚实品质，便赐给他"同进士出身"。在晏殊当职时期，正值天下太平，国富民安。于是，京城的一些大小官员便经常到郊外游山玩水或在城内的酒楼茶馆举行各种歌舞宴会。晏殊家里很穷，没有钱出去吃喝玩乐，只好待在家里和兄弟们读写文章。有一天，真宗皇帝提升晏殊为辅佐太子读书的东宫官。大臣们非常惊讶，不明白真宗为什么会提升晏殊。真宗说："近来群臣经常游玩饮宴，不思进取，只有晏殊闭门读书，如此自重谨慎，刻苦好学，正是东宫官合适的人选。"晏殊在谢恩后说："其实我也是个喜欢游玩饮宴的人，只是家里没钱而已。如果我有钱，我也会参与宴游了。"这两件事情，使晏殊在群臣面前树立起了很高的信誉，致使真宗皇帝更加信任他了。

　　男孩在年幼时期，一般做不出太"出格"的事，但如果父母总是出面替孩子"受过"，那么久而久之，男孩就会觉得任何事情都会有父母"罩着"，万事都可以迎刃而解；就会逐渐变得肆无忌惮、为所欲为；就会丧失责任心。中国有句古话："好汉做事好汉当。"孩子做了损害别人利益的事，让他自己向人家道歉，赔偿损失，这不仅是为了取得别人的原谅，更重要的是使孩子从小就懂得为自己的言行切实负起责任来，这对增强孩子的自律精神、谨慎言行，以便将来独立地全面承担人生的责任和义务，顺利地进入社会生活，非常有好处。

　　如果您爱您的孩子，请让孩子学会为自己的过失"买单"吧！

第十四章　挫折教育虽重要，讲究方法是关键

1. 莫让"折磨"与"虐待"相等同

给孩子设置一些挫折，并且让孩子依靠自己的能力去战胜它，这会为孩子以后克服更大的困难和挫折奠定基础。但对于孩子来说，一些在成人眼里微乎其微的挫折可能就会给孩子带来很大的困难。比如，年龄较小的孩子摔倒了之后让他自己爬起来，这可能对他来说就是一个磨炼的过程，但是如果孩子努力几次还没有起来时，大人仍然不去扶他，他将来就可能变得比较冷漠。所以，这种挫折教育不见得就能取得好的效果。

因此，在有意识地安排一些可能失败的难题给孩子时，一定要适度。这个挫折不能大大超过孩子实际的能力，并且，当孩子努力跨越这个挫折时，父母也不一定要冷着心肠袖手旁观，而是要通过恰当的方式教给他们一些摆脱困境、解决矛盾、克服困难的方法，让他们凭着自己的努力一步一步地，慢慢去克服它、战胜它。

白白的米饭、香喷喷的排骨、色泽翠绿的青菜、红得诱人的胡萝卜……满桌子都是小亮平时最爱吃的饭菜。然而，面对那一桌子的好菜好饭，小家伙就是不动筷子，无论父母如何费尽唇舌劝说，他就是不吃。"我要吃红烧鱼！我就要吃红烧鱼！"小亮似乎蛮不讲理地嚷嚷着。爸爸实在看不下去了，眼里的怒火一点点地冒上来。

是啊，昨天晚上夫妻两个刚刚讨论过关于挫折教育的问题，并且已经基本达成共识，要利用生活中的点点滴滴给他一些颜色瞧瞧，以提高他的抗挫折能力。看，机会马上就来了。刚开始两人还好言相劝孩子该怎样吃饭，但看着小家伙不领情，爸爸不由得火起来，忍无可忍地揍了孩子一顿。

这下，小亮老实多了。他偷偷地用余光扫描着爸爸，时不时抽泣一两声，一边还无所用心地往嘴里扒拉着饭粒，那副委屈的小模样叫人看了难免有些心酸。晚餐时，妈妈特意为小亮做了红烧鱼作为补偿。然而，孩子吃红烧鱼的时候全没了妈妈想象中应有的喜悦。更让妈妈心疼的是，小家伙看爸爸的眼神里充满了畏惧。那一刻，妈妈的心猛地抽搐了一下：难道这就是我们期待的挫折教育吗？曾经那么可爱的小家伙如果在父母的高压下变得畏畏缩缩，那挫折教育又有什么意义？妈妈思索了很久。

后来，妈妈改变了方式。事情还是发生在餐桌上，妈妈做了糖醋鱼，而小亮却说："妈妈，我不吃鱼，我要吃饺子。"妈妈说："好，我们马上去买菜买肉，回来包饺子。但是，这次你得跟妈妈一起做这些事情，否则，我不会做来给你吃。"

到了菜市场门口，妈妈掏出一张5元人民币交到小亮手里："你到那边买一小块姜，两根大葱，其他东西我去买。"这时，小亮有些为难了，但看着妈妈不容商量的眼神，他还是应承下来了，快走到卖菜的摊位时，还忍不住回过头来看看妈妈，几乎就要退缩了。而妈妈故意别过头去，假装没有看见他，去买自己要买的东西。小家伙犹豫了片刻，终于鼓起勇气将钞票递给了那位卖菜的。当他捏着找的零钱，提着第一次自己独自买来的姜和葱向妈妈走过来时，妈妈轻轻拍拍他的头，表扬了他一番。

这顿饺子小亮吃得无比开心，他也知道了妈妈做饭的辛苦。

挫折教育并非单纯为了让孩子体验挫折，而是让孩子学会面对挫折、解决挫折的方法。一味地与孩子对着干，或者靠硬压、打骂，这些都起不到教育的作用。

如果孩子能通过自己的力量去办成某件事情，积累某些经验，孩子就能够比较客观地认识自己的能力，从而产生一种求胜欲望和信心。这样，在经历挫折时，孩子就不会被挫折所吓倒。

当然，当孩子遇到困难而退缩时父母要鼓励孩子，让他认识到人的一生会遇到很多挫折，关键在于我们如何正确地认识和对待它，只有鼓起勇气努力向前，才能最终克服困难，战胜挫折。但父母设置的挫折对孩子来说太困难时，父母要及时给予孩子恰当的帮助，如，帮助孩子分析遭受挫折的主、客观原因，找出失败的症结所在等。在必要时可帮助孩子一步步地实现目标，让他体会只有战胜了困难才能前进一步，而进步、达标的全过程就是不断战胜困难的过程。

那么，是不是让孩子经历的挫折越多越好呢？答案是否定的。挫折的难易需要适度，挫折的次数同样需要适度。

因为，挫折无论如何都是一种消极的情绪体验，过多的挫折，会使孩子失去自信心，变得十分自卑和软弱，就像经常遭老师批评的孩子无法树立学习的自信一样，是和"挫折教育"的目的背道而驰的。

因此，挫折教育，无论其数量和质量，都不应该超过孩子能够承受的限度。适度和适量的挫折能使孩子学会自我调节心态，正确地选择外部行为，克服困难，追求下一个目标。过度的挫折会损伤孩子的自信心和积极性，使孩子产生严重的挫折感、恐惧感，最后对目标失去兴趣和信心，甚至导致某些心理疾病。

另外，父母为孩子设置各种挫折情景不仅可以在家里，更多更有效的挫折场景应该在外面，比如，在孩子与小伙伴玩的过程中产生。与同伴交往可以使孩子发现与自己不同的观点，从而更好地认识他人和自己，克服以自我为中心的心理。另一方面，同伴之间的相互交流和指导，也能够帮助孩子更好地克服困难、解决问题，从而提高孩子的抗挫折能力。

2. 设置挫折也要注意实施的 "对象"

童童是个十分讨人喜欢的孩子, 对人有礼貌, 学习成绩也很好, 而且他很有音乐天赋, 曾多次参加大型演出, 因此, 童童经常受到老师、父母和邻居的夸奖。

但是, 童童的父母发现, 在这种环境下, 孩子很容易形成自傲心理。比如, 童童有时会说出看不起同学的话。为了让孩子能够健康地成长, 童童的父母就想法设置一些相关的障碍, 来增加他受挫的机会。

一天, 妈妈特意带童童去同事家里玩。因为妈妈知道, 这位同事的儿子小武比童童更优秀, 她希望童童知道人外有人, 不要太骄傲。

两个孩子见面后, 玩得很投缘。但不一会儿, 童童就有些不高兴了。原来, 童童和小武玩智力游戏的时候总是输。尽管小武热情地邀请童童再玩儿, 但是, 童童却坚决要求妈妈带他回家。

在回家的路上, 妈妈对他说:"童童, 妈妈知道你不高兴, 是不是因为玩游戏总是输?"

童童瞥了妈妈一眼, 没吭声。

"你知道吗? 小武也是一个聪明的孩子, 他比还你小一岁, 但是, 已经跳级了。"妈妈说。

童童觉得有点好奇:"真的吗? 这么厉害!"

"是呀, 小武是个优秀的孩子, 但他从来不炫耀这些, 总是努力地学习。"妈妈微笑着对童童说,"你也是个优秀的孩子, 但学无止境, 不要骄傲哦! 妈妈相信你会更优秀。"

童童领会地点了点头。

为了使孩子健康成长, 能有良好的个性, 童童的妈妈可谓是用心良苦。这种巧设挫折的方法对孩子是非常有好处的。

不过，给孩子设置挫折也是要看对象的，比如故事中的童童，他是个很优秀的孩子，老师家长都经常表扬他。这种经常受到表扬的孩子最容易产生骄傲的情绪，因为他们在生活中总是一帆风顺，很少遇到什么失败。而孩子一旦产生了骄傲自大的情绪，那危害也是很大的。

科学家巴夫在一封给青年人的信中这样写到："切勿让骄傲支配了你们。由于骄傲，你们会在应该统一的场合固执起来。由于骄傲，你们会拒绝有益的劝告和友好的帮助。而且由于骄傲，你们会失掉客观的标准。"盲目骄傲自大的人就像井底之蛙，自以为是，固步不前。孩子，也是一样。

虽然他们年龄小，但争强好胜心强，许多父母都有体会，同龄的小朋友在一起，谁都不肯在别人面前服输，哪怕是打肿脸充胖子，也要争个高低。其实，这不是什么大毛病，是孩子表现自我的一种心态，潜台词是："不要小看我！"对此，家长要加强引导。孩子产生骄傲往往源于自己某方面的特长和优势，比如，学习成绩比较好、有某方面的艺术潜质，或者有运动天赋，等等。父母应该先分析孩子骄傲的基础，然后应让孩子认识到：他身上的这种优势只不过限定在一个很小的范围内，放在一个更大的范围里就会失去这种优势；正确的态度应该是积极进取，而不是骄傲懈怠；并且优势往往是和不足并存的，同时应该努力弥补自己的不足。

所以，父母要给那些优秀的孩子增加一些挫折。培养孩子谦虚的品质，以帮助他们更加健康地成长。

而对那些受挫较多、性格内向而又脆弱的孩子，则不适宜采用这种方法。

林一是个性格内向的孩子，不爱说话，不爱见陌生人，还有一点点胆小。老师说他跟同学的交流不是很多，也不大敢跟老师说话。老师上课提问题，他从不主动回答，即使被老师叫到，也是脸一下子就红了。他也不喜欢各种活动，每当同学们在一块玩耍时，他要么当旁观者，要么参加一些不需要蹦蹦跳跳的活动。

有一次，他没能回答上来老师的提问，回到家还闷闷不乐。妈妈问怎么回事，他还没回答眼圈就先红了。妈妈知道他的个性，就慢慢开导他，说了半天他才解开了心结。事情过后，他对妈妈说："妈妈，真是不好意思。可我就是觉得挺丢人的，所以很郁闷。"

林一的妈妈说，林一的自尊心很强，很容易受到打击。不过，林一的学习还是不错的。也是个很乖的孩子，比较听话。

性格内向的孩子多喜欢单独活动、兴趣单调，但办事认真仔细，自尊心强，所以，父母也要正确引导，不宜给孩子设置挫折。因为挫折往往打击孩子的积极性，对于内向脆弱的孩子，不但不能激发他的上进心，可能还会减少他的自信。

心理学表明：孩子的个性与遗传有着一定的关系，但遗传并不是个性的决定因素。环境和教育的影响，对个性的形成和发展起着重要作用。所以，父母要注意，对孩子的性格不要硬性地去扭转，否则也会弄巧成拙的。

对于内向的孩子，父母还是要积极地创造一些条件，帮助孩子独立完成某种事情。

挫折教育固然重要，但在给孩子设置挫折时，父母还是要先观察自己孩子的性格和表现，根据具体情况而定，不能盲目地给孩子设置挫折。

3. 对孩子的教育不要错过每一个挫折

如果你在孩子看卡通片的时候，和他说在学校要听话之类的话题，孩子一定觉得你是在唠唠叨叨，会有很明显的烦躁情绪；同样地，平时在家里你教育孩子，比如要学会自己的事情自己做，不能什么都靠爸爸妈妈的时候，孩子也会觉得你是在杞人忧天，这些话会被他们当作耳边风，左耳进右耳出了。

其实，所有的父母都应该知道，真正教育孩子的最好时机，是在孩子遭遇"挫折"的时候。

有一个10岁的小女孩，她虽然不娇气，干活却不是十分主动，总是能躲避的就躲避，对一些自己从没干过的活更是敬而远之。

有一段时间，由于父母上班时间调整，经常很晚才回家，她放学以后就胡乱吃些零食，也不会做饭吃。一天晚上，母亲就说她："你已经上四年级了，应该自己学着做一些简单的饭菜。"她不乐意了："我不会用煤气，也不知放多少盐、多少味精！"

这位妈妈知道，教育孩子"逆商"的时候到了。妈妈微笑着摸着小女孩的头鼓励道："凡事都是从不会到会，从不知道到知道，做饭也是同样的道理啊，你只要做两次就会了，但是要是不练习，你当然永远也不会做。"

经过几次实际操作，她终于能做出几样简单的饭菜了。她把这些全写到日记上，认为自己能做很多事了，心里美滋滋的，一下子自信了不少。

日本的家长也非常注意在适当的时候对孩子进行挫折教育。

千岛是个很温柔的日本女性，她有一对宝贝儿女——9岁的儿子和6岁的女儿由田子。千岛平时对待孩子总是很温柔、耐心，两个孩子中她似乎更疼爱小女儿，每天把她打扮得像一只可爱的小蝴蝶。但是有一天，千岛对孩子突然不"温柔"了。

一个黄昏，千岛正在洗衣服，由田子淘气地追逐着一只红蜻蜓。这时，由田子看到爸爸，不由地喊了一声："爸爸！"然后张开小手朝他扑去。由于孩子只顾着跑，没有注意脚下。她被一块石头绊了一下，顿时失去重心，"扑通"一声摔倒在地上。

"呜哇……"由田子马上大哭起来，爸爸慌忙想上前搀扶，谁知却被千岛一把拽住。

"由田子，不许哭！自己站起来！"千岛对着孩子大声嚷道。见女儿依然不肯站起来，千岛再一次怒喝一声："听到了吗，不许哭，站起来！"

爸爸惊异地望着这位"狠心"的母亲，感到简直太不可思议了，妻子与往常笑眯眯的样子判若两人。

由田子终于止住了哭声，委屈地望着母亲，自己慢慢地爬了起来。这时候，千岛却一把抱起孩子："我的宝贝，真乖，听妈妈的话，以后摔倒了都要自己站起来，这样将来你一定是个好孩子。"

懂事的由田子搂住妈妈的脖子说："妈妈，我听你的话，下次摔倒了自己爬起来。"然后瘸着小腿一拐一拐又去玩了。

看来，对孩子进行教育，选择一个恰当的时机是最关键的。等问题出现了，孩子感同身受，然后具体问题具体分析，再去解决它，克服它，孩子才能从具体的事例中吸取教训。在这个过程中，孩子所学到的和单独的说教是无法比拟的。

这种教育的前提条件，是父母要善于发现机会、掌握机会，然后从这些"机会"中去教育孩子，让孩子随时从挫折里领悟人生。

4. 设置挫折也要讲究"出牌的顺序"

在上一节里我们了解到，挫折教育，无论其数量还是质量，都不应该超过孩子能够承受的限度，所以，在父母为孩子设置挫折的时候，要从长远看，挫折的设置应该具有渐进性。挫折应该由小到大，由少逐渐增多，切记不能盲目地对孩子提出过高要求，不可一开始就给孩子来一个下马威，这会一下子把孩子的自信心摧垮。要根据孩子的年龄特点和兴趣进行培养，否则，孩子在压力面前会产生强烈的挫折感。

下面接着看上一节讲到的小亮的故事，看小亮的妈妈是怎么对孩子循序渐进地进行挫折教育的。

回到家，妈妈和小亮开始忙活着包饺子。和面、洗菜、剁馅……很繁琐的程序，两个小时过去了，饺子还没有下锅。小亮的肚子开始叽里咕噜叫了，又过了一会儿，小家伙终于熬不住了，他说："妈妈，我饿了，咱们还是吃糖醋鱼吧。"

在以后的生活里，类似的事情一件接一件发生。不管小亮提什么样的要求，妈妈都毫不犹豫地满足他，只是在答应他每一个要求之前，都会为他事先设置各种难度适中的考验他的障碍。比如，他想要某个玩具，妈妈给他的钱可能不够数，于是他必须学会等待，或者放弃买另外一些东西来赢得更多的经费，以便支付他所需的费用。为了获得某个心爱的玩具，他首先必须跨越经费不足的挫折。如果他不想吃糖醋鱼而想吃饺子，他必须自己去买菜，必须克服他的畏惧心理与卖菜的叔叔打交道；他必须自己付出劳动和妈妈一起择菜洗菜包饺子，同时必须学会等待。如果他想去游乐场玩，他得自己去买门票，他得自己去与管理人员和其他小朋友交涉……

大多数的时候，小亮都能很顺利地跨越妈妈为他设置的挫折，也有的时候，他无法跨越。而当他无法跨越的时候，可能也会在短时间里感到沮丧，但他很快就能找到别的替代方法来排解他的沮丧情绪，因为之前妈妈已经答应了他的要求，给了他愉快的心理基础，并且他也认识到了自己能力的不足。

就这样，在不知不觉中小亮愉快地经受着各种挫折体验，并且在与挫折斡旋的过程中，他的心理承受能力也一点点增强了。

小亮的妈妈说："挫折教育不是一蹴而就的事情，必须根据孩子的特点慢慢来，只有循序渐进，才能更有效地提高孩子的耐挫能力。"

从故事中小亮妈妈的成功也可以看出，对孩子进行挫折教育不可操之过急。父母让孩子在挫折中学会耐心和等待，其实在对孩子进行挫折教育中，父母也要有耐心，注意孩子的可接受性，避免无效的挫折。父母也要放弃自己不切合实际的期望，要给孩子足够的时间去思考和探索，解决问题后，引导孩子去总结自己的成功之处在哪里，下一次再面对挑战或挫折时，孩子就会主动积极地去面对。如果孩子失败了，父母要帮助他分析错在哪里，怎样改进，使孩子逐渐明白是非标准，提高心理承受力，从容应

对生活中的各种挫折。

孩子一般不会评价自己，他们往往把父母的期望当作标准，衡量自己的成绩与言行，由此得出自己好与坏、有无能力的结论。父母对孩子提出过高的要求，孩子会因自己实现不了父母的期望而感到挫败，得出自己"无能"的结论，从而感到自卑。

挫折教育不是一朝一夕的事情，也不是单靠几件事情就能见效的，父母应该在生活的各个方面有意识地进行，坚持不懈地培养孩子抗挫折的能力。

那么，怎样根据孩子的年龄特点来循序渐进地对孩子进行挫折教育呢？教育专家给出了以下指导。

1.0—1 岁，培养孩子的责任感

孩子的挫折教育在出生后就应该开始。很多家长无条件地保护孩子，无意中会让孩子觉得他在家庭中是第一位的，这对于以后孩子的抗挫折能力是非常不利的。家长应该让孩子感受到他与其他的成员都是平等的，慢慢培养一种家庭责任感，学会独立去面对、解决问题。

2.1—3 岁，培养孩子的生活自理能力

当孩子可以站立、行走了，在确保安全的前提下，让他自己独立去完成，不要总是抱着他或者帮他迈步等。这个阶段孩子的动作能力刚刚发展，尤其是在初期，走路还不够稳，却常要去走一些不平的路以证明自己的能力，摔倒之后就放声大哭，这时大人不要去扶他，而应鼓励他"自己站起来"。孩子动作发展的同时也是心理的不断发展完善过程，孩子稍大后，可以让他试着料理自己的生活，在自理的过程中培养孩子的自信心，并迁移到以后的生活和交往中去。

3.3—5 岁，培养孩子心理的独立性

平时我们总会教育孩子要助人为乐，并且也在身体力行地帮助孩子。然而有时候需要孩子独立完成的事情，却给予过多帮助的话，反而会让孩子产生依赖心理。只要是孩子有兴趣的事情就鼓励他独立去做。

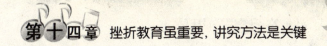

4.5—6 岁，培养孩子解决问题的能力

孩子步入课堂后，传统的教育重视数理逻辑和语言表达能力，但这仅仅是学习的一个层面，更重要的是要培养他的求知欲及独立思考和解决问题的能力。不少孩子总喜欢打破砂锅问到底，这就是他在思考问题的表现，此时，家长应该耐心解答。即使是自己回答不出来的问题，也不要怕丢面子，可以和孩子一起查阅书籍、进行实验来探讨。

5. 给他一个巴掌再给他一颗甜枣

前面一直在说批评教育，现在我们要来说说批评教育中的赏识教育。

很显然，赏识教育就是表扬孩子，给孩子一些"甜头"。这没有错，但是也要注意一个度，赏识过了头，效果也许适得其反，孩子以后容易产生虚荣、自傲的心理，很难接受不同意见，更不要说批评教育了。

著名特级教师韩军曾经说过，教育应是 18 般武艺，欣赏、激励、批评、惩罚，缺一不可，这可谓是真知灼见。就如同世界上没有包医百病的灵丹妙药一样，面对知识、能力、性格、经历、家庭都不一样，而且思想每天都在变化着的中小学生，赏识教育与挫折教育需要"双管齐下"。

外国有位作家，很小的时候写了首儿童诗，母亲认为精彩极了，大加夸赞了一番；父亲却和母亲的观点完全不一样，说糟糕透了，还要继续努力。这使他感到委屈。

在以后的成长岁月中，这样的情形也一次一次地出现。只要他一有进步，哪怕是一点点的小成绩，都会被母亲捕捉住，然后不遗余力地给予赞扬，孩子从母亲身上得到了信心、勇气与希望。而父亲一如既往地对他严厉要求，对他创作过程中出现的缺点、失误，统统不留情面地指出来，有时还大声斥责。孩子从父亲身上获得的则是清醒、理智与谦逊。

再后来，孩子长大了，成为知名作家，完全明白了父母的用意，他深

感自己很幸运，既有一个懂得欣赏自己的母亲，又有一个十分严厉、时时刻刻督促自己的父亲。

现在，很多教师和家长都反映，中小学生的心理承受能力不强。这与没有把赏识教育与挫折教育有机地结合起来有很大关系。该赏识孩子的时候不去赏识或赏识不到位，该批评的时候不批评，或者把挫折教育等同于体罚孩子，这样只会损害孩子的身心健康，扭曲其人格，培养叛逆者与奴才。

赏识也好，批评也罢，甚或惩戒孩子，父母的目的只有一个：把孩子培养成一个独立、优秀的人才。在这样的大前提下，希望父母教育孩子会多一份理智，多一份智慧。但是看看我们现在的一些家长，在教育孩子中使用的许多方法都有悖于这个前提。如此一来，即便你的出发点是为孩子好，但很可能只是一厢情愿，说不定还会留下终身的遗憾。

教育的对象是人，而人的思想与情感是非常复杂的，这就要求父母对孩子的教育要有很强的灵活性与机动性。孩子犯了错误，要批评教育，但批评应讲究方式、方法，道理说到他们的心坎上。即使要惩戒，也可以采取聪明的办法，寓奖励、期待、激励、教诲于"惩戒"之中，这样才是最完美的"挫折教育"。

很多父母都知道赏识教育，它对孩子的健康成长有很大的促进作用。赏识能增加孩子的自信心、激发孩子的潜能，能增强孩子的自尊心和独立性；而赏识最重要的就是表扬和鼓励。所以，父母在对孩子进行挫折教育时，也不要忘记这一点，为孩子设置挫折应与鼓励、表扬相结合。当孩子排除了障碍、战胜了挫折时，父母要及时地给予帮助与鼓励，强化孩子积极的行为，增强孩子的自信心和战胜困难的勇气。否则，孩子会没有成就感，丧失积极性。

小皓从一入学就显示了他的实力：入学教育的总结写得很好，不仅写出了自己的真实感受，而且文笔流畅，富有激情。老师让他代表班级在年级会上发言，他举止大方，上台一点都不怯场，声音洪亮地完成了任务，给同学们留下了非常好的印象。老师让班里的每个同学写一下自己在小学担任的职务和获奖情况，结果小皓的荣誉简直是举不胜举——校、区级的"优秀学生"和"三好学生"，"中华小记者"的主力队员，电视台还专门采访过他……老师很欣赏这个男孩，所以指定他做了新班级的新班长，试用期一个月。

在这一个月里，老师很留意地观察着班里每一个孩子的表现，希望尽可能早地熟悉和全面了解他们。老师发现，虽然小皓的性格外向，工作热情很高，学习也积极主动，但是，他做事比较毛糙，想问题比较简单，最主要的是他不太善于与同学合作，总是嫌这个不配合他工作，那个又不听他指挥，因此他的许多"班级大业"都无法按照原计划进行。而班里也有一些同学对他有了意见。

老师不能不对他有所担心：这个孩子一切都太顺利了，造成了他有些妄自尊大的性格，即使是在一个人才济济的班级里，他也目中无人，而且缺乏面对压力和竞争的机会，这样下去不利于他的发展。由此，老师与小皓的父母交流了一下，准备给他实施点挫折教育。

一个月的临时班委到期，老师宣布新的班委成员要以竞选来改选。这时，小皓还是自信满满的，不过老师已经找了班里的另一个也是极有头脑、一直品学兼优的男孩，鼓励他参加即将举行的竞选，并帮他分析了他的优势和特点，告诉他成功的可能性很大。

改选会上，小皓和那个男孩都精心准备了非常好的竞选演说词。在投票时，两人票数势均力敌，看得出小皓非常紧张，脸红红的，而最终，他以两票之差落选了。

刚一下课，小皓就跑进卫生间哭了。老师给他的挫折算是成功了。这时，老师把他叫进了办公室，稳了稳他的情绪，然后跟他进行了一次推心置腹的谈话，让他从根本上认识到了这次失败的真正原因，让他自己把问题摆了出来，然后又让他自己提出了解决的办法。

在接下来的整个学期里，小皓一直跟后任班长是好朋友。看得出，他

在有意跟他学一些工作方法，在各方面也谦逊、随和了很多。第二学期开学了，又要进行改选了，有意思的是，现任班长也鼓励小皓参加竞选，这一次毫无悬念，小皓当选了班长。

下课后，老师给小皓一个大大的拥抱，祝贺他的成功，并赞扬他在上学期的突出表现。老师还告诉他："这次不能再骄傲了啊！希望你以后都能像现在一样，谦虚认真。"小皓的脸红了，他没想到老师对自己如此用心良苦。

果然，小皓在后来的班级工作中做得非常棒，人缘很好，成绩也不错。

越是优秀的孩子，越需要一些挫折教育，对于他们的一些毛病，如果不及时进行挫折教育来矫正，有一天优秀将不复存在。但是，在他战胜挫折后还是要给予肯定和表扬，因为，设置挫折只是挫折教育的第一步，让孩子获得永远强大的耐挫力和动力才是最终目的。

孩子只有不断地得到鼓励，才能在困难面前淡化和改变受挫意识，获得安全感和自信心。所以，孩子一旦战胜设置的挫折，父母要立即予以表扬，强化其行为，并随时表现出肯定和相信的神态。父母的鼓励和肯定不但能使孩子的受挫意识得以改变，还能提高他们继续尝试的勇气和信心。

当孩子通过自己的努力跨越一个挫折时，那种喜悦是不言而喻的，孩子有很强的成就感。所以，父母要注意帮助孩子获得战胜挫折的成功体验，从而提高"自我效能感"的水平，以增强自信。

另外，父母要控制好奖励，不要孩子取得一点点进步，就给予过多的物质奖励和过分的赞美之词，还是让孩子更多地去享受成功后的心灵奖励吧。过多的物质奖励，将会扭曲孩子的成功体验，甚至会使孩子为了物质奖励而努力，那就大错而特错了。

许多得到成功的人往往不是最聪明的人，而是那些在生活中不断遭受并战胜挫折的人，这是因为，那些自认为自己聪明的人往往会选择走一些所谓的"捷径"，这些所谓的"捷径"往往会丧失一些非常有意义的锻炼机会。一项研究发现，将取得较高成就的 200 人与没有成就的 200 人进行比较，两组人最明显的差异不在于智力方面。成就高的一组人，他们无一例外地都曾遇到过很多次大大小小的失败和挫折，但是从来不服输，失败了从头再来。他们的成功都是在战胜困难和失败之后取得的。不成功的一组正与此相反，都是在遇到一两次挫折和失败之后一蹶不振，再没有了奋起的勇气和信心，成功自然与他们无缘。

事实证明，成功的人不是永不失败，而是永不言败。给孩子设置一些挫折吧，但别忘记在孩子战胜挫折时给他以肯定和鼓励，这样，挫折教育才是长久而有效的。

6. 明确的"禁令"和温柔的"挫折"

如果你遇到了下面的情况，你会怎样去处理？

首饰店的售货员都惊呆了，大部分的顾客也惊呆了。今天是周六，是店里最忙的一天，在店里的中央，一名 6 岁的男孩正在大发脾气，他暴跳如雷，不但拳打脚踢，还乱扔手边的东西，最危险的是，他离最贵重的珠宝玻璃柜台很近。他的妈妈也和他一样，显然无视周围群众诧异的眼神，还以优雅的姿势坐在孩子的旁边，然后对孩子说："孩子，你别哭啊，告诉妈妈出了什么事。如果你希望妈妈帮助你，那你就得告诉我你到底在烦什么？"

其实，珠宝店的这位母亲是走入了一个误区，什么误区呢？就是在她看来，任何时候只要给孩子耐心地讲道理，或是给孩子一些机会，事情还是能解决的，即使孩子的不当行为已经远远超过了自己能够控制和容忍的极限。

事实上，对于这样自制力极差的孩子，要想提高孩子的情商，如果不对孩子采取一些有效的约束，想培养孩子的高 EQ 是不可能的。在这方面，

我们很多父母其实都做得不够好，生怕伤害了孩子，总是"循循善诱""苦口婆心"，到头来孩子就越惯越娇气，一遇到稍不顺心的事情就开始大闹起来。

下面有几个真正有效的约束规则，虽然只是一些简单的原则和策略，但还是被证明是能起到很好的作用的。

将一些你对孩子列举的规则和限制条款都清清楚楚地确定下来，并要求孩子严格遵守。比如，每个星期只能吃一次薯条、每天的游戏时间不能超过半小时等。如果有时间，就将这些抄写下来或者张贴在孩子的房间里。

如果孩子违反了其中一项明显的规定，不管出于何种原因，都应该立即给予相应的惩罚。不过提醒你要注意的是，处罚一定要与事先规定的一致，这样才能很好地锻炼孩子的纪律性。

多夸夸孩子。比如他在一周内表现得很好，没有去触碰一条"禁令"，或者有一些比较"优良"的行为，这时候就要通过赞美来表达喜爱。这样做就能很好地激发孩子的积极性，让他更有信心去约束自己。

当孩子开始调皮时，千万记得要马上提醒或者警告他们，虽然很多时候可能看起来作用不是很明显，但是这是培养孩子自我控制能力的最佳办法。

当必须处罚孩子时，就要讲究一些方式了。专家建议使用的方式有以下几种。

1. 斥责

这是孩子犯错之后，父母要做的第一件事。不过斥责要有个度，什么度呢？就是既让孩子改正错误，又不致让他对你产生怨恨。这就需要父母找到适合自己的技巧了。

2. 重复矫正法

当孩子行为不当时，你必须要求孩子重复正确的行为至少10遍。这种技巧通常用于迅速矫正孩子的不当行为。

丁丁放学回家，刚到家门口就开始用脚踹门，然后大吼："我回来了 我回来了！快开门开门开门！"丁丁妈开门之后，却对他说："再敲一次 门，什么时候你敲对了，什么时候再进来。"就这样来回好几次，丁丁才 终于"学会"了先按门铃，然后说："妈妈，我回来了。"

3. 面壁思过

说得简单点，就是罚站。或许这就是专家最推崇的办法了。就是让孩 子在不受干扰的角落，待上一小段时间（根据年龄的大小，时间也可以相 应变化）。如果孩子在公众场合行为不当时，这种方法也很有效。

4. 行为计分制度

对于那些孩子很难改变的问题（比如，大大减缩了玩电脑的时间、整 理了他的房间，等等），就在日历上贴一个不干胶贴纸。一旦他积齐了一 定数量的贴纸，他就能得到一份奖赏。

孩子是否让你经常感到头疼？他们很任性，总是不听话，发脾气，被 批评时不认错，还对你们大喊大叫？你是不是也对孩子一遍遍地重复叮嘱 感到厌烦而经常对孩子发火呢？

俗语说得好，年少时任性，成人后倔强，年老时顽固。假如你的孩子 只是偶尔出现任性胡闹的行为，那么他还不能算是一个任性的孩子。但如 果孩子一而再、再而三地出现任性的情形，他的任性就很可能会成为习 惯，这就该引起父母的重视了。

就要吃饭了，5 岁的小奇非要喝可乐，妈妈拒绝了他，他就大声哭闹 起来。于是，妈妈使个眼色给爸爸，然后两人先后走进里屋，把孩子一个 人留在客厅。开始，儿子仍然大声哭喊："我就是要喝可乐！"过了一阵， 哭声低了下来，又过了一会儿，听不见声音了。爸爸妈妈出来一看，孩子 正在那儿玩手指呢！

后来，这两位家长有了默契，每当孩子任性哭闹时，照旧做自己的 事，不理他，当然事后少不了要给他讲讲道理。于是孩子闹了几次以后就 很少出现这种行为了。

这个办法父母都不陌生，就是"故意忽略法"。探究孩子任性产生的原因，其实最多的就是父母的溺爱。如果父母过分溺爱孩子，一味地满足、顺从、迁就他，甚至全家人都围绕孩子转，很容易让孩子形成以自我为中心的感觉，日久天长就养成了孩子只顾自己、不顾别人的任性心理。

孩子遇到挫折了就会想：我有爸爸妈妈在呢，没什么好怕的。然后就会把处理问题的权利转加在大人身上，随即心安理得，这时候孩子的依赖性就会越来越强。但是如果这时候父母采取"冷处理"，结果就会完全不一样了。

具体怎么做呢？就像上面的例子一样，假如孩子发脾气时，就可采用"故意忽略法"来纠正这种行为。此时，如果孩子是在安全的地方，那么你就可以离开去另一个房间，直到他停止发脾气你再回来。或者你假装在做其他事情。当他的不良行为终止时，再给予他充分的关注。

下面总结了一些家长需要注意的地方。

· 转移对孩子的所有注意力；

· 拒绝争辩、责备或交谈；

· 不要表现出生气的样子；

· 保证使孩子的不良行为得不到任何形式的奖励；

· 当孩子的不良行为终止时，给予极大的关注。

其实，"忽略孩子"也是一种挫折教育。任何孩子的行为都可以找到一些基本的规律，父母对此既不能事事过分认真，也不能放任孩子，可以适当地采取一些办法，让孩子自己感到无趣而作出让步。这个办法效果还不错，不妨试一试吧！

7. 注意传统挫折教育中的错误

不少父母在实施"挫折教育"时，只是追求热闹的外在形式，而忽视了培养孩子的根本要素和错误实施这种教育方法可能导致的消极作用，使"挫折教育"步入误区。

挫折教育是什么？对于这个问题，也许很多父母都有自己不同的答案：让孩子多吃点苦头，多打骂孩子，凡事都逼着孩子按照自己的意愿来做……遗憾的是，这些都错了！

在很早的时候，中国的家庭教育就存在一个十分独特而且有趣的现象，那就是——"打椅子"。

相信很多人都会非常熟悉这样的场景：小孩子不小心被一把椅子绊倒，孩子的妈妈会很心疼地把孩子从地上扶起来，一边安抚孩子，一边指着椅子说："都是这破椅子不好，太坏了，让宝贝摔跤了！该打！该打！妈妈打椅子给宝贝出气。"于是妈妈就使劲地拍打椅子。孩子马上就开心起来。"打椅子"教育显然让很多父母都屡试不爽。

很显然，除了孩子以外，大家都知道那把椅子是不会错的，当然，这位母亲也没有错，她只是在安慰孩子的时候，用错了教育的方法而已。

可是，大家不妨想一想，这个孩子会从被椅子碰倒的"疼痛"中吸取"教训"吗？

当然是不会的，而且孩子很可能还会在相同的地方摔倒第二次。

因为孩子看到有错的是"椅子"，他把自己遭受到的"挫折"全部推脱到了椅子上，不能养成自我反省的惯性思维。当他慢慢长大，有一天被人生路上的一些"沟沟坎坎""绊倒"的时候，他也会找出各种理由来，而不是自己去反省。

一位旅居日本东京的中国母亲回国探亲，和国内亲人谈道"打椅子"现象时，说了她在日本的见闻。这位母亲说，她在日本东京的一个家庭做客时，看到一个孩子在客厅走动的时候不小心被茶几碰倒，顿时大哭起来。

不过接下来的事情，让她感觉"吃惊"。那位日本妈妈听到儿子的哭声，就过来把他扶起，既没有安慰孩子，也没有拍打茶几，而是郑重其事

地说：孩子，你再重新走一遍！于是那个哭泣的孩子就真的重新走了一遍。结果儿子走第二遍时，没有碰到茶几。

中国母亲以为日本母亲教育孩子的"故事"应该到此结束了。没想到，接下来，日本妈妈立刻对儿子说道：一个孩子会碰到茶几，一般有三种情况，第一是走得太快，第二是走路的时候没有看着前面，第三是走路的时候在想着别的事情。那么你刚才被茶几碰倒，是哪一种情况呢？最后，中国母亲感慨地说，对她而言，那位日本母亲教育孩子的故事，不亚于进行一场家庭教育的"革命"。

也许日本母亲教育孩子的方式并非绝对正确，但却不能不引起中国母亲的反思：如果从小就把孩子犯下的错误加在椅子上，那么，以后在人生的路上犯的"错误"，又该加在哪儿呢？

还有一些误区也很值得我们关注。

●批评、罚站、不给吃饭：

"教好儿子，藤条1元"——一块1米多高、红底黑字的广告牌在一家文具店大门处显得特别醒目。对于这个"创意广告"的推出，店主显得极为得意，他抽出一条1米来长的藤条向前来询问的家长介绍："现在的孩子顽皮得很，尤其是男孩子，不教育不行。我这藤条打下去有痛无伤，教育孩子刚刚好。你们看，'广告'才摆了几天，已经卖出十多条。"

其实，"藤条教子"就是一种对孩子的体罚，从大的方面讲，这是对孩子人权的侵犯，从小的方面讲，这是一种错误的教育方法。现在的孩子以独生子女居多，心理上本来就很脆弱，体罚只会适得其反。

挫折教育不是让孩子受皮肉之苦，而是让他们经历一定的苦难和失败，从而能正确地看待失败和挫折，不被困难轻易压倒。

孩子总会犯这样或那样的错误，并在不断改正错误的过程中成长。让孩子改正错误的过程就是教育。教育孩子一定要耐心说服，不能采用体罚的方式，体罚只会使孩子留下心灵创伤，产生逆反心理。

●让孩子一味地多吃苦。

不少父母认为，孩子的耐挫力差是因为自己长期的溺爱造成的，所以只要让他们多吃点苦就能解决问题，其实这并不正确。对孩子过分溺爱，确实容易把孩子宠坏，但是给孩子吃太多"苦头"，则会适得其反。

一位妈妈在博客里写到："每年暑假，我都会把孩子送到封闭夏令营去锻炼。其实学东西是其次，主要是让他去吃吃苦。平时遇到一些小跌小撞就闷闷不乐、谁都不理，总得想个法子让孩子多受受罪，这样才能锻炼他的吃苦精神。现在的孩子就是缺乏这种精神，一点挫折都受不了，越惯越顽皮，家里人都管不住。"

父母人为地给孩子制造一些困难、挫折，固然是为了锻炼孩子，但是，在挫折之后却不帮助孩子分析总结，这样一次又一次的挫折只会让孩子失去自信，所以，父母们一定要明白，重要的并不是挫折本身，而是孩子在受挫后是否有自我恢复能力，是否能够在面对挫折时培养无所畏惧的自信心。

其实，现在的孩子所谓的"苦"，更多的是来自内心的孤独，以及在成长过程中受到的更多的社会压力。人为地给孩子找苦吃的所谓"吃苦教育"，其实效果并不大。父母只有放手，将孩子放到自然的成长环境中，在日常生活中让孩子体验人生的一切风雨，从而培养他们的耐挫品质，才是我们提倡的挫折教育。

●不尊重孩子，和孩子对着干。

吃午餐的时候，毛毛好像对妈妈做的饭菜一点儿也不感兴趣，他仍专心致志地画他的画。

"妈妈，你们不是答应带我去吃肯德基吗？你骗人！你说话不算数。"

"快来吃午饭，明天带你去。"

"你做的饭有什么好吃，我要吃肯德基。"

"你这孩子越来越不像话，以前我们小时候饭都没得吃，快来吃饭。"

"老是以前以前，现在是现在，人家都吃麦当劳、肯德基。"

"真不知天高地厚，把你送到非洲就知道妈妈烧的饭好吃了。那里的

孩子什么都没得吃，许多孩子都饿死了。"

"你愿意去你去，我才不去！"

"你还顶嘴，午饭不吃。就别想吃肯德基。"

"谁稀罕，我就不吃！"

"平时给你吃得太好了，今天不好好饿饿你，你就不知道老娘烧的饭香！"

毛毛的妈妈认为，对于闹着不吃饭的孩子，只要饿他一顿就能让他乖乖地吃饭。其实，问题不是那样简单的。这样往往会加重孩子的逆反心理。

挫折教育应该是抗挫折教育：使孩子有勇气、有机智应付困境和有能力解决难题。挫折教育要有的放矢地进行有效教育，而绝不是苛刻地批评、大声的谩骂和严厉的责打或者与孩子对着干。

所以，父母要对孩子进行挫折教育，首先必须改变自己的一些观念。不要把想当然的想法强加在孩子头上，给孩子更多选择，让他做喜欢的事情，真正从内心去激发他的抗挫能力，让他知道跌倒了该如何爬起来，这才是挫折教育所要倡导的核心理论。